ZUR
LEHRE VON DEN BEDINGUNGEN

NACH

RÖMISCHEM UND HEUTIGEM RECHT.

EINE VORARBEIT

FÜR DAS DEUTSCHE CIVILGESETZBUCH.

VON

FRANZ ADICKES,

GERICHTSASSESSOR A. D. UND ZWEITEM BÜRGERMEISTER
ZU DORTMUND.

BERLIN 1876.

VERLAG VON J. GUTTENTAG.

(D. COLLIN.)

Vorwort.

Wer ein Buch herausgiebt, erklärt damit thatsächlich, dass er etwas wissenswerthes Neues mittheilen zu können glaubt. Uebel würde es ihm deshalb anstehn, wenn er das Erscheinen des Buches überhaupt entschuldigen wollte. Denn wenn in der That nichts wissenswerthes Neues darin enthalten wäre, würde auch die Vorrede keinen genügenden Entschuldigungsgrund anzugeben vermögen.

Anders aber liegt die Sache dann, wenn der Autor fühlt, dass die seiner Auffassung nach richtigen leitenden Gedanken nur mit manchen äussern Mängeln behaftet zur Darstellung gebracht sind, ohne dass er sich in der Lage sieht, diese Mängel zu beseitigen. Dann wird es ihm nicht wohl verdacht werden können, wenn er die vis major, welche ihm die Entfernung derselben unmöglich machte, zu seiner Entschuldigung in Kürze darlegt.

In dieser, nicht eben angenehmen, Lage befindet sich der Verfasser dieser Schrift. In einer von fast allen wissenschaftlichen Hülfsmitteln entblössten Stadt war es ihm zunächst nicht möglich, von der vorhandenen Literatur einen überall gleichmässigen Gebrauch zu machen, denn nur zu oft musste er ein von auswärts beschafftes Buch eben dann wieder abgeben, wenn er es am Dringendsten gebrauchte oder gerade Mufse hatte es zu benutzen. Es kam nämlich hinzu, dass es dem Verfasser an zusammenhängender freier Arbeitszeit durchaus gebrach, da seine practische Thätigkeit seine Arbeitskraft fast vollständig und — was fast noch schlimmer ist — auf ganz andersartigen Gebieten in Anspruch nahm. In Folge dessen musste mancher Abschnitt rascher, als es erwünscht war, zum Abschluss gebracht, manche Ausführung ohne die erforderliche innere Sammlung gemacht und manche Ungleichheit unausgeglichen gelassen werden. Eine Umarbeitung aber würde eine Vertagung ad calendas graecas bedeutet haben. Und doch lag dem Verfasser, welcher trotz mancher recht theoretisch aussehender Abschnitte jeder Zeit practische Ziele im Auge hatte, vor Allem grade daran, die von ihm versuchten Berichtigungen der herrschenden Theorie noch für das neue Civilgesetzbuch verwerthbar zu machen — wie er überhaupt an jede jetzt erscheinende civilrechtliche Monographie auch die Anforderung stellt, dass sie dem grossen nationalen Werk der Codification des deutschen Civilrechts direct oder indirect vorzuarbeiten versuche.

Aus diesen, wie er hofft zureichenden, Gründen bittet der Verfasser demnach um Nachsicht wegen der mannigfachen äusseren Mängel und um ein wenig Geduld bei den etwa nicht zu völliger Klarheit durchgearbeiteten Stellen. —

Die Schrift von Schulin, Ueber Resolutivbedingungen und Endtermine 1875., sowie Hölder's Kritik derselben in der Krit. Vierteljahrsschrift XVIII. S. 175 flg. gingen dem Verfasser erst zu, als die bereits vorgeschrittene Drucklegung ihre Benutzung ausschloss. Indessen darf wohl an dieser Stelle noch hervorgehoben werden, wie auch Hölder S. 176 flg. die Nothwendigkeit anerkennt, in der bedingten Willenserklärung einen doppelten Willen zu unterscheiden, wenngleich er in Lösung dieser Auffassung ganz andere — und wohl kaum practicabele, vgl. Brinz a. a. O. S. 178. Anm. — Wege einschlägt, als sie hier S. 16 flg. versucht sind.

Dortmund, den 26ten Mai 1876.

Der Verfasser.

Nachtragsbemerkung zu § 11.

Ueber die in Folge eines Versehens unerörtert gebliebene bedingte Besitzaufgabe vgl. Dernburg, Lehrbuch des Preuss. Privatr. S. 310. 311. § 155. 2.

Inhaltsverzeichniss.

Seite

I. Grundlegende Erörterungen.

§ 1. 1. Einleitende Bemerkungen über die Lehre von den Bedingungen und die Bedeutung des römischen Rechts für dieselbe . . . . 1—5
§ 2. 2. Die rechtliche Natur der Bedingung . . . . 5—26

II. Inhalt und Arten der Bedingungen.

§ 3. 1. Die Verschiedenartigkeit der abhängig gemachten rechtlichen Wirkungen . . . . 26—52
§ 4. 2. Die Verschiedenartigkeit des bedingenden Umstandes . . . 53—59

III. Die Begriffe von dies, modus, Voraussetzung und causa, und ihr Verhältniss zum Bedingungsbegriff.

§ 5. 1. Die Befristung — eine Art der Bedingung . . . . 59—64
§ 6. 2. Der Modus . . . . 65—76
§ 7. 3. Voraussetzung und Bedingung . . . . 77—82
§ 8. 4. Bedingung und causa . , ... 83—91

IV. Die Wirkungen der Bedingung, bezw. der bedingten Willenserklärung.

§ 9. 1. Die verschiedenen Ansichten und die Feststellung der Basis . 91—122
§ 10. 2. Bedingte Willenserklärungen aus dem Gebiete des Obligationenrechts . . . . 123—153
§ 11. 3. Bedingte Willenserklärungen aus dem Sachen- und Erbrecht 154—169

V. Schlussbemerkungen.

§ 12. Resultate für Wissenschaft und Gesetzgebung . . . . 170—183

I. Grundlegende Erörterungen.

§ 1. 1. Einleitende Bemerkungen über die Lehre von den Bedingungen und die Bedeutung des römischen Rechts für dieselbe.

Unter der Lehre von den Bedingungen versteht man hergebrachter Massen denjenigen Theil der privatrechtlichen Lehre von den Rechtsgeschäften, welcher von den durch Privatwillkür gesetzten Bedingungen handelt; freilich nicht etwa aus dem Grunde, weil uns nur solche Bedingungen bekannt sind — denn ganz unzweifelhaft giebt es auch durch Gesetz, richterliches Urtheil und verwaltungsamtliche Verfügung gesetzte Bedingungen —, sondern nur, weil man sich gewöhnt hat, den Ausdruck Bedingung auch ohne weitern Zusatz vorzugsweise auf die, einen Theil des Privatrechts-Systems bildenden gewillkürten Bedingungen zu beziehen.

In diesem Sinn ist auch der Titel dieses Buches zu verstehen. Jedoch soll die Beschränkung auf die durch Rechtsgeschäft gesetzten Bedingungen keineswegs eine absolute sein, denn manche Punkte dieser Lehre erheischen auf das Dringendste eine Berücksichtigung auch der andern, namentlich der gesetzlichen Bedingungen. Und grade die Grundlagen scheinen nur im steten Hinblick auf die letztern gelegt werden zu können.

Es ist bekannt, wie die Lehre von den Bedingungen, „das Schoss- und Sorgenkind grade der neuesten Pandektenrechtswissenschaft" (Mandry, Krit. V.J.Schr. 14. S. 384.) noch immer nicht recht zu gedeihlicher Entwicklung kommen will, obwohl sich zahlreiche kundige Pfleger ihrer angenommen haben. Denn ungeschlichtet dauern noch immer und allmälig fast ermüdend die

Streitigkeiten und Fehden über Begriff, Wesen und Wirkung, d. h. also über alle Grundfragen der Bedingung.

Die Ursachen aber dieser Miserfolge der neuern Arbeiten glaube ich nur darin finden zu können, dass sie alle — so Werthvolles sie auch sonst uns gegeben haben — an den Folgen der zwiefachen Unterlassungssünde kranken, dass sie erstens die Anknüpfung des Bedingungsbegriffs an bereits feststehende Begriffe und zweitens die Klarstellung der Bedeutung, welche dem römischen Recht in dieser Lehre zukommt, versäumt haben.

Was zunächst den letzteren Punct anlangt, so ist es characteristisch, wie in fast allen Arbeiten, insbesondere auch den neuesten von Eisele, v. Scheurl und Brinz[1]) die Deductionen aus allgemeinen Begriffen, oder aus „der Natur der Sache, (des Wollens, der Bedingung)", wie Brinz S. 1449. sagt, mit Interpretationen von Corpus-Juris-Stellen, manchmal in ungetrenntem Durcheinander, abwechseln. Das Seltsame dieses Vorganges liegt freilich keineswegs darin, dass die Natur der Sache hier neben den römischen Rechtsquellen zur Gewinnung von Rechtsbegriffen benutzt wird, — denn in der That handelt es sich hier um „Rechtsgestaltungen von der universellsten Bedeutung, die von specifisch römischen oder sonstigen nationalen Beigaben fast gänzlich frei sind und zu Gegenständen abstracterer Speculation sich eignen" [2]) —, sondern darin, dass die Deductionen aus innern Gründen stets zu denselben Resultaten führen als das römische Recht, und dass an keiner Stelle eine principielle Erörterung darüber gegeben wird, ob denn in der That das römische Recht so ganz frei von specifischen Eigenthümlichkeiten gewesen ist, dass es völlig identisch mit dem aus der Natur der Sache geschöpften Rechte sein kann. Man wolle mich indess nicht mis-

1) Eisele, Das Dogma von der rückwirkenden Kraft der erfüllten Suspensiv-Bedingung. Archiv für civ. Praxis. 50. S. 253 flg. (1867.) v. Scheurl, Zur Lehre von den Nebenbestimmungen. 1871. Brinz, Pandekten. S. 1441 flg. 1871. — Im Gegensatze zu diesen Schriftstellern nehmen bei Wendt, die Lehre vom bedingten Rechtsgeschäft. 1872. die Erörterungen aus allgemeinen Gründen nur einen sehr geringen Platz ein. Vgl. S. 12. und Hölder, Krit. V.J.Schr. Bd. 16. S. 241.

2) Hartmann in der Recension von v. Scheurl's Nebenbestimmungen. Krit. V.J.Schr. Bd. 13. S. 515.

verstehn und unter diesem zuletzt bezeichneten Recht an ein abstractes, für alle Zeiten und Länder in gleicher Weise anwendbares Naturrecht denken! Denn selbstverständlich ist mir die Natur der Sache auch hier [3]) nur der Inbegriff aller für den Bedingungsbegriff des heutigen Rechts massgebenden Verhältnisse, zu denen natürlich vor allen Dingen auch die Gesammtheit der übrigen Rechtssätze gehört.

Dass aber eine in diesem Sinn aus der Natur der Sache geschöpfte Lehre von der Bedingung nicht mit der des römischen Rechts identisch sein kann, halte ich für leicht erweislich.

Einen bedeutsamen Fingerzeig zur richtigen Würdigung der Abhängigkeit, in der auch die Lehre von der Bedingung von den jeweilig gegebenen Gestaltungen der Rechtsverhältnisse und Rechtsbegriffe steht, wird man schon in dem Umstande finden müssen, dass der Bedingungsbegriff in seiner Verbindung mit den einzelnen Rechtsgeschäften sowohl innerhalb des römischen als des sog. gemeinen Rechts in der That seine Geschichte hat! Niemand bezweifelt, dass bedingte Eigenthumsübertragungen unter Lebenden überhaupt unmöglich waren, soweit die altcivilen Formen der mancipatio und in jure cessio ihre Herrschaft behaupteten; und dass die bedingte Eigenthums*tradition* im römischen sowohl als im heutigen gemeinen Recht wesentliche Wandlungen durchlebt hat, darf nach *Jhering's* Ausführungen (Jahrbücher für Dogm. 10. S. 495. 528 flg. 569 flg. vgl. auch unten § 3.) wohl als erwiesen angesehen werden.

Noch gewichtiger sind indessen die Consequenzen, welche sich aus der unbezweifelten Wahrheit, dass das Setzen einer Bedingung eine Willenserklärung ist, ergeben. Denn hieraus folgt zunächst unmittelbar, dass es, soweit nicht verbietendes Recht entgegensteht, eine unbegrenzte Mannigfaltigkeit einzelner Arten von Bedingungen geben muss, und dass somit eine genügende Classification der Bedingungen nur dann möglich ist, wenn eine allseitig reichhaltige Zusammenstellung von verschiedenen Arten derselben voraufgegangen ist. Es wird also nur natürlich erscheinen können, dass das bisherige Verfahren, welches sich fast ausschliesslich auf

3) Vgl. *meine* Schrift: Zur Lehre von den Rechtsquellen. 1872. S. 22.

die wenigen im Corpus Juris enthaltenen Fälle bedingter Rechtsgeschäfte beschränkte, den Reichthum des vor unsern Augen sich immer neu gestaltenden Verkehrslebens aber unberücksichtigt liess, nur zu einseitigen Auffassungen führen konnte. (Vgl. unten § 3.)

Hiemit in nahem Zusammenhange steht sodann der bedeutungsvolle Umstand, dass jede auf dem heutigen, insbesondere dem sog. gemeinen Recht — und nur um dieses, nicht aber um das reine römische Recht handelt es sich hier, wie in den übrigen neueren Darstellungen — beruhende Erörterung der Lehre von den Willenserklärungen, zu denen ja auch die Lehre von den Bedingungen gehört, nur von dem heutigen System der Willenserklärungen, Rechtsgeschäfte und Verträge, nicht aber von dem römischen ausgehen kann. Dies klingt freilich selbstverständlich, wird aber, so weit ich sehe, in grösstem Umfang unbeachtet gelassen. Nirgends merkt man, wie tief das römische Contractssystem mit seiner beschränkten Klagbarkeit der Verträge auch auf diese Lehre eingewirkt hat; und doch hoffe ich in den §§ 7 und 8. den Beweis zu erbringen, dass die von Windscheid versuchte Zweitheilung des Bedingungsbegriffs in die von ihm als Bedingung und Voraussetzung bezeichneten Begriffe zwar nicht im heutigen, wohl aber und zwar in Folge des eigenthümlichen Contractsystems und in der Form von condicio und causa im römischen Recht existent ist.

Auch in dieser Lehre also gilt es, das römische Recht römischer, das heutige aber frei von antiquirten, nicht mehr lebensfähigen Sätzen zu erfassen und zu gestalten. Eine sichere Lösung dieser Aufgabe aber ist nur dann möglich, wenn die aus der Natur der Sache schöpfende Erörterung stets in bewusstem Gegensatze zu den positiven Gestaltungen des römischen Rechts und der neueren Rechtsbildungen, aber zugleich auch in stetem Hinblick auf dieselben voranschreitet.

In diesem Sinne will ich nun zunächst in § 2. denjenigen Punct, dessen Ausserachtlassung oben bereits gerügt wurde: die Anknüpfung des Bedingungsbegriffs an bereits feststehende Begriffe zu erledigen suchen. Im Einzelnen aber werde ich bestrebt sein, erstlich die Bedeutung des Worts Bedingung in der Sprache des gewöhnlichen Lebens und der Wissenschaften festzustellen und zweitens die Identität des Begriffs der gesetzlichen Bedingungen mit dem der juristischen Thatsachen nachzuweisen, um dann auf diesen Grundlagen die zwiefache Bedeutung des Begriffs der gewillkürten Bedingung darzulegen und endlich die so aus der Natur der Sache gefundenen Resultate mit dem römischen Recht und den neueren Gesetzgebungen zu vergleichen.

Die folgenden §§ sollen dann, zugleich zur weiteren Bestätigung und zum ergänzenden Ausbau dieser Grundlagen dienend, in den §§ 3 und 4. den möglicher Weise sehr verschiedenartigen Inhalt der Bedingungen und ihre Hauptarten,

in den §§ 5—8. die mit der Bedingung regelmässig zusammengestellten Begriffe von dies, modus, Voraussetzung und causa,

und in den §§ 9—11. die Wirkungen der Bedingungen unter speciellem Eingehn auf die Lehre von der sog. Rückwirkung klar legen und an einzelnen, den verschiedenen Theilen des Rechtssystems entnommenen Beispielen näher nachweisen.

Ein Schlussparagraph wird endlich die Resultate dieser Schrift für Wissenschaft und Gesetzgebung kurz zusammenzufassen versuchen.

§ 2. 2. Die rechtliche Natur der Bedingung.

Unser deutsches Wort „Bedingung" leidet ebenso wie das lateinische „condicio" an einer Mehrdeutigkeit, welche sorgfältig beachtet werden muss, wenn nicht zahlreiche Misverständnisse sich einschleichen sollen [1]). Von dem Zeitwort „bedingen" abgeleitet, welches im Wesentlichen mit „bestimmen, bevorworten, vereinbaren" identisch ist, bedeutet es sowohl „den Act des Vereinbarens, Bestimmens", als auch zweitens das Resultat: „die Vereinbarung, Bestimmung, (das Bedungene)" und drittens „das Bestimmende, (Bedingende)". In letzterer Beziehung aber bezeichnet es wiederum bald den Umstand, der für etwas bestimmend, von dem etwas abhängig ist, und bald

1) Vgl. auch Gebr. Grimm, Wörterbuch. Bd. I. S. 1233 flg.

auch den Umstand, der vorhanden sein muss, wenn etwas Anderes sein soll, d. h. das Erforderniss.

Fitting (Bd. 39. S. 335—37.) stellt ausserdem für „bedingen, Bedingung" noch die Bedeutung von „abhängigmachen, Abhängigmachung" auf, indessen, wie mir scheint, nicht im Einklang mit dem Sprachgebrauch. Ich erinnere mich wenigstens nicht, statt der Wendungen: „ich mache mein Urtheil, meine Erklärung abhängig" jemals den Ausdruck: „ich bedinge mein Urtheil" gehört zu haben. Eine bedingte Erklärung ist nicht eine solche, die durch den Erklärenden bedingt ist, sondern eine solche, welche in Folge der Bestimmung des Erklärenden, sei es hinsichtlich ihrer Wirkungen oder ihrer Richtigkeit oder in andrer Beziehung durch irgend einen massgebenden Umstand bedingt wird. Wir werden daher bei den oben aufgestellten Bedeutungen stehen bleiben müssen. Von diesen aber ist diejenige als Act des Bestimmens die weitaus seltenste, während von den übrigen Bedeutungen im Geschäftsverkehr bald die eine, bald die andre, in den Wissenschaften aber fast ausschliesslich die Bedeutung als bestimmender Umstand hervortritt. Bezüglich des Geschäftsverkehrs erinnere ich nur an die in den Zeitungen sich dem Auge entgegendrängenden Submissions-, Zeichnungs-, Emissions- und Aufnahme-Bedingungen, durch welche Baumeister, Banquiers und Pensionatsvorsteher das Publicum einladen. Hier ist die Ueberschrift Submissions- u. s. w. Bedingungen zweifellos gleichbedeutend mit den „für die Submission u. s. w. massgebenden Bestimmungen", während die Bedeutung als bestimmender (bedingender) Umstand, Erforderniss in den Wendungen wie: das Alter von 7 Jahren ist Aufnahmebedingung, u. s. w. klar hervortritt. Immer aber ist es für die Anwendbarkeit des Wortes durchaus irrelevant, ob jener bedingende Umstand in der Gegenwart, Vergangenheit oder Zukunft liegt oder liegend gedacht wird.

Was sodann die Verwerthung des Ausdrucks „Bedingung" in den Wissenschaften anlangt, so ist dieselbe eine so constante in dem Sinne von Erforderniss, Umstand, von dem etwas abhängig, der für etwas bestimmend ist, dass ich keine Belegstellen dafür abzudrucken brauche, wie der Philosoph z. B. von Existenzialbedingungen eines Begriffs, der Pädagog von den Bedingungen einer guten Erziehung, der Historiker von denen des Fortschritts oder der Kunstentwicklung, der Geograph von den klimatischen Bedingungen des Völkerlebens spricht. Nur darauf will ich eingehender hinweisen, dass auch der Rechtswissenschaft diese letztere Bedeutung eine durchaus geläufige ist. Ausser den bekannten Stellen des römischen Rechts

l. 21. D. de cond. 35, 1. condicio juris und: quae ex jure venient, in his nihil amplius exigendum, quam ut impletae sint, veluti si quis se filiumfamilias existimat, quum sit paterfamilias, poterit acquirere hereditatem;

l. 43. § 10. D. de aedil. ed. 21, 1. Interdum etiamsi pura sit venditio, propter juris conditionem in suspenso est, veluti si servus in quo alterius ususfructus, alterius proprietas est, aliquid emerit; nam dum incertum est, ex cujus re pretium solvat, pendet, cui sit acquisitum,

nehme ich beispielshalber Bezug auf:

Code Nap. Tit. vor Art. 1108. Des conditions essentielles pour la validité des conventions,

A.B.G. für ... Oesterr. Mon. § 18. Bedingungen, unter denen Rechte erworben werden können. § 775. B. der Enterbung, Rubrum zu § 261. 432. 627. 931. 1104 u. s. w.

Preussische Verfasssung vom 31. Jan. 1850. Artt. 3. 4. 5. 31. (Bedingungen, unter welchen die Eigenschaft eines Preussen erworben wird, öffentliche Aemter zugänglich, Verhaftungen zulässig sind und Korporationsrechte ertheilt werden);

Pr. Gesetz vom 31. Decbr. 1842. § 3. Bed. der Verpflichtung zur Armenpflege.

Pr. Gesetz vom 28. Febr. 1842. § 25. Bed. der Benutzung der Privatflüsse.

Pr. Gesetz vom 25. Mai 1873. § 9b. „soweit ... das Stimm- und Wahlrecht in Gemeindeangelegenheiten an die Bedingung eines ... Klassensteuerbetrages .... geknüpft ist";

Genossenschaftsgesetz vom 4. Juli 1868 § 3. N°. 4. Bedingungen des Ein- und Austritts.

v. Rönne, Staatsrecht der Preussischen Monarchie,
I, b. § 87. Anm. 3b. „gesetzliche Bedingungen der Naturalisation";
I, b. § 170. S. 554. Grundbesitz eine Bedingung des Landrathsamts, gleichbedeutend mit Erforderniss. S. 887;
II, a. § 329. Bedingung der Anstellung von Beamten;

v. Savigny, System. 5. S. 564. Grund und Bedingung der Condictionen.

Arndts, Pand. § 342. Bedingungen der cond. c. d. c. n. s.

Keller, Pand. § 117. Röm. Civ. Pr. § 73. vor Anm. 859. „Bedingung der Rechtskraft und Consumtion", der Actio (§ 34) u. s. w.

Windscheid, Pand. § 172. 2. Bedingung der Gültigkeit der Eigenthumsübertragung.
§ 107. Bedingungen der Anspruchsverjährung.

Fitting, Archiv. 52. S. 399. 414. 417 u. a. a. O. Bedingung unmittelbaren Eigenthumsübergangs.

v. Salpius, Novation. § 26. Bedingungen der N.

Erxleben, Die Cond. s. causa. 1. S. 26. 52. „Thatsächliche Voraussetzungen, welche bedingen; Existenz der Schuld Bedingung, Erforderniss".

v. Bethmann-Hollweg, Versuche. S. 336. 340 flg. Factische Bedingung eines Rechts . . .

Achilles, Die Pr. Gesetze über Grundeigenthum . . . vom 5. Mai 1872. 2te Ausgabe. S. 13. 58. Bedingungen der Eintragung und Löschung.

Zachariae-Anschütz, Handbuch d. franz. Civ. R. § 306. 326. 342. 351 u. a. a. O.

Doch genug der Citate, welche mit leichter Mühe beliebig vermehrt werden können! Denn was zu beweisen war, dass nämlich das Wort Bedingung in der Bedeutung als ein bestimmender Umstand, von dem etwas abhängig ist, sowohl von der Gesetzgebung als von der Wissenschaft ganz allgemein angewandt wird, das dürfte schon zur Genüge erwiesen sein [2]).

2) In gleicher Weise, nur noch allgemeiner wird das Wort „Voraussetzung" gebraucht. Vgl. z. B. die Titelüberschriften der Lehrbücher und Bülow, die Lehre von den . . . Processvoraussetzungen. 1868.

Man pflegt indessen bislang diesem Ausdruck noch keinen Platz unter den Grundbegriffen des allgemeinen Theils einzuräumen, beschränkt sich vielmehr darauf, in der Lehre von den bedingten Willenserklärungen kurz zu bemerken, dass die condicio juris der l. 21. D. 35, 1 und l. 43. § 10. D. 21, 1. „jede aus einem Rechtssatz sich ergebende Voraussetzung einer bestimmten Rechtswirkung einer Handlung" bedeute (Arndts § 66. Anm. 9.) und „selbst wieder unter den allgemeinen Begriff der wesentlichen Erfordernisse eines Geschäfts" falle, (Brinz S. 1457.) — ohne dass man übrigens diese Begriffe der Voraussetzungen oder Erfordernisse rechtlicher Wirkungen mit andern Fundamentalbegriffen in Verbindung setzt. Es erscheint daher als erstes und dringendstes Bedürfniss, den allgemeinen Begriff der Bedingung, wie er in den eben citirten Stellen hervortritt, festzustellen, d. h. auf bereits feststehende Begriffe zurückzuführen.

Das Verhältniss zwischen den einzelnen gesetzlichen Bedingungen und den mit denselben in Verbindung stehenden Rechten, Pflichten und sonstigen rechtlich bedeutsamen Erscheinungen ist oben im Anschluss an den allgemeinen geläufigen Begriff der Bedingung als Abhängigkeitsverhältniss bezeichnet. Noch treffender aber und noch mehr im Einklang mit dem Wesen rechtlicher Erscheinungen wird man es als Causalitätsverhältniss bestimmen können. Denn jene Rechte und Pflichten werden nur dann, wenn ihre Bedingungen vorhanden sind, dann aber auch in jedem Fall und mit absoluter Nothwendigkeit existent. Die Bedingungen also sind das Erzeugende, die Rechte das unausbleibliche Product.

Hierdurch aber ist bereits die Anknüpfung an einen ganz bekannten und feststehenden Begriff, den Begriff der juristischen Thatsachen gegeben, und zwar verdient es hier zur weitern Erhärtung der Identität von Abhängigkeits- und Causalitätsverhältniss hervorgehoben zu werden, dass die juristischen Thatsachen von der einen Seite als diejenigen Thatsachen, welche juristische Wirkungen hervorbringen, (so z. B. Arndts § 57.) von der andern Seite aber als solche Thatsachen bestimmt werden, auf Grund deren sich die Entstehung, Aendrung oder Endigung von Rechten vollzieht (so Windscheid § 67.).

Die hier gewonnenen Resultate: die Begriffsbestimmung der gesetzlichen Bedingung als eines Umstandes, von dem rechtliche Wirkungen abhängig sind bezw. erzeugt werden, und damit die Identität derselben mit dem Begriff der juristischen Thatsachen, erscheinen freilich fast als ganz neue. Denn auch diejenigen Schriftsteller, welche wie Arndts und Brinz a. a. O. und insbesondere auch v. Scheurl (Nebenbestimmungen. S. 94 flg. 98.) die Identität der Rechtsbedingungen mit den rechtlichen Erfordernissen richtig hervorheben, lassen, wie schon bemerkt, diesen Gedanken durchaus unverwerthet. Dennoch glaube ich jene Resultate, weil sie nur durch unbefangne Betrachtung der den Gesetzen sowohl als Schriftstellern ganz geläufigen Verwendung des Wortes Bedingung als eines technischen gewonnen sind und überdies im vollsten Einklang mit dem in den übrigen Wissenschaften und dem Verkehrsleben gängigen Bedingungsbegriff stehn, als völlig sichere und als eine zuverlässige Basis der Lehre auch von den gewillkürten Bedingungen ansehen zu dürfen. Dabei bedarf es nach dem, was bereits in den Citaten und den übrigen Ausführungen vorgetragen ist, kaum noch der Bemerkung, dass es für den Begriff der gesetzlichen Bedingung — wie er in den Gesetzen und der Wissenschaft längst heimisch ist — ganz irrelevant ist, ob der bedingende Umstand der Vergangenheit, Gegenwart oder Zukunft angehört. Die entgegengesetzte Auffassung [3]), welche nur künftige, ungewisse Ereignisse als Rechtsbedingungen oder condiciones juris angesehn wissen will, ist ohne jede Berechtigung. Denn die besondern Wirkungen, welche die Bedingungen dann allerdings haben, wenn sie künftig und ungewiss sind, können und dürfen nicht dahin führen, das Vorhandensein des entscheidenden Begriffselements: die Abhängigkeit rechtlicher Wirkungen von der Bedingung — bei andern Thatumständen zu leugnen, sondern nur dahin, die Gründe jener besondern Wirkungen festzustellen und zu construiren. Diese Erörterung aber kann natürlich nur in der Lehre von den Wirkungen der Be-

3) Eisele, Archiv für civ. Praxis. Bd. 54. S. 112. 113. (1871.) Wendt, Das bedingte Forderungsrecht. Erläutert an einem Rechtsfall. (1873.) S. 19.

dingungen ihren Platz finden; ich verweise daher einstweilen auf den § 9. Anm. 6 flg.

An dieser Stelle mag ich es indessen nicht unterlassen, eine Consequenz meiner Auffassung noch ausdrücklich hervorzuheben: ich meine die Nothwendigkeit, die Begriffe der gesetzlichen Bedingungen, (Voraussetzungen und Erfordernisse), und ihre Identität mit den juristischen Thatsachen nicht mehr als Anhang der Lehre von den gewillkürten Bedingungen, sondern gleich zu Eingang der Lehre von der Entstehung und Beendigung der Rechte, d. h. in Verbindung mit den juristischen Thatsachen zu erörtern. Nur dadurch kommt das oberste Gebot aller Systematik: erst der allgemeine, dann der speciellere Begriff! zu seinem Recht und — wie ich jetzt nachweisen will — die Lehre von den gewillkürten Bedingungen zu einem gesicherten Aufbau!

Die engste Wesensverwandtschaft zwischen der gesetzlichen und der gewillkürten Bedingung kann zunächst schon auf Grund der von keiner Seite bezweifelten rechtlichen Wirkungen der letztgenannten Bedingung leicht erwiesen werden. Die bedeutsamste Bestätigung der hiedurch gewonnenen Resultate wird aber die eingehende Analyse des in einer bedingten Willenserklärung enthaltenen Willens ergeben. —

Es ist ganz allgemein anerkannt, dass auch von der gewillkürten Bedingung irgend etwas rechtlich Bedeutendes, sei dies nun der Wille selbst oder das Rechtsgeschäft oder das Rechtsverhältniss oder sonst irgend eine rechtliche Wirkung, abhängig ist, dass das Eintreten oder Nicht-Eintreten dieser Bedingung von Einfluss auf die Gestaltung der Rechtsverhältnisse ist, dass dieselbe also bestimmend, erzeugend wirkt, wie denn auch die Schriftsteller der verschiedensten Richtungen, auch diejenigen, welche die Wirkung der Bedingung wesentlich nur dahin bestimmen, dass ihr Eintreten entscheide, declarire, — nicht ob etwas von jetzt an sein wird, sondern — ob etwas schon ist und gewesen ist (Brinz), ausdrücklich hervorheben, dass die Bedingung ein wahrhaft constitutiver Factor für die rechtliche Wirkung, ein wirklicher Coefficient sei[4]). Und in der

4) Eisele, Archiv für civ. Pr. 50. S. 279. 80. Römer, Die bedingte No-

That leuchtet es ein, das auch in denjenigen Fällen, in denen die Existenz eines Rechts nur als eine durch den Eintritt der Bedingung declarirte angesehn wird, jenes Recht niemals existent gewesen wäre, wenn eben die Bedingung nicht eingetreten wäre, und das bedeutet ja nichts Anderes, als dass die Bedingung auch hier ein zum Dasein des Rechts nothwendiger Factor, ein rechtliche Wirkungen erzeugender Umstand, eine juristische Thatsache ist, und zwar eine solche, welche an und für sich rechtlich durchaus irrelevant durch Privatwillenserklärung mit der Kraft ausgestattet ist, rechtliche Wirkungen zu erzeugen.

Die gesetzliche und die gewillkürte Bedingung sind also wesensgleich[5]). Es gilt daher auch hier, was oben für jene bemerkt werden musste, dass es für den Begriff der Bedingung irrelevant ist, ob der bedingende Umstand der Vergangenheit oder Zukunft angehört, und ob sein Eintreten objectiv ungewiss ist oder nicht. Freilich tritt hier diese Anschauung in den entschiedensten Gegensatz zu der fast ausnahmslos herrschenden Ansicht[6]), welche sich theils auf römische Quellenstellen, theils aber darauf stützt, dass „nur diejenige Bedingung, in Folge deren ein Zustand objectiver Ungewissheit vorhanden ist, . . . eine ihr eigenthümliche rechtliche Wirkung“ erzeugt. (Windscheid § 88.) Was indessen die Quellen anlangt, so wird deren mangelnde Beweiskraft am Schluss dieses Paragraphen und in § 4. näher dargelegt werden; die innern Gründe aber sind nach dem hier Ausgeführten ganz offenbar unzureichend. Denn jede bedingte Willenserklärung unterscheidet sich doch von der unbedingten durch den ihr eigenthümlichen Umstand, dass nicht schon die Willenserklärung an und für sich den Thatbestand, aus dem die in Aussicht genom-

---

vation. S. 80. 81. Wendt, Die Lehre vom bedingten Rechtsgeschäft. S. 116. Brinz, Pand. S. 1446. Hartmann, Krit. V.J.Schr. 13. S. 256. Vgl. auch l. 19 D. de usuc. 41, 3. condicio emtionem resolvit. l. 41, § 1. D. de nov. 46, 2. condicio stipulationem committit.

5) Die Frage, ob sie sich hinsichtlich der Rückwirkung unterscheiden, kann erst in § 9 besprochen werden. Vgl. auch v. Scheurl S. 98. 194.

6) v. Scheurl a. a. O. § 21. 26 flg. Brinz S. 1463. Mandry, Krit. V.J.Schr. 14. S. 386. Anders nur: Unger, System. II. § 82. Anm. 5. Erbrecht. § 16. Anm. 6. Vgl. auch Arndts § 66. Anm. 11.

menen rechtlichen Wirkungen entspringen, erfüllt, dass vielmehr die Existenz der Bedingung zu der Willenserklärung als zweites selbständiges Element hinzutritt [7]), so dass erst beide zusammen den vollen Thatbestand und im Fall des Prozesses den gesammten Klaggrund bilden [8]). Allerdings, gewisse eigenthümliche Wirkungen hat nur die objectiv ungewisse Bedingung. Aber diese influiren nicht auf den Begriff, sind vielmehr erst unter den Wirkungen der Bedingung zu erörtern. (Vgl. unten §§ 9. 10.) Dort wird denn auch der geeignete Ort sein, um auf gewisse Puncte in den neueren Darlegungen des Bedingungsbegriffs nochmals zurückzukommen.

Die hier gegebene Characterisirung des bedingenden Umstandes als juristische Thatsache wird allerdings dem Tadel nicht entgehn, welchen Fitting (Archiv. 39. S. 338 flg.) gegen jede „allzu objective“ Auffassung ausgesprochen hat. Indessen ist sein Hauptvorwurf, dass die Einzelnen doch nicht nach ihrem Belieben neue objective und wesentliche Erfordernisse der Rechtsgeschäfte schaffen könnten, wohl kaum von erheblichem Gewicht. Denn soweit Bedingungen Essentialien der Rechtsgeschäfte sind, wie z. B. bei Wetten und Pönalstipulationen, ist überhaupt keine Neuschaffung rechtlicher Erfordernisse in Frage. In den übrigen Fällen aber handelt es sich nur um Accidentalien der Rechtsgeschäfte (Arndts § 65. Anm. 2. Brinz S. 1447.), und nur um die richtige Formulirung des unzweifelhaften Rechtssatzes, dass der Einzelne gewisse rechtliche Wirkungen nicht nur sofort und absolut in das Dasein rufen, sondern auch die Modalitäten bestimmen kann, unter denen jene Wirkungen überhaupt nur zur Existenz gelangen sollen. Was endlich die übrigen Einwürfe Fitting's anlangt, so werden sich dieselben aus der gleich zu gebenden Analyse des in der bedingten Willenserklärung enthaltenen Willens widerlegen [9]).

---

7) Schon v. Savigny (III. S. 125. unten. 126.) deutet den entscheidenden Punct an, jedoch ohne ihn weiter zu verfolgen.

8) Vgl. auch Köppen, Jahrbücher für Dogmatik. XI, S. 164. 170.

9) Gegen Fitting's Versuch (a. a. O.), den Begriff der gewillkürten Bedingung statt an die gesetzliche Bedingung an das bedingte Urtheil anzuknüpfen, vgl. noch besonders Eisele S. 277 flg. v. Scheurl S. 72 flg.

Hier ist zunächst noch vor einem Misverständnisse zu warnen, und eine kurze Bemerkung über die Anknüpfungspuncte, welche die hier vertretene Ansicht in der schon vorhandenen Literatur vorfindet, einzuschalten.

Wendt (Das bedingte Forderungsrecht. 1873. S. 18.) sagt über die Beziehungen des Begriffs der gewillkürten Bedingung zu den gesetzlichen Voraussetzungen: „Uns will es nicht einleuchten, dass man die Voraussetzungen und rechtlichen Erfordernisse eines Rechtsgeschäftes überhaupt mit den Bedingungen zusammenstellen könne. Die Bedingung geht nur den Inhalt der Rechtsgeschäfte an, hat mit den Voraussetzungen desselben gar nichts zu thun“. Und ganz unzweifelhaft ist ihm hierin Recht zu geben. Der Ausdruck „Bedingungen eines Rechtsgeschäfts“ kann nämlich zwei ganz verschiedene Dinge bezeichnen, und zwar einmal die Bedingungen, von denen das Rechtsgeschäft abhängig ist, dann aber auch die in dem Rechtsgeschäft gegebenen Bedingungen, oder mit andern Worten: sowohl die in dem Rechtsgeschäft als die für das Rechtsgeschäft gesetzten (gewillkürten — gesetzlichen) Bedingungen, und beide Bedeutungen müssen natürlich sorgfältig auseinander gehalten werden. Eine ganz andre Frage aber ist es, ob nicht die Bedingung mit den Voraussetzungen und rechtlichen Erfordernissen einer bestimmten rechtlichen Wirkung zusammengestellt werden kann und muss, weil auch sie ein Coefficient, ein mitwirkender Bestandtheil des gesammten Thatbestandes ist? Und nur diese Frage ist es, welche überhaupt gestellt werden kann und, wie ich gezeigt habe, mit Entschiedenheit bejaht werden muss. Rechtsgeschäft und Bedingung stehen in dieser Beziehung als zwei juristische Thatsachen nebeneinander, wenngleich die erstere insofern wesentlich abweicheud von der zweiten beschaffen ist, als sie auf Grund objectiven Rechts nicht nur sich selbst sondern auch die zweite, die Bedingung, setzt, welcher letzteren sonach nur eine aus dem Rechtsgeschäft abgeleitete Wirkungskraft zukommt.

Diese hier entwickelte Theorie der Wesensgleichheit der gewillkürten und gesetzlichen Bedingung ist m. E. ebenso natürlich als mit dem Sprachgebrauch im Einklang. Sie ist denn auch keineswegs eine völlig neue [10]). Namentlich finden sich bei v. Scheurl (Nebenbestimmungen. S. 5. 70 flg. 98.) [11]) bereits manche mit der hier vertretenen Auffassung übereinstimmende Ausführungen, wenngleich auch dieser Schriftsteller sich die Gewinnung der besten Früchte dadurch unmöglich gemacht hat, dass er, von der herrschenden Vorstellung, als ob nur die objectiv ungewisse Bedingung eine wirkliche Bedingung sei, befangen — statt von dem bedingenden Umstande als einer Thatsache — von „thatsächlichen Möglichkeiten" (S. 71.) ausgeht und sich dadurch die Anknüpfung an den Begriff der juristischen Thatsache selbst abschneidet [12]).

Ich glaube nunmehr die rechtliche Natur der Bedingung als einer juristischen Thatsache zur Genüge dargelegt zu haben, und wende mich daher zu der Betrachtung der zweiten Bedeutung, welche der gewillkürten Bedingung eigen ist, und deren unausgesetzte Unterscheidung von jener ersten eine unerlässliche Voraussetzung jeder gesunden Theorie der Bedingung bildet: ich meine die zu Eingang des Paragraphen bereits angedeutete Bedeutung als: Bestimmung oder Vereinbarung.

Diese Bedeutung hat freilich an und für sich keine Beziehung zu der Lehre von der gewillkürten Bedingung als einer juristischen Thatsache, da sie ja in völliger Allgemeinheit jede Bestimmung

---

10) Ich freue mich aber versichern zu können, dass alle wesentlichen Puncte dieser Abhandlung bereits festgestellt waren, als mir die Arbeiten von v. Scheurl, Eisele und Köppen zugänglich wurden.

11) Vgl. S. 98. „Dass der Einzelnwille durch solche (Bedingungen) sich selbst beschränkt, ist ... im Grunde nur als eine Nachahmung dessen anzusehn, was der allgemeine Rechtswille mittelst der von ihm aufgestellten Rechtsbedingungen thut." — Unklar ist es, wenn v. Scheurl a. a. O. ebenso wie Eisele a. a. O. 263. die Bedingung nur negativ als Hemmniss der Wirkung der bedingten Willenserklärung bezeichnet. Vgl. auch unten § 10. Anm. 10.

12) In Betreff der v. Scheurl'schen Unterscheidung (S. 69. 70.) von Ursache und Bedingung ist zugegeben, dass eine solche an und für sich wohl möglich, wenn auch im Einzelnen schwer durchführbar ist. Vgl. v. Bar, Die Lehre vom Causalzusammenhange. 1871. § 2 flg. Rau-Wagner, Volkswirthschaftslehre. 1876. I. S. 67. 244. 245. und der dort citirte Ahrens, Naturrecht. — Indessen ist nothwendig jede Ursache auch eine Bedingung (v. Bar a. a. O.), oder in dem Sprachgebrauch des Privatrechts: eine juristische Thatsache. Und darum wird, soweit die privatrechtliche Lehre von den Bedingungen in Frage ist, eine sichere Grundlage nur durch das Zurückgehen auf diesen elementaren Begriff gewonnen.

und Vereinbarung umfasst. Indessen ist hiebei zu beachten, dass nach einem unbestritten herrschenden Sprachgebrauch „Bedingung" ganz vorzugsweise grade diejenigen Bestimmungen bezeichnet, welche irgend etwas rechtlich bedeutsames von einem äussern Umstand (Bedingung) abhängig machen, oder nach unserer Auffassung, welche irgend einen Umstand zu einer juristischen Thatsache erheben [12a]). Und ganz gewiss wird man auch zugeben müssen, dass das vieldeutige Wort zur Verwendung in diesem Sinne grade besonders geeignet ist. Denn wenn man mit Worten spielen will, kann man von der Bedingung in dieser Bedeutung mit Fug und Recht sagen, dass durch sie ein Bedingendes bedungen wird.

Die Bedingung also als abhängig machende Willenserklärung ist es, welche uns jetzt beschäftigen wird, und zwar muss die zu lösende Aufgabe näher als die schon mehrfach in Aussicht gestellte Analyse des in jener Erklärung enthaltenen Willens bezeichnet werden. Ehe ich jedoch unmittelbar in diese Untersuchung eintrete, glaube ich einige Bemerkungen über die mit den Bedingungen in engster Verbindung stehenden „bedingten Willenserklärungen, Rechtsgeschäfte, Verträge" und die sprachliche Bedeutung dieser Ausdrücke vorausschicken zu sollen.

In sachlicher Hinsicht ist kein Zweifel, dass mit diesen Ausdrücken: Willenserklärungen, Rechtsgeschäfte und Verträge bezeichnet werden, welchen eine Bedingung hinzugefügt ist. Wie aber ist dieser Sprachgebrauch zu erklären und zu rechtfertigen, da doch „bedingt" so viel bedeutet als: „von irgend einem Umstand abhängig", nicht aber „mit einer Bedingung behaftet"? Die Lösung liegt einfach darin, dass jene bedingten Willenserklärungen in der That in gewisser Beziehung von den durch sie gesetzten Bedingungen abhängig sind und deshalb mit Recht als bedingte bezeichnet werden können; abhängig freilich nicht in Bezug auf ihre factische Existenz — denn diese ist als Thatsache sofort vorhanden —, auch nicht in Bezug auf ihre rechtliche Existenz — denn auch bedingte Willenserklärungen erzeugen gewisse Wirkungen, also Beweise ihres Daseins,

12a) Bekanntlich hat auch die römische condicio diese mehrfache Bedeutung. vgl. z. B. Arndts § 66. Anm. 3.

sofort (Arndts § 70. Windscheid § 86. Anm. 2. Brinz § 325. Schluss und § 332. und l. 16. D. de inj. ... test. 28, 3.) —, wohl aber in Bezug auf gewisse rechtliche Wirkungen[13]), deren nähere Bestimmung freilich erst in den §§ 3. 9. 10 und 11. erfolgen kann.

Die bedingte Willenserklärung unterscheidet sich also von der unbedingten dadurch, dass bei der letztern die rechtlichen Wirkungen, weil nur von der Erklärung selbst abhängig, sofort eintreten, während die bedingte Willenserklärung jene Wirkungen selbst von einer Bedingung abhängig gemacht und darum auch nur noch in Verbindung mit dieser zu erzeugen vermag.

Wie aber ist nun dieser in der bedingten Willenserklärung hervortretende Wille zu qualificiren? Ist seine Existenz eine bedingte oder unbedingte?

Man hat in Bejahung der ersten Alternative den Ausdruck „bedingte Willenserklärung" wohl als „Erklärung eines bedingten Willens" deuten wollen; sprachlich genommen indessen gewiss mit Unrecht[14]). Was aber die Sache selbst anlangt, so werden folgende Bemerkungen vielleicht zur Versöhnung der streitenden Ansichten beitragen können und zugleich auch zur Bestätigung des vorher über die bedingten Rechtsgeschäfte Gesagten dienen.

Arndts (§ 66. Anm. 2.), Unger a. a. O. und Brinz (S. 1442 flg.) scheinen mir darin zweifellos Recht zu haben, dass die in Aussicht genommenen rechtlichen Wirkungen nur für den einen Fall des Eintretens der Bedingung gewollt, für alle andern Fälle nicht gewollt sind, so dass also beim Nicht-Eintritt der Bedingung der betreffende Wille nie existent gewesen ist.

Diese Bemerkung berührt indessen nur die eine Seite der Sache. Denn sofort und unbedingt gewollt ist jedenfalls die Verknüpfung der in Aussicht genommenen rechtlichen Wirkung mit der Bedingung, oder mit andern Worten die Erhebung irgend eines

13) In ähnlicher Weise bedeutet der Ausdruck: „bedingte Rechte, Obligationen, Schulden u. s. w.", dass die betreffenden Rechte u. s. w. in irgend einer Beziehung, etwa in Bezug auf ihre Existenz oder ihren Inhalt, ihre Entstehung oder ihre Endigung von einer Bedingung abhängig sind. Vgl. § 3 und § 10. Anm. 5.

14) Auch Unger's Ausführung im Erbr. § 16. Anm. 3. ist in dieser Beziehung ungenau. Vgl. darüber ausserdem unten Anm. 17.

— vielleicht ungewissen — Umstandes zu einer juristischen Thatsache, so dass man also, genau analysirend, in der bedingten Willenserklärung einen zwiefachen Willen [15]) constatiren muss: einen beschränkteren bedingten, und einen umfassenden, den bedingten mit einschliessenden unbedingten. Jener sagt: Ich will x für den Fall, dass a eintritt, dieser: ich will, dass a die Wirkung x hat, oder auch: ich will x oder y oder nichts, je nachdem a eintritt oder nicht. Es liegt hier eben eine Unbestimmtheit des Willens, eine durch gewisse Umstände erst einzuengende Latitude, ein auf mehrere und zwar einander widersprechende Eventualitäten zugleich gerichtetes Wollen vor, wie dies unbestrittener Massen z. B. bei der alternativen Obligation und in andern Fällen vorkommt. Freilich ist bei der alternativen Obligation gewöhnlich die Existenz der Obligation in jedem Fall gewollt; indessen ist der Uebergang der Fälle, in denen das Entweder — oder sich nur auf den Inhalt des Rechts bezieht, zu denjenigen, in welchen es die Existenz selbst betrifft, ein fast unmerklicher und in dieser Beziehung bedeutungsloser. So gehören auch alternative Obligationen bekanntlich nur dann zur ersten Classe, wenn die Auswahl einer der Parteien überlassen ist, während sie sofort in die zweite Classe übertreten, wenn einem Dritten die Bestimmung zugewiesen ist (l. 141. § 1. D. de V. O. 45, 1.); und in der einfachen Erklärung, den von X festgesetzten Kaufpreis zu zahlen, spricht sich sowohl der Wille aus, für 1 oder 2 oder 3 zu kaufen als auch der, unter Umständen gar nicht zu kaufen. (§ 1. J. 3, 23. vgl. auch l. 21. D. de sol. 46, 3. — si decem stipulatus a Titio deinde stipuleris a Sejo, quanto minus ab illo consecutus sis —). Von besondrer Bedeutung aber ist in dieser Hinsicht, dass — wie in § 3. auszuführen ist — die Bedingungen keineswegs immer das Sein oder Nichtsein, sondern ebenso oft auch das So- oder Anderssein rechtlicher Wirkungen abhängig machen.

Das Resultat also ist: dass auch Windscheid (§ 86. Anm. 2.) und Eisele (Archiv 50. S. 264.) Recht haben mit ihrem Satze,

---

15) Dies ist der richtige Kern der unrichtigen Ansicht, welche in jedem bedingten Rechtsgeschäft zwei verschiedene Rechtsgeschäfte als vorhanden annimmt. Vgl. übrigens auch § 10. Anm. 16.

dass durch die bedingte Willenserklärung sofort ein Wille gesetzt ist. Die volle Wahrheit aber giebt nur die hier versuchte Vereinigung der streitenden Ansichten. So tritt z. B. bei Windscheid die durch seine Einseitigkeit erzeugte irrige Anschauung alsbald zu Tage, wenn er jenen Willen als einen in seiner Wirksamkeit einstweilen gehemmten characterisirt. Denn jener unbedingte Wille ist sofort wirksam (als Erzeuger der Gebundenheit u. s. w.), während der eigentlich bedingte Wille nicht in seiner Wirksamkeit gehemmt, sondern bezüglich seiner Existenz selbst noch abhängig, ungewiss ist. Windscheid's Definition wird jedoch schon dann zutreffend, wenn nur statt: „gewollte rechtliche Wirkung" gesetzt wird: „die für einen gewissen Fall gewollte" oder noch besser: „die in Aussicht genommene rechtliche Wirkung".

Aus den vorstehenden Erörterungen erhellt zugleich, dass es allerdings nicht unrichtig, wohl aber wegen der zu Misverständnissen führenden Unbestimmtheit und Mehrdeutigkeit des Ausdrucks durchaus unzweckmässig ist, bei der bedingten Willenserklärung den Willen selbst als das Abhängiggemachte zu bezeichnen.

Dasselbe Argument spricht auch gegen die Formulirung derjenigen, welche das Rechtsgeschäft als abhängig gemacht definiren, wie dies neuerdings namentlich von Unger (System § 82. Anm. 3. 55. 56.) und Brinz (S. 1445.) geschieht. Denn diese — freilich an sich nicht unrichtigen — Ausdrücke: bedingtes d. h. abhängig gemachtes Rechtsgeschäft, bedingte Willenserklärung, bedingter Vertrag lassen eben die Hauptfrage, in welcher Beziehung die letzteren abhängig sind, unerklärt. Wenn aber gradezu die Existenz des Rechtsgeschäftes für abhängig erklärt werden soll, so ist dieser Ausdruck allerdings aus den schon oben angedeuteten und unten in den §§ 9 u. 10. noch einmal zu betonenden Gründen und ausserdem auch deshalb wirklich unrichtig, weil in allen denjenigen Fällen, in denen nur das So- oder Anderssein rechtlicher Wirkungen bedingt ist, ganz gewiss die Existenz des Rechtsgeschäfts von vornherein ausser Zweifel ist[16]. Zu diesen Gründen gegen

16) Man denke auch an die zahlreichen Verträge (Rechtsgeschäfte), in denen nur einzelne Verpflichtungen und Rechte abhängig gemacht sind, der Vertrag aber sofort fertig ist, wie z. B. Feuer- und andre Versicherungen, — in gewissem

die vorzugsweise Verwerthung des Ausdrucks: Rechtsgeschäft kommt endlich noch hinzu, dass derselbe sich überhaupt weit weniger zum juristischen Operationsgebrauch eignet, als man gewöhnlich annimmt. Denn die herrschende Definition desselben, wonach es identisch mit der auf Erzeugung rechtlicher Wirkungen gerichteten Willenserklärung ist, dürfte keineswegs zutreffend sein. Ein Vertrag z. B. über den Verlag eines Buchs pflegt eine Menge einzelner Bestimmungen, von denen jede als eine mehr oder weniger selbständige Willenserklärung anzusehn ist, zu enthalten. Niemand aber würde, wenn er sich nicht von dem völlig feststehenden Sprachgebrach ganz lossagen wollte, jede dieser Bestimmungen als „Rechtsgeschäft" bezeichnen dürfen. Ebenso lässt sich jeder zweiseitige Vertrag wohl in zwei Willenserklärungen, nicht aber in zwei Rechtsgeschäfte zerlegen. „Rechtsgeschäft" bezeichnet also bald eine, bald mehrere zu einer Einheit verbundene Willenserkärungen. Die Grenzen aber sind flüssig, wie die unsichere Unterscheidung zwischen Nebenbestimmung und Nebengeschäft beweist[16a]). Es scheint daher allerdings richtiger, das Wort „Rechtsgeschäft" nicht unter die zur Fundamentirung der Lehre von der Bedingung zu verwendenden Begriffe aufzunehmen[17]).

Was endlich noch die Definition v. Savigny's (III. § 116.) und Andrer anlangt, welche die Existenz des Rechtsverhältnisses als abhängig gemacht bezeichnet, so ist auch diese schon deshalb — vgl. übrigens auch § 10. zu Anm. 16. — nicht zutreffend, weil sie gleichfalls die, nur das So- oder Anderssein

---

Umfang auch Lebensversicherung wegen der Möglichkeit des Selbstmords —, Spiel, Wette, Bodmereivertrag, Tontine u. s. w., alles zweiseitige Verträge, in denen die Rechte des einen Theils mehr oder weniger abhängig, bedingt sind. Vgl. § 10. Anm. 16. a.

16a) Ein weiteres Eingehn auf den Begriff des Rechtsgeschäfts liegt natürlich ausserhalb der Grenzen dieser Arbeit. Vgl. auch Bekker, Jahrbücher für Dogmatik. Bd. 12. S. 31. Anm. Ganz anders wieder Köppen, Jahrbücher für Dogmatik. Bd. XI. S. 152 flg. Dagegen aber Windscheid § 69. Anm. 1. 4te Aufl.

17) Aus dem über den Willensinhalt der bedingten Willenserklärung Bemerkten ergiebt sich zugleich, in wiefern man die Rechtsgeschäfte bei Deficienz der Bedingung als nichtig wegen Mangels des Willens (Unger, Erbr. § 16. Anm. 3.) bezeichnen kann. Vgl. auch § 10. Anm. 7.

betreffenden Bedingungen unberücksichtigt lässt. Ausserdem aber leidet sie an dem, allen bisher besprochenen Definitionen gemeinsamen Fehler, dass sie den Zusammenhang der Bedingungen mit den juristischen Thatsachen, als den Erzeugern irgend einer rechtlichen Wirkung, nicht hervortreten lässt. Ich werde daher mit Windscheid und Andern stets rechtliche Wirkungen als das Abhängiggemachte definiren. —.

Das im Vorstehenden entwickelte Wesen der Bedingung hat man in neuerer Zeit, besonders seit v. Savigny (III. S. 99. 120.) noch tiefer dadurch zu erfassen gesucht, dass man die Bedingung neben dies und modus als Selbstbeschränkungen des Willens hinstellte. Savigny selbst hatte dieselben als Beschränkungen bezeichnet, welche vom Willen selbst gesetzt den Umfang desselben modificiren. Nachdem aber hiegegen von Fitting (Archiv 39. S. 307. 308.) mit Recht eingewendet war, dass jedes Rechtsgeschäft in gewissem Sinn ein selbstbeschränktes genannt werden könne und müsse, da ja bei jeder Willenserklärung die Möglichkeit eines noch weitern Umfangs des Willensinhalts gegeben sei, hat Unger (§ 82. Anm. 3.) und dann Förster (Theorie und Praxis § 36. Anm. 6.) das Dasein des Willens selbst als ein selbstbeschränktes bezeichnet. Indessen kann ich nicht finden, dass dieser an sich wieder gar nicht unrichtige Ausdruck [18]), der selbst noch der Interpretation bedarf, irgend wie zur Aufklärung des viel klareren Ausdrucks: Abhängigmachung rechtlicher Wirkungen beiträgt. Auch ist zu bedenken, dass grade das Wesen jedes obligatorischen Vertrags in einer Selbstbeschränkung des Willens besteht. (Voigt, Cond. ob causam. S. 518. 519. 709. Anm. 640.) Was aber die Verwandtschaft der Bedingung mit dies und modus betrifft, so darf ich in dieser Beziehung auf die §§ 5 und 6. verweisen.

Noch bedenklicher als der eben besprochene Ausdruck ist die sehr allgemein übliche und neuerdings namentlich wieder von v. Scheurl vertheidigte Bezeichnung der Bedingungen (neben dies und modus) als Nebenbestimmungen. Denn wenn man auch davon, dass die Bedingung in Bezug auf das concrete

18) Sehr vorsichtig wendet ihn Arndts § 66. an.

Rechtsgeschäft, dem sie zugefügt ist, in sehr zahlreichen Fällen jedenfalls keine Nebenbestimmung bildet, absehn und sich ausschliesslich auf den Standpunct des Begriffs oder der Gattung des Geschäfts (Brinz S. 1515) stellen will, so ist doch, wie bereits oben angedeutet wurde, auch von diesem Gesichtspuncte aus die Bedingung sehr oft keine Nebenbestimmung. Ich erinnere nur an die Begriffe der Wette, Auslobung, Pönalstipulation und des Versicherungsvertrags aus dem heutigen Recht; und wenn auch die römischrechtliche stipulatio an sich mit dem Bedingungsbegriff in keiner nothwendigen Verbindung steht, so ist doch auch hier die Sache eine andre, wenn man auf bestimmte Arten derselben, z. B. sponsio poenalis mit restipulatio, sponsio mere praejudicialis u. s. w. sieht. Ich halte es daher für richtiger, den überdies auch an und für sich gar nicht fest ausgeprägten, sondern mehr oder weniger fliessenden Begriff der Nebenbestimmung (Hartmann gegen v. Scheurl, Krit. V.J.Schr. 13. S. 517.) aus der Theorie der Bedingung ganz auszuscheiden, und ausschliesslich den bestimmten Begriff der Abhängigkeit rechtlicher Wirkungen von willkürlich gesetzten Umständen, dessen Bedeutung auch für die Lehren von dies, modus und causa in den §§ 5—8. näher entwickelt werden soll, an die Spitze zu stellen. —

Ich bin damit an den Schluss meiner aus der „Natur der Sache (des Wollens, der Bedingung)" geschöpften Untersuchungen über das Wesen des Bedingungsbegriffs gelangt, und erlaube mir nur noch die Resultate derselben in folgende Sätze kurz zusammenzufassen:

1. Wie das objective Recht gewisse Thatumstände mit der Kraft begabt, rechtliche Wirkungen zu erzeugen — juristische Thatsachen —, so kann auch der Parteiwille in grossem Umfange irgend welchen, an sich ganz gleichgültigen Thatsachen die Kraft verleihen, rechtliche Wirkungen zu erzeugen, und sie dadurch zu „juristischen Thatsachen" stempeln.

2. Das Wort Bedingung bezeichnet sowohl den bedingenden Umstand, d. h. den Umstand, der rechtliche Wirkungen erzeugen, und von dem eine gewisse Gestaltung rechtlicher Verhältnisse abhängig sein soll, als auch die Erklärung oder Vereinbarung,

welche irgend einen Umstand zu einem bedingenden d. h. zu einer juristischen Thatsache erhebt.

3. Die bedingte Willenserklärung enthält ausser dem bedingten Willen, welcher das in Aussicht Genommene eben nur für einen gewissen Fall will, und somit in seiner Existenz selbst vom Eintritt dieses Falles (des bedingenden Umstandes) abhängig ist, auch einen unbedingten, jenen bedingten mit umfassenden Willen, welcher grade darauf gerichtet ist, jenen Umstand zu einem bedingenden zu erheben. Es empfiehlt sich daher nicht, in der Definition des Bedingungsbegriffs schlechthin den Willen als das Abhängiggemachte zu bezeichnen.

4. Dem Parteiwillen steht es frei, nicht nur die Entstehung oder Endigung von Rechtsverhältnissen, sondern jede beliebige rechtliche Wirkung — soweit nicht etwa ausnahmsweise verbietendes Recht entgegensteht — von bedingenden Umständen abhängig zu machen. Richtig ist es daher allein, in der Definition des Bedingungsbegriffs „rechtliche Wirkungen" als das Abhängiggemachte zu bezeichnen.

Diese Resultate — welche ich in den folgenden Paragraphen noch nach manchen Seiten hin fester zu begründen hoffe — sind nun freilich keineswegs unbedingt im Sinn der römischen Jurisprudenz. Indessen ist zunächst überhaupt unmöglich, bei Feststellung des Bedingungsbegriffs den Spuren unsrer grossen römischen Vorgänger zu folgen. Denn die Römer sind zu einer eigentlich systematischen Durcharbeitung jenes Begriffs niemals vorgeschritten, sondern immer an der gesonderten Betrachtung der einzelnen Fälle hängen geblieben. (Jhering, Jahrbücher f. D. X. S. 495—477. 526.) Auch war die Begriffsentwicklung, welche ja überhaupt auf allen Gebieten von ihnen nur in geringem Umfange gefördert ist, grade hier mit besondern Schwierigkeiten verknüpft, weil ihnen einmal die Grund legenden Begriffe der juristischen Thatsache und der rechtlichen Willenserklärung fehlten, und weil sie ausserdem bei der Analyse des in dem bedingten Rechtsgeschäft enthaltenen Willens durch die Beschaffenheit ihrer hauptsächlichsten Rechtsgeschäfte (stipulatio, in jure cessio u. s. w.)

in deren Formel kein andrer als der (engere) bedingte Wille hervortreten konnte, behindert wurden.

Dennoch glaube ich jene Resultate mit den ihnen voraufgehenden Erörterungen durchaus als solche bezeichnen zu dürfen, welche überall auf dem Boden des heutigen römischen Rechts stehn und darum auch Geltung für dieses beanspruchen müssen. Denn es handelt sich ja hier nicht sowohl um Neugewinnung von Rechtssätzen, als um richtige Construirung der vorhandnen und vor Allem um richtige Interpretation des Parteiwillens und Zurückführung zweifelhafter Rechtsbegriffe auf zweifellose. Diese constructive Arbeit aber wird dann als eine für das sog. gemeine Recht fruchtbare und in ihren Resultaten Geltung heischende angesehn werden müssen, wenn der Ausgangspunct in der That von unbestrittenen Rechtsbegriffen aus genommen ist, die fortschreitende Entwicklung logisch richtig verfährt, der Parteiwille natürlich und ungekünstelt aufgefasst wird und die Resultate und ihre Consequenzen nirgends den Normen des positiven Rechts widersprechen [19]).

Dass nun den erstgenannten Erfordernissen hier genügt ist, hoffe ich annehmen zu dürfen. Die Uebereinstimmung der Resultate aber mit dem gemeinen Rechte kann an dieser Stelle nicht im Einzelnen dargethan werden: jeder der folgenden Paragraphen wird an seinem Theile Beiträge zu diesem Nachweise geben. Dasselbe gilt natürlich auch von den übrigen neuern Rechtssystemen; und nur insofern werde ich diese positiven Rechtsgestaltungen schon hier berücksichtigen müssen, als es sich um die eigentliche Definition des Bedingungsbegriffs handelt.

Das römische Recht hat auch hier eine eigentliche Definition nicht aufgestellt. Wohl finden sich hie und da gelegentlich einige allgemeiner gehaltene Aussprüche (l. 10. § 1. 28, 7. l. 37—39. 12, 1 u. a.), doch sind sie ohne erhebliche Bedeutung und stehn ausserdem — wie in § 4. gegen v. Scheurl und viele Andre nachzuweisen sein wird — durchaus im Einklang mit der hier begründeten Auffassung.

Wirkliche Definitionen sind dagegen sowohl im Preussischen Landrecht, als im Code civil und im Oesterreichischen Allgemeinen

19) Vgl. auch Jhering, Geist des röm. R. II. 2. § 41. (S. 398 flg. der 1ten Aufl.)

bürgerlichen Gesetzbuch versucht worden, während das bürgerliche Gesetzbuch für das Königreich Sachsen auch hier dem römischen Recht folgt. (§§ 108 flg. 871 flg. 2117 flg.)

Von diesen Definitionen bieten die des Landrechts und des Oesterreichischen Gesetzbuchs der hier versuchten Begriffsbestimmung wegen ihrer weiten Fassung keine Schwierigkeit.

Allg. Landr. I, 4. § 100. „Eine Willenserklärung ist bedingt, wenn das daraus entstehende Recht von einem Ereigniss, welches eintreffen oder nicht eintreffen soll, abhängig gemacht worden",

in Verbindung mit

I, 4. § 140. „Auch vergangene Begebenheiten können zur Bedingung gemacht werden."

Oesterr. Bürg. Gesetzb. § 696.

„Eine Bedingung heisst eine Ereignung, wovon ein Recht abhängig gemacht wird." (vgl. Unger, System II. § 82. Anm. 5.)

Wohl aber hat der Code civil, Art. 1168:

L'obligation est conditionelle lorsqu'on la fait dépendre d'un évènement futur et incertain, soit en etc.

die hergebrachte Beschränkung der Bedingungen auf zukünftige und ungewisse Thatumstände legalisirt; und wenn Art. 1181. (L'obligation contractée sans une condition suspensive est celle, qui dépend ou d'un évènement futur et incertain ou d'un évènement actuellement arrivé, mais encore inconnu des parties) jene Einengung wieder theilweise wenigstens aufzuheben scheint, so mag es richtig sein (vgl. Zachariae-Anschütz § 302. Anm. 1. Marcadé, Cours élémentaire du droit civil IV. S. 445. ad Art. 1181.), dass diese Bestimmung nur einem Redactionsversehen ihr Dasein verdankt. Trotzdem aber bleibt auch dem Code civil gegenüber ungeschmälert das Recht der Wissenschaft bestehn, den Nachweis zu führen, dass das eigentliche Wesen der Bedingung auch von andern als den in Art. 1168. genannten Bedingungen getheilt wird, und dass die wissenschaftliche Systematik deshalb anders verfahren muss als die gesetzliche. Auch ist es grade beim Code civil keineswegs etwas Besondres, dass der Wissenschaft die Aufgabe zufällt, an die misrathenen gesetzlichen Definitionen die helfende Hand zu legen!

II. Inhalt und Arten der Bedingungen.

§ 3. 1. Die Verschiedenartigkeit der abhängig gemachten rechtlichen Wirkungen.

Die in dem vorstehenden § entwickelten Gedanken erhalten ihre volle Bedeutung erst durch die Betrachtung des möglicher Weise sehr verschiedenartigen in den einzelnen Bedingungen niedergelegten Inhalts. Aus dem Begriff der Bedingung als einer Willenserklärung, durch welche rechtliche Wirkungen von irgend einem Umstand abhängig gemacht werden, erhellt, dass diese Verschiedenheiten hauptsächlich nach vier Richtungen hin hervortreten können, nämlich

1) in Bezug auf die abhängig machende Erklärung als Ganzes, — z. B. erlaubte, unerlaubte; sittliche, unsittliche Bedingungen —
2) in Bezug auf die juristische Natur der abhängig gemachten rechtlichen Wirkungen, — Entstehung, Endigung u. s. w. —
3) in Bezug auf die Beschaffenheit des bedingenden Umstandes — künftige, in der Vergangenheit liegende; mögliche, unmögliche u. s. w. — und endlich möglicher Weise
4) in Bezug auf die rechtliche Qualification der Abhängigkeit der rechtlichen Wirkungen von dem bedingenden Umstand, — mit oder ohne Schwebezustand, Rückwirkung u. s. w. —

Von diesen Puncten bilden die unter 1 und 3. genannten regelmässige Bestandtheile jeder Darstellung der Lehre von den Bedingungen, so dass ich mich bezüglich ihrer auf einzelne in § 4. zu gebende Berichtigungen und Ergänzungen auf Grund der hier festgestellten Basis beschränken kann. Der Punct unter 4. aber ist identisch mit der Lehre von der Wirkung der Bedingung und bedarf einer besondern eingehenden Darstellung, welche ich in den §§ 9 flg. geben werde.

Nur der zweite Punct erfordert demnach schon an dieser Stelle eine selbständige Erörterung, und zwar um so mehr, als in dieser Richtung zwei verbreitete und der Widerlegung dringend bedürftige irrige Anschauungen, nämlich erstens die herrschende Theorie von Suspensiv- und Resolutiv-Bedingung und zweitens, die schon in § 2. erwähnte und fast allen Schriftstellern geläufige Vorstellung, als ob nur die Existenz oder Nicht-Existenz von Rechtsverhältnissen von Bedingungen abhängig gemacht werden könne — der richtigen Auffassung verhängnissvoll hindernd entgegenstehn.

Ehe ich jedoch zur Betrachtung der einzelnen abhängig gemachten rechtlichen Wirkungen übergehe, wird zur Vermeidung von Misverständnissen noch Folgendes voraufzuschicken sein.

Nach den Erörterungen des § 2. besteht die durch die Bedingung geschaffene Abhängigkeit rechtlicher Wirkungen von dem bedingenden Umstande darin, dass dieser bedingende Umstand zu einem miterzeugenden Factor (Coefficienten) der fraglichen rechtlichen Wirkungen erhoben ist, und zwar in dem Sinne, dass dieselben Wirkungen, welche sonst sofort durch die Willenserklärung entstehn, nun erst mit der Erfüllung der Bedingung eintreten sollen. Hieraus erhellt ohne Weiteres, dass es nicht die Bedingung ist, welche die Verschiedenartigkeit der rechtlichen Wirkungen erzeugt, sondern der besondere Character der Willenserklärung, welcher die Bedingung hinzugefügt ist.

Diese Consequenz scheint so selbstverständlich, dass ich fast den Einwurf fürchte, warum denn diese Verschiedenartigkeit der rechtlichen Wirkungen hier in der Lehre von der Bedingung überhaupt dargelegt werden solle —; trotzdem findet sich jene Consequenz in den bisherigen Darstellungen so wenig anerkannt und durchgeführt, dass ich unten in der Kritik des Begriffs der Resolutiv-Bedingung noch einmal hierauf werde zurückkommen müssen. Ihre Bedeutung aber und die Unterscheidung dessen, was die Bedingung als miterzeugender Factor zur Existenz bringt, von dem, was sie allein wirkt, ist m. E. von so fundamentaler

Wichtigkeit, dass ich gleich hier zu Eingang darauf aufmerksam machen zu müssen geglaubt habe.

Die mögliche Verschiedenartigkeit der abhängig gemachten rechtlichen Wirkungen tritt wohl am Leichtesten dann zu Tage, wenn man sich den möglichen Inhalt der Willenserklärungen, ganz abgesehen von Bedingungen, vergegenwärtigt. Man wird dann, wenn man einstweilen davon absieht, dass die Erzeugung gewisser rechtlicher Wirkungen (z. B. Eigenthumsübergang bei Immobilien) nach positivem Recht nur als unbedingte zulässig ist, unter andern namentlich auf folgende Fälle geführt werden. Es kann nämlich

1) die Entstehung eines Rechts, bezw. einer Verpflichtung abhängig gemacht werden. Doch sind hier nicht nur die gewöhnlich genannten Fälle der Eigenthumsübertragung, der Constituirung dinglicher Rechte, der Entstehung von Obligationen, sondern auch diejenigen, in denen z. B. ein bedingtes Rücktritts- oder Kündigungsrecht stipulirt ist, neben andern ähnlichen zu nennen.

Möglich aber ist es auch,

2) dass nur der Inhalt oder Gegenstand einer Obligation abhängig gemacht ist: Ich verspreche x oder z, je nachdem a eintritt oder nicht eintritt. In nahem Zusammenhang hiemit steht

3) der Fall, in welchem die Modalitäten der Erfüllung einer Obligation, namentlich Fälligkeit und Zahlungsort bedingt sind: Mein Bankier verspricht mir, eine bestimmte Summe nach Genua oder Neapel zu schicken, je nachdem ich ihm vor einem gewissen Tage Nachricht über meinen Aufenthalt gegeben habe oder nicht; oder ich verspreche meiner Nichte schenkweise 100, zahlbar am Tage ihrer Hochzeit oder aber ihrer Volljährigkeit, falls diese früher eintreten sollte.

4) Möglicher Weise ist auch nur die Ausübung eines sofort entstehenden dinglichen Rechts bedingt: Ich constituire meinem Nachbar eine mir persönlich sehr unangenehme Servitut an einem nahe bei meinem Hause gelegenen Grundstücke unter der Bedingung, dass dieselbe nur dann ausgeübt werden darf, wenn ich, wie gewöhnlich, auf Reisen bin. Ferner kann auch

5) die vertragsmässige Aenderung eines Rechtsverhältnisses

unter Bedingungen erfolgen: Ein Altentheiler lässt sich in Folge der Erkrankung seiner Frau versprechen, dass im Fall des Todes derselben statt der zu stellenden Kuh täglich ein gewisses Mass Milch vom Anerben geliefert werde. — Hiemit nahe verwandt ist

6) die Aufhebung oder Endigung von Rechtsverhältnissen oder Rechten durch bedingten Vertrag. Ich erinnere an Schuldaufhebungs- oder Erlassverträge und an die Endigung von Pacht- und Miethsverhältnissen. Zu den ersteren aber sind nach richtiger und selbständiger Systematik des heutigen Rechts auch die Fälle zu zählen, in denen die Aufhebung eines Forderungsrechts nur dann erfolgen soll, wenn gleichzeitig ein neues zur Existenz gelangt.

7) In den unter 4—6. genannten Fällen können aber wiederum wie unter 3. möglicher Weise auch nur die Modalitäten oder der Zeitpunct der Aenderung, Ausübung oder Endigung bedingt gewollt sein. Endlich verdient noch

8) der Fall Hervorhebung, wenn eine vertragsmässige Rückgängigmachung rechtlicher Wirkungen an Bedingungen geknüpft ist, sei diese Rückgängigmachung nun als obligatorisch oder dinglich wirkende, als ipso jure oder auf Grund besondern Antrags eintretende gewollt.

Die Beispiele unter 4—8. haben ausserdem noch das Gemeinsame, dass sie sowohl auf den Fall zu beziehen sind, in welchem jene Aenderungs- u. s. w. Verträge gleichzeitig mit den, die erste Entstehung des jetzt abgeänderten, aufgehobenen u. s. w. Rechtsverhältnisses bewirkenden Verträgen eingegangen werden, als auch auf den Fall, in welchem sie erst nachträglich und als selbständige Verträge abgeschlossen sind. Und schon jetzt ist hierauf vorläufig hinzuweisen, weil die Beachtung dieses Umstandes für die Beurtheilung dieser Verhältnisse von äusserster, regelmässig nicht genug gewürdigter Bedeutung ist. —

Die im Vorstehenden auf der Grundlage des heutigen Rechts versuchte Zusammenstellung wird zunächst dadurch Anstoss erregen, dass sie nicht nur das Sein oder Nicht-Sein [1]), sondern

1) Hierauf allein wird Rücksicht genommen von der allgemein herrschenden Lehre. Vgl. z. B. v. Savigny 3. S. 121. 149. Arndts § 66. 67. Fitting,

auch das So- oder Anderssein rechtlicher Wirkungen als ein von Bedingungen abhängig zu machendes darstellt. Und in der That scheinen die Consequenzen nicht wenig bedenklich, denn sie führen zweifellos mit Nothwendigkeit dahin, unter andern auch die alternative und generische Obligation [2]) als bedingte aufzufassen, obwohl dieselben doch nach der herrschenden Lehre grade einen Gegensatz zu der letztern bilden und nur ausnahmsweise dann in eine bedingte übergehen, wenn die Entscheidung auf eine Quelle gestellt ist, welche auch versagen kann. (Windscheid § 255. Anm. 3. 18. § 390. Anm. 9.)

Wenn ich nun trotz dieser Consequenz meine obige Auffassung vertheidige, so bin ich bei Bekämpfung der herrschenden Meinung insofern in einer eigenthümlichen — ich weiss nicht recht, ob angenehmen oder unangenehmen — Lage, als die hier vertretene Anschauung, abgesehn von der speciellen Beziehung auf alternative und generische Obligationen, bislang noch von Niemand, so viel ich weiss, bestritten worden ist, und zwar anscheinend aus dem sehr einfachen Grunde, dass man, da die Quellen diese Fragen nicht berühren, gar nicht an sie gedacht hat.

Die Gründe aber für meine Auffassung liegen darin, dass der Bedingungsbegriff, und zwar auch der von den Gegnern aufgestellte, meines Erachtens mit unvermeidlicher Consequenz zu ihr hinführt. Insbesondere würde Windscheid's Definition § 86. nur in dieser weiten Bedeutung verstanden werden können, wenn er sie nicht selbst in § 254. am Ende und § 255. anderweitig erläuterte. Indessen entsteht dadurch ein unleugbarer Widerspruch, welcher grade bei Windscheid um so leichter hervortritt, als er in § 86. selbst die „Veränderung eines Rechtsgeschäfts“ als eine möglicher Weise abhängig gemachte rechtliche Wirkung aufführt. Denn auch diese Veränderung betrifft doch nicht die

---

Archiv 39. S. 337. Unger, System 2. § 82. Anfang, und neuerdings besonders Brinz S. 1443 flg. 1515.

2) Die alternative Obligation umfasst zunächst nur die Fälle, in denen die geschuldete Leistung alternativ bestimmt ist. Es muss aber wohl beachtet werden, dass eine Alternativität auch hinsichtlich der Subjecte und Modalitäten der Leistung gesetzt sein kann. (Vgl. oben No. 3. und § 10. Anm. 21.)

Existenz, sondern nur die Modalitäten, den Inhalt [3]) des Rechtsgeschäfts oder genauer: des Rechtsverhältnisses!

Der von mir zu führende Beweis ist aber in der That auf Grund der von Windscheid und mir aufgestellten Begriffsbestimmungen schon dann erbracht, wenn nur zugestanden wird, dass die Befugniss, eine Servitut auszuüben, die Fälligkeit einer Forderung, die Feststellung des bisher noch unbestimmten Gegenstandes einer Obligation, durch Bestimmung des Schuldners oder das als bestimmend gesetzte Ereigniss: die sog. Concentration der Obligation, namentlich der alternativen, auf einen der möglicher Weise geschuldeten Gegenstände — rechtliche Wirkungen sind. Dieses Zugeständniss aber glaube ich als unausbleiblich ansehn zu dürfen.

Doch auch, wenn man vom bedingten Willen ausgeht, muss man zu diesem Resultate kommen; denn die auf irgend einen Tag angesetzte Fälligkeit, die Concentration, die Ausübungsbefugniss: sie alle sind ja nur für den einen Fall gewollt, dass die Bedingung eintritt, für alle andern Fälle aber nicht gewollt.

Für die alternative Obligation kommt noch hinzu, dass bekanntlich (Windscheid § 254. Anm. 6.) zur Hebung der Unbestimmtheit jede beliebige Thatsache als Norm gebend gesetzt sein kann, und dass bei einer gewissen Beschaffenheit dieser Thatsache — wenn die Entscheidung versagen kann — allgemein die bedingte Natur der alternativen Obligation anerkannt wird [4]). Da aber nach § 2. die Beschaffenheit des bedingenden Umstandes nicht auf den Begriff, sondern nur auf die Wirkungen der Bedingung von Einfluss ist, so ergiebt sich auch von dieser Erwägung aus der Satz, dass jede alternative Obligation eine bedingte ist, und zwar entweder nur bezüglich ihres Inhalts oder auch ihrer Existenz [5]).

3) Vgl. auch Windscheid § 242. Anm. 1. 4te Aufl. auch § 225. Anm. 6 a. E. 4te Aufl.

4) Vgl. auch die eben schon erwähnte allgemeinere Wendung von Windscheid § 225. Anm. 6 a. E. 4te Aufl.

5) Es bedarf wohl kaum der Bemerkung, dass neben dieser Bedingung, als dem gewillkürten Concentrationsmodus auch gesetzliche Concentrationsgründe stehn können (Untergang des einen Objects u. s. w.).

Die hier dargelegte Auffassung kann indessen der Natur der Sache nach dann keine Anwendung finden, wenn ausnahmsweise dem Gläubiger das Wahlrecht gegeben ist. Denn dann sind die mehreren Objecte nicht, wie in den bisher besprochenen Fällen, bis zur Concentration nur möglicher Weise geschuldete, bei denen es einstweilen noch ungewiss ist, welches das wirklich geschuldete sein wird — vielmehr sind dann alle Objecte von vornherein wirklich geschuldet; und der Gläubiger hat sofort auf jedes von ihnen ein gegenwärtiges Forderungsrecht, wenn auch mit der Beschränkung, dass die Leistung des einen Gegenstandes auch bezüglich des andern die Obligation aufhebt. (Windscheid, Krit. V.J.Schr. Bd. 3. S. 166.)

Allerdings ist auch in diesem Fall die Existenz einer gewillkürten Bedingung nicht zu verkennen. Denn dass die Erfüllung der einen Obligation Endigungsgrund der andern ist, dass diese letztere also erlischt, wenn die erstere gelös't wird, beruht doch offenbar lediglich auf dem im Rechtsgeschäft niedergelegten Parteienwillen. Indessen liegt der Unterschied dieses Falles und der andern Fälle auf der Hand. Dort war die Entstehung eines wirklichen Forderungsrechts auf einen Gegenstand von der nähern Bestimmung desselben, hier aber ist der Untergang eines bereits wirklich bestehenden Forderungsrechts von der Erfüllung eines andern oder irgend einem sonstigen Ereignisse abhängig [6]), so dass also in diesem letztern Fall eine eingehende Willensanalyse zu dem Resultat führt, dass hier neben dem Begründungswillen zugleich ein bedingter Aufhebungswille gesetzt wird [7]) — ein Vorgang, auf den im Verlauf dieses Paragraphen noch näher zurückzukommen sein wird. —

---

6) Auch hier wieder concurriren mit den gewillkürten gesetzliche Aufhebungsgründe, wenn auch die letzteren im Wesentlichen selbst nur aus Willensinterpretationen heraus zur Aufstellung gelangt sind.

7) Ob man übrigens in diesem Fall von plures obligationes oder nur von una obligatio sprechen will, halte ich für irrelevant, wenn man nur bei den plures obl. die gegenseitige Bedingtheit und bei der una obl. die sofortige Existenz von Forderungsrechten auf jedes der Objecte richtig auffasst. (Vgl. auch Arndts § 579. Anm. 4.) So wird ja auch bei den Correalobligationen immermehr anerkannt (Brinz, Krit. V.J.Schr. Bd. 16. S. 2 flg.), dass ihre Unterschiede von den nur solidarischen

Es erübrigt jetzt nur noch der Nachweis, dass die bisher wesentlich mit allgemein gehaltenen Deductionen begründeten Resultate auch im Einklang mit dem positiven Recht stehn. Diese Harmonie ist allerdings, wie sofort eingestanden werden muss, insofern nicht vorhanden, dass sowohl dem römischen Recht als auch den neueren Legislationen (Preuss. Landr. Code Nap. Oestr. G.B. Sächs. G.B.) die Auffassung der hinsichtlich des Gegenstandes unbestimmten Obligation als einer bedingten fremd ist, und dass auch ihre Definitionen des Bedingungsbegriffs derselben theilweise entgegenstehn [8]). Trotzdem aber ist diese Auffassung auch für das positive Recht festzuhalten, weil sie allein mit dem auch positivrechtlich anerkannten Wesen der Bedingung im Einklang steht, und weil sie nur mit den — nicht bindenden — doctrinellen Bestimmungen der Gesetze, nicht aber mit Rechtssätzen in Widerspruch tritt.

Denn die Consequenz dieser, hier vertretenen Ansicht führt keineswegs dahin, nunmehr auf die hier als bedingt bezeichneten Rechtsverhältnisse alle Wirkungen zu übertragen, welche mit den bisher allein als bedingt bezeichneten Rechtsverhältnissen verbunden sind, und demnach [9]) etwa im Widerstreit mit l. 19. D. de

---

sich nicht daraus herleiten lassen, dass dort una obl., hier plures obl. seien, dass vielmehr in beiden Fällen eine mehrfache Haftung, aber nur eine einzige Schuld vorliege. (Brinz S. 15.) — An dieser Stelle darf ich auch wohl darauf hinweisen, wie die neuerdings wieder (vgl. Randa, Krit. V.J.Schr. Bd. 16. S. 529.) so sehr betonte Verwandtschaft der Correalobligation mit der alternativen in der oben versuchten Formulirung einen klaren Ausdruck findet. Denn auch bei der Correal- und Solidar-Obligation sind von vornherein mehrere wirklich Berechtigte und Verpflichtete da. (Citat bei Randa S. 529.) Unter den Erlöschungsgründen aber, welche für jede dieser Berechtigungen bezw. Verpflichtungen gelten, stehn auf Grund theils gewillkürter, theils objectiv-rechtlicher Bestimmungen gewisse Schicksale der Mitberechtigung oder Mitverpflichtung in erster Reihe. In welchen Fällen übrigens der Untergang des einen Rechts den des andern nach sich zieht, wird sich aus inneren Gründen wohl kaum, jedenfalls nicht allgemein feststellen lassen. Auch ist nicht zu übersehen, dass der Parteienwille bei der Gründung der Obligation von vornherein gewissen Umständen (Aufhebungsgründen) aufhebende Kraft für alle Mitrechte verleihen kann. Vgl. auch § 10. Anm. 21.

8) Vgl. oben § 2 am Ende.

9) Diese Consequenz würde nach Pr. A. L.R. übrigens nicht einmal zu ziehen sein, weil auch bedingte Legate vererblich sind nach I. 12. § 485.

opt. leg. 33, 5. l. 12. § 7. D. quando dies 36, 2. § 23. J. de leg. 2, 20. auch bei Wahlvermächtnissen den Uebergang auf die Erben zu leugnen, da es ja auf der Hand liegt, dass diese positivrechtlichen Bestimmungen nur auf diejenigen Arten von Bedingungen überhaupt anwendbar sind, welche bisher allein als solche bezeichnet wurden. Auch beziehen ja die Quellen selbst den Satz der Unvererblichkeit bedingter Legate keineswegs auf alle Fälle der condicio. (l. 7. § 5. l. 21. § 1. l. 22 § 1. quando dies. 36, 2.) Etwas anders freilich liegt die Sache bezüglich der von Windscheid (§ 255. Anm. 2.) angezogenen Differenz zwischen l. 72. § 4. D. de sol. 46, 3.

Stichum aut Pamphilum stipulatus sum, quum esset meus Pamphilus; nec si meus esse desierit, liberabitur promissor Pamphilum dando; neutrum enim videtur in Pamphilo homine constitisse, nec obligatio nec solutio.

und l. 31. D. de V. O. 45, 1.

Si rem meam sub condicione stipuler, utilis est stipulatio, si condicionis existentis tempore mea non sit.

Denn die Entscheidung der l. 72. § 4. dürfte, wenn sie auf alle alternativen Obligationen bezogen werden sollte, schwerlich begründet sein. Man denke nur an den Fall, dass die Entscheidung auf eine Quelle gestellt ist, welche auch versagen kann! Innerlich gerechtfertigt erscheint mir jener § 4. eigentlich nur, wenn dem Gläubiger die Entscheidung zusteht, weil nur dann gleich zu Anfang die einstweilen noch im Eigenthum des Gläubigers befindliche Sache als wirklich, nicht nur möglicher Weise geschuldet zu denken sein würde. Ob man übrigens in Folge dessen jenen § 4. in dieser Weise beschränkend interpretiren oder als singuläre Bestimmung, die auch mit der in demselben Paragraphen gegebenen Entscheidung über eine generische Obligation nicht recht stimmen würde, ansehn will, scheint mir für meinen Zweck unerheblich. Ich gehe daher nicht weiter auf diesen Punct ein.

Dagegen hebe ich noch in aller Kürze hervor, wie selbstverständlicher Weise aus der hier vertretenen Anschauung auch darauf kein Schluss gezogen werden kann, ob nun beim Kauf alternativ oder generisch bestimmter Sachen bezüglich des Tragens der Gefahr dieselben Grundsätze massgebend sind als die für den bedingten Kauf geltenden. Denn hierüber entscheiden andre Momente, als der Bedingungsbegriff.

Indessen würde es doch sehr irrig sein, wenn man nun der hier versuchten richtigen Formulirung und Anwendung des Bedingungsbegriffs jede merkliche Bedeutung absprechen wollte. Vielmehr zeigt sich auch hier, wie auch die practische Rechtswissenschaft aus jeder berichtigten Begriffsbestimmung ihren unmittelbaren Gewinn zieht, wenn man nur erwägt, dass der Natur der Sache nach insbesondre die über Erfüllung und Deficienz der Bedingungen geltenden Sätze auch bei den auf So- oder Anderssein bezüglichen anwendbar sind, und dass erst dadurch den bei der alternativen und generischen Obligation über Aufhebung der Unbestimmtheit gelehrten Bestimmungen ihr tieferer Zusammenhang mit allgemeineren Begriffen aufgeschlossen wird. (Vgl. Windscheid § 254. 6. und unten § 10. Anm. 18 flg.)

Alle diese Argumente haben nunmehr, so hoffe ich, meinen Angriff gegen die herrschende Lehre, dass nur das Sein oder Nichtsein von Rechten und rechtlichen Wirkungen bedingt sein können, als einen siegreichen erwiesen. Mit veränderter Front wende ich mich daher jetzt gegen den zweiten Feind einer richtigen Erkenntniss: gegen die herrschende Theorie von Suspensiv- und Resolutiv-Bedingung.

Es ist bekannt, wie man, während das römische Recht keine allgemeine Eintheilung der Bedingungen auf Grundlage der Verschiedenheit der abhängig gemachten Wirkungen aufgestellt hat, später — und zwar wie so häufig unter willkürlicher Verwerthung von Quellenausdrücken — dazu übergegangen ist, die Bedingungen allgemein in suspensive und resolutive einzutheilen, je nachdem entweder der Anfang oder das Ende des Rechtsverhältnisses abhängig gemacht ist, und wie man diese, offenbar nur einen Theil des reichen Stoffs umfassende Eintheilung auch heute noch aufrecht erhält, obwohl die neusten Darstellungen dieser Lehre seit Thibaut (Civil. Abhandlungen. 1814. S. 359.) eigentlich nur das Bild eines stetig voranschreitenden Auflösungsprocesses bieten.

Seitdem nämlich Thibaut gelehrt hatte, und von den Spätern[10]) anerkannt war, dass auch die Resolutiv-Bedingung suspensive Wirkung habe, musste zunächst schon die Bezeichnung Suspensiv-Bedingung im Gegensatze zu der ersteren gerechten Anstoss erregen, und so hat denn in der That jetzt v. Scheurl (S. 113.) unter Billigung von Hartmann (a. a. O. S. 518.) den Ausdruck Perfectiv- statt Suspensiv-Bedingung vorgeschlagen, um dadurch bestimmter auf die noch in das Ungewisse gestellte Entstehung eines Rechtsverhältnisses hinzuweisen.

Die Vorzüge dieses neuen Wortes sind indessen sehr zweifelhafter Art. Deutlicher wäre es jedenfalls, einfach auf deutsch: Entstehungsbedingung zu sagen. Doch ist mit einem bessern Ausdruck für Suspensiv-Bedingung nicht viel gewonnen. Denn die Hauptsache ist, dass der gegensätzliche Begriff der Resolutivbedingung festgestellt werden muss, und grade diese Feststellung unterliegt den erheblichsten Schwierigkeiten, welche auch durch die zahlreichen neueren Lösungsversuche eher vermehrt als vermindert sind.

Während nämlich die herrschende Meinung in Uebereinstimmung mit Thibaut die Resolutivbedingung als eine auf Auflösung des Hauptgeschäfts gerichtete, suspensivbedingte Nebenwillenserklärung ansieht, ist zuerst von Windscheid in seinem Programm über die Wirkung der erfüllten Bedingung (1851. S. 24. 25. anders nachher in Pand. § 86. Anm. 6.) der Satz aufgestellt, dass die auflösende Bedingung keine Nebenwillenserklärung sei, sondern der Hauptwillenserklärung ebenso inhärire wie die Suspensivbedingung, und nichts anderes sei, als eine Qualificirung des rechtserzeugenden Willens, kraft deren derselbe das Erzeugte nur in einem solchen Zustande hervorbringe, dass es einem gewissen Zustande gegenüber nicht Stand zu halten vermöge. Und diese Auffassung ist dann von Unger (II. § 82. Anm. 30. 75. 76.) und

---

10) Vgl. z. B. Puchta § 61. v. Savigny 3. S. 154. Anm. 1. Windscheid § 86. Anm. 6. Arndts § 67. Anm. 2. v. Keller, Pand. § 51.

Brinz (§ 330. 335.) unter dem Einfluss ihrer Theorie von der Rückwirkung (vgl. unten § 9.) dahin zugespitzt worden, dass Suspensiv- und Resolutivbedingung nur in der Form der Fragestellung, nicht aber dem Wesen nach (Brinz S. 1471. unten) verschieden seien, da die Existenz des Geschäfts bei beiden in der Schwebe gehalten werde.

Freilich geben die genannten Schriftsteller sämmtlich zu, dass diese Auffassung nur aus der Natur der Sache gewonnen, im römischen Recht aber mehr oder weniger Abweichendes zur Geltung gelangt sei [11]), und erst neuerdings hat Wendt (a. a. O. S. 2. 3. 84 flg.) diese Ansicht auch für das römische Recht zur Geltung zu bringen versucht.

In eigenthümlicher Weise hat sodann v. Scheurl (S. 110—117. vgl. S. 61.) diesen Gedanken, dass die Resolutivbedingung dem Begründungswillen inhärire, mit der herrschenden Theorie durch die Behauptung zu versöhnen gesucht, dass bei der Resolutivbedingung nicht sowohl die Auflösung als der Bestand des Rechtsgeschäfts in der Schwebe sei, und dass in dem Begründungswillen immer zugleich auch ein bedingter Bestandwille enthalten sei, während endlich Czyhlarz [12]) den bis dahin sehr häufig [13]) mit der Resolutivbedingung zugleich behandelten sog. ungewissen Endtermin ganz von jener trennte, und für jede dieser Nebenbestimmungen verschiedene Sätze: für den Endtermin die Theorie der besondern Qualification des Begründungswillens, und für die eigentliche Resolutivbedingung die Lehre vom bedingten Nebengeschäft zur Anwendung brachte.

Man sieht: Mühe und Scharfsinn ist zur Genüge auf die Klarstellung und Aufrechterhaltung dieses Begriffs der Resolutivbedingung verwandt worden. Und wenn dennoch die Ansichten weiter als je auseinander gehen, so kann ich den Grund dafür nur in dem Mangel eines richtigen Ausgangspunctes finden, d. h. in dem

---

11) Windscheid § 86. Anm. 6. Unger § 82. Anm. 76. Brinz S. 1475., welcher noch hinzufügt: „Allem Anschein nach ist ihre Rechtfertigung" d. h. die Rechtfertigung der römischen Abweichungen „auch nicht möglich."

12) Zur Lehre von der Resolutivbedingung. 1871. S. 4. 6. 7. 27 flg.

13) Vgl. jedoch auch z. B. Arndts § 67. Anm. 2.

Mangel der Erkenntniss, dass Entstehung und Auflösung keineswegs die einzigen rechtlichen Wirkungen sind, welche von Bedingungen abhängig gemacht werden können, dass diese Wirkungen vielmehr so mannigfaltig sind, als die überhaupt durch den menschlichen Willen zu erzeugenden Wirkungen — eine Erkenntniss, die namentlich Czyhlarz nicht hätte verborgen bleiben können, wenn er die von ihm richtig erfassten Einzelheiten zu allgemeineren Gesichtspunkten emporgehoben hätte.

Doch — ich enthalte mich zunächst fernerer genereller Bemerkungen, um vorab die Schwächen der einzelnen Theorien darzulegen. Ich beginne mit Unger und Brinz, deren Ansichten allerdings nicht grade unrichtig sind, wenn ihre Theorie der Rückwirkung richtig ist. Das aber ist eben, wie in § 9 u. flg. zu zeigen sein wird, nicht der Fall. Allein auch abgesehen hievon scheint diese Auffassung mit ihrer Identificirung von Suspensiv- und Resolutiv-Bedingung wenig fruchtbringend, weil sie die zahlreichen, auf Wiederbeseitigung rechtlicher Wirkungen gerichteten bedingten Verträge zwar erwähnt, aber der Sache nach ganz unberücksichtigt lässt (z. B. Unger Anm. 76. Ende. Brinz S. 1494. l. 3. C. 4, 54. S. 1496.), obwohl Brinz selbst (S. 1496.) hervorhebt, dass dieselben der Resolutiv-Bedingung „zum Verwechseln ähnlich" seien.

Dieses letztere Moment spricht übrigens in gleicher Weise gegen alle vorgenannten Auffassungen, und insbesondre auch gegen die, in gewissem Umfang von v. Scheurl und Czyhlarz — von letzterem bezüglich des Endtermins — adoptirte Theorie Windscheid's, nach welcher die Einheit des Begründungswillens durch Resolutiv-Bedingung und -dies nicht aufgehoben, der Begründungswille vielmehr nur dahin modificirt wird, dass er nur ein modificirtes Rechtsverhältniss zu erzeugen vermag. Ausserdem aber steht dieser Auffassung m. E. der unbestrittene Rechtssatz entgegen, dass jedes Recht, wie bezüglich der Entstehung so auch bezüglich der Endigung oder Rückgängigmachung seine bestimmten Voraussetzungen hat. Der dies also oder die Bedingung, in Folge deren ein Recht zu bestehn aufhört, kann rechtlich nur als ein selbständiger Aufhebungsgrund qualificirt werden, welcher selbst wieder auf einem besondern Aufhebungswillen beruht

Nun ist aber ein Begründungswille, in dem zugleich ein Aufhebungswille enthalten ist, völlig undenkbar, da beide incompatibel sind. Denkbar ist nur, dass mit dem Begründungswillen zugleich und untrennbar von ihm ein Aufhebungswille gegeben ist — und diese ungekünstelte Auffassung genügt auch, soweit ich sehe, nach allen Seiten hin vollkommen. Dabei ist noch besonders hervorzuheben, dass die Beifügung eines Resolutiv-dies oder einer Resolutivbedingung keineswegs immer, wie man gewöhnlich zu glauben geneigt ist, eine Beschränkung des Rechtsverhältnisses enthält, dass sie vielmehr ebensowohl eine Erweiterung desselben statuiren kann. So ist z. B. particularrechtlich wohl überall die Dauer eines Miethvertrags oder eines Dienstbotencontracts in bestimmter Weise zeitlich begrenzt, so weit nicht ändernde Verträge vorliegen; und es leuchtet demnach ein, dass überall, wo der Begründungsvertrag zugleich eine über die gesetzliche Dauer hinausgehende Frist festsetzt, diese — bedingte oder unbedingte — Aufhebungsbestimmung nicht wohl als Beschränkung angesehn werden kann.

Ich vermag überhaupt in dieser ganzen Auffassung nichts andres zu erkennen, als eine über das Ziel hinausschiessende Reaction gegen die ältere Anschauung, welche in jeder Bedingung eine selbständige Nebenbestimmung sah. —

Die bisher dargelegten Argumente sind zum grössten Theil auch bereits von Czyhlarz (S. 26. 29. 30.) mit überzeugender Klarheit niedergelegt, und es muss darum Wunder nehmen, dass Czyhlarz (S. 6—9.) für den Endtermin doch selbst diese Theorie des einheitlichen, nur besonders afficirten Begründungswillens aufstellen konnte. Der einzige ersichtliche Grund für diesen mir unlöslichen Widerspruch liegt in dem schon von v. Scheurl (S. 61. 62.) benutzten § 50. Fr. Vat., mit Hülfe dessen beide Schriftsteller folgender Massen argumentiren: Wenn die Setzung eines Endtermins ein besondres Aufhebungsgeschäft wäre, so müsste es auch den für diese Geschäfte aufgestellten Erfordernissen genügen. Das aber ist nach § 50. cit. nicht der Fall, . . .

Mir scheint indessen diese Deduction ganz ohne Beweiskraft. Denn in dem § 50. handelt es sich grade darum, ob die deductio ebensowohl eine rechtsgültige, Servituten aufhebende Willenserklärung als eine, Servituten begründende enthalten könne, und wenn Paulus im Gegensatze zu Pomponius behauptet, dass durch deductio ein Ususfruct auch ad diem oder ad condicionem begründet werden könne, so bejaht er eben dadurch die eben gestellte Frage und erkennt somit die deductio zugleich als Entstehungs- und Aufhebungsgrund an.

Nur in einem Falle könnte m. E. jene Theorie der Einheit des Begründungs- und Aufhebungswillens aufrecht erhalten werden, wenn nämlich v. Scheurl's Versuch, an die Stelle des Aufhebungswillens den Bestandwillen zu setzen, so begründet wäre, als er m. E. unbegründet ist. Es ist eben, wie auch Czyhlarz (S. 7. 27 flg.) bereits unter andern begründeten Einwürfen hervorgehoben hat, juristisch unmöglich, neben dem Begründungswillen einen besondern Bestandwillen zu statuiren. Denn das zur Entstehung gelangte Rechtsverhältniss besteht schon nach objectivem Recht und ohne dass ein speciell auf den Bestand gerichteter Wille erforderlich ist, aus eigner Kraft so lange, bis ein rechtlich anerkannter Aufhebungs- oder Auflösungsgrund eintritt.

Es wird demnach wohl nur noch die eine Möglichkeit bleiben, bei allen sog. Resolutiv-Bedingungen die Existenz eines besondern, wenn auch mit dem Begründungsgeschäft untrennbar verbundnen bedingten Aufhebungsgeschäfts anzuerkennen. Wenn dem aber also ist, so frage ich, warum man denn hiefür die Ausdrücke Resolutiv-Bedingung u. s. w. zu gebrauchen pflegt?

Von resolutiv-bedingtem Geschäft mag man allerdings mit gewissem Recht reden, da das Geschäft d. h. freilich das Hauptgeschäft wirklich resolutiv-, d. h. in Bezug auf die Aufhebung seiner Wirkungen bedingt ist. Dagegen sollte man, da der in der „Nebenwillenserklärung" (Windscheid § 86. Anm. 6.) enthaltene Wille nicht in Bezug auf seine Aufhebung sondern in Betreff seines Existentwerdens bedingt ist, und man also von einem resolutiv-bedingten Willen offenbar nur dann sprechen kann, wenn man den in der Hauptwillenserklärung enthaltenen, also denjenigen Willen meint, welcher mit der Bedingung gar nicht verknüpft ist, sondern nur von einer bedingten

Nebenwillenserklärung in Bezug auf seine Wirkungen beeinflusst wird, — den Ausdruck resolutiv-bedingter Wille als völlig untauglichen lieber ganz vermeiden!

Etwas anders wieder steht es mit den Ausdrücken: auflösende oder Resolutiv-Bedingung. Indessen auch hier bezieht sich das Resolutive oder Auflösende nicht sowohl auf die Bedingung, als auf die Nebenwillenserklärung, der die Bedingung hinzugefügt ist, wie dies auch bereits z. B. von Windscheid § 86. fin. mit vollster Bestimmtheit hervorgehoben ist. Freilich hängt ja die Resolution auch von der Bedingung mit ab, aber doch in keinem andern Sinne, als auch die Entstehung, Aenderung u. s. w. von Rechtsverhältnissen von der Bedingung als mitwirkendem Factor mit bewirkt wird. In allen Fällen aber ist doch das eigentliche Bestimmende bezüglich der rechtlichen Wirkungen der bedingte Vertrag selbst. Dieser schon zu Eingang des Paragraphen hervorgehobene Punct erhellt besonders leicht aus folgenden Beispielen:

1. Jeder — also auch ein bedingter — Erlassvertrag kann bekanntlich je nach dem Willen der Parteien direct oder indirect wirken. Die verschiedene Wirkung geht also allein von dem Vertrage selbst aus.

2. Derselbe bedingte Nebenvertrag eines Kaufes, etwa eine in diem addictio, wirkt nach der herrschenden Theorie ipso jure und dinglich, wenn er gleichzeitig mit dem Kaufvertrag abgeschlossen ist, dagegen nur obligatorisch, wenn er später, nach vollzogener Tradition eingegangen ist. Wiederum aber ist es natürlich nicht die Bedingung, welche diese verschiedene Wirkung erzeugt.

3. Ob im römischen Recht die Eingehung einer neuen Obligation, um dadurch eine ältere zu verändern, direct oder indirect aufhebend wirkte, hing davon ab, ob eine stipulatio oder ein constitutum eingegangen war. Wenn also das Geschäft ein bedingtes war, trat die Verschiedenheit ein, trotzdem dass die Bedingung in beiden Fällen dieselbe war.

Diese Beispiele werden genügen, um die — fast triviale — These zu erweisen, dass die specielle Wirkung des bedingten

Vertrages nicht in der Bedingung, sondern in der bedingten Willenserklärung ihren Grund hat und nur aus ihr heraus im Einzelnen zu bestimmen ist. Correct also wäre es einzig und allein, nun auch statt von Resolutiv-Bedingung von bedingtem Resolutiv-Vertrag zu sprechen, man müsste denn etwa Bedingung in dem ganz weiten, untechnischen Sinn von Vereinbarung nehmen wollen — was an sich gewiss möglich, aber wegen der gar zu nahe liegenden Misdeutungen wenig empfehlenswerth ist. Ich werde daher, wenn ich einmal der Kürze wegen den Ausdruck gebrauche, immer nur von der sog. Resolutiv-Bedingung sprechen.

Wie gefährlich übrigens der letztere Ausdruck ist, erhellt vielleicht am deutlichsten daraus, dass selbst solche Schriftsteller, welche das Wesen der sog. Resolutiv-Bedingung richtig dargestellt haben, wie Windscheid § 86. fin., dennoch die Frage erörtern, ob oder in wie weit die Resolutiv-Bedingung direct oder indirect, dinglich oder nur obligatorisch wirke (Windscheid § 90.), während doch nach dem hier Ausgeführten die ganze Frage überhaupt falsch gestellt und gar nicht möglich ist, wenn man von dem bedingten Resolutiv-Vertrag ausgeht. Denn dann tritt eben bald die eine, bald die andre Wirkung ein, grade wie auch beim unbedingten Resolutiv-Vertrag. Aus der Lehre von der Wirkung der Bedingung aber scheidet die ganze Untersuchung von selbst aus.

Das zuletzt Gesagte beweis't zugleich, wie willkürlich es ist, den Begriff der Resolutiv-Bedingung auf gewisse, besonders (dinglich und direct) wirkende bedingte Resolutiv-Verträge zu beschränken, zumal der Ausdruck ebensogut auch auf alle andern Aufhebungsgeschäfte passt. Jedenfalls aber muss man, wenn man überhaupt die Wirksamkeit der Willenserklärungen, denen die Bedingungen hinzugefügt werden können, zum Eintheilungsprincip der Bedingungen machen will, nicht bei Suspensiv- und Resolutiv-Bedingungen, auch nicht einmal bei Entstehungs-, Aufhebungs-, Rückgängigmachungs-, Aenderungs- und dergl. Bedingungen stehn bleiben, sondern so viele Arten von Bedingungen anerkennen, als es Arten von rechtlichen Wirkungen giebt. Ein solches Verfahren ist aber offenbar völlig ohne wissenschaftlichen oder practischen Werth. Nutzbringend ist es vielmehr allein, die einzelnen bedingten Wirkungen als das was sie sind: als Beispiele hinzustellen, eine erschöpfende Classification aber, weil sie unmöglich ist, auch als solche zu bezeichnen und demnach aufzugeben.

Die Gegner werden sich indessen — und mit Recht — nicht eher gefangen geben, als bis auch ihre letzten Vertheidigungsmittel, die Aussprüche des Corpus Juris, ihnen abgerungen sind. Ich werde daher jetzt noch nachzuweisen haben, dass das römische Recht nicht mit der gegnerischen, wohl aber mit der hiesigen Auffassung im Einklang ist.

Die römischen Juristen stellen beim Kauf allerdings die beiden Fälle — emtionem sub condicione contrahi und resolvi — als entgegengesetzte auf, aber weder in der Absicht, dadurch auf eine erschöpfende Classification aller Bedingungen hinzuweisen [14]), noch auch in dem Gedanken, durch dieses emtionem resolvi ein besonders geartetes Auflösungsverhältniss zu bezeichnen. Denn resolvere ist der allgemein übliche Ausdruck für jede Art der Aufhebung von Rechtsgeschäften und rechtlichen Wirkungen [15]).

Brinz (S. 1472.) findet in der Art, wie in den Quellen verschiedne Ansichten römischer Juristen referirt werden, besondre Schwierigkeiten, und ist nicht abgeneigt, drei Theorien zu unterscheiden: emtio contrahitur sub condicione, resolvitur sub condicione und eine davon zu trennende „Conventionaltheorie". Ich kann jedoch nur zwei verschiedene Anschauungen entdecken. Sabinus sah in gewissen Vereinbarungen eine gewöhnliche bedingte emtio (quae sub c. contr.). Andre aber (Ulpian l. 2. 18, 2. l. 1. 18, 3. Paulus und Julianus l. 2. § 3. 4. 41, 4) sahen darin unter Umständen auch eine conventio, wonach die emtio sub condicione resolvirt werden sollte. In Wahrheit sind also, wie auch aus l. 2.

14) Vgl. l. 2. § 3. 4. D. pro emtore. 41, 4. l. 2. D. de in diem add. 18, 2. u. a. m.

15) Vgl. l. 1. pr. D. de don. 39, 5. l. 11. § 5. D. act. emti 19. 1. l. 23. § 1. D. de aed. Ed. 21. 1. l. 13. § 2. D. de acq. poss. 41. 2. l. 14. D. de accept. 46. 4. l. 107. D. de sol. 46. 3. l. 58. D. de pact. 2. 14. l. 23. pr. D. de cond. ind. 12. 6 u. v. a. Vgl. auch Fitting. Zeitschr. für Handelsr. II. S. 242—51. (auch über den Ausdruck: inemtum facere).

§ 3. 4. cit. m. E. klar hervorgeht, Conventionaltheorie und Resolutiv-Bedingung identisch[16]).

Zugleich erhellt hieraus, wie die Römer ein besondres Auflösungsgeschäft, nicht aber die Bedingung, als Resolutionsgrund ansehn. Die Bedingung wirkt hier genau so wie diejenige, von welcher die Eingehung eines Kaufs abhängig gemacht ist nur als miterzeugender Factor; die Ausdrücke gehen daher in beiden Fällen ganz parallel: sub condicione contrahitur, resolvitur — freilich auch condicio resolvit l. 19. D. de usuc. 41, 3., aber ebenso condicio stipulationem committit. l. 41. § 1. de nov. 46, 2.[17]) — und die Auflösung, das resolvere beruht darauf, dass der Verkäufer pactus est, ut arrham perderet et inemtae villae essent, (l. 8. D. 18, 3., cfr. l. 42. pr. de m. c. d. 39, 6.), dass er in lege ita caverit, si ad diem pecunia soluta non sit, ut fundus inemtus sit (l. 2. D. 18, 3.), also auf einer lex, einer Vertragsbestimmung. (Vgl. die sehr gewöhnliche Wendung ... ita praedium venierit, ut, si .. inemtum esset. l. 11. § 13. D. quod vi. 43, 24.)

Dieser Resolutionsvertrag hatte nach dem römischen Contractssystem allerdings das Besondre, dass er, abgesehn von den Fällen, in denen noch res integra war und demnach ein contrarius consensus den Kauf zu einem infectus machen konnte (l. 2. D. de rescind. vend. 18, 5. conventione nostra infecta fieri emtio), nur dann wirksam und klagbar war, wenn er entweder in die Stipulationsform eingekleidet oder aber dem Kaufvertrag in continenti eingeschlossen worden war. Die herrschende Meinung statuirt indessen noch eine andre Eigenthümlichkeit, indem sie lehrt, dass die in Folge Eintretens der sog. Resolutiv-Bedingung erfolgende Wiederaufhebung des ganzen Kaufgeschäfts (Schenkungsvertrags u. s. w.) auch die unmittelbare Erlöschung und Aufhebung aller auf Grund des Vertrags erworbenen Eigenthums- und dinglichen

---

16) l. 2. § 3. 41, 4. sed videamus utrum condicio sit hoc an conventio; si conventio est, magis resolvetur quam implebitur, — l. 2. § 4. eod. ... perfectam esse emtionem, Julianus putabat. . . . alii et hanc sub condicione esse contractam, ille non contrahi, sed resolvi dicebat. (also: conventio). Vgl. auch Windscheid § 86. Anm. 6. Köppen a. a. O. S. 191.

17) Gegen v. Scheurl's (S. 115—117.) willkürliche Interpretation vgl. Czyhlarz a. a. O. S. 27. Anm. 19.

Rechte nach sich ziehe. Und grade in dieser Vorstellung wurzelt recht eigentlich die ganze herrschende Anschauung von der sog. Resolutiv-Bedingung [18]), so dass gradezu die Basis der letzteren vernichtet würde, wenn es gelänge, diese dinglichen Wirkungen als nicht begründet nachzuweisen. Freilich mag es an sich für die Lehre von der Bedingung gleichgültig sein, ob es auch dinglich wirkende Resolutiv-Verträge giebt. Die Thatsache indessen, dass man die letzteren nur insoweit kennt, als sie bedingt auftreten, wird es in Verbindung mit dem andern vorgenannten Umstande wohl als gerechtfertigt erscheinen lassen, wenn ich an dieser Stelle nunmehr den Nachweis versuche, dass dem römischen Recht jede Eigenthum übertragende Wirkung des bedingten Resolutiv-Vertrags ebenso fremd ist als das ganze Institut der resolutiv-bedingten Tradition [19]).

Der Kern der gegnerischen Auffassung besteht darin, dass in den Fällen der sog. Resolutiv-Bedingung ein Eigenthumsübergang lediglich auf Grund des Vertrages erfolge, ohne dass es einer Tradition oder eines Eigenthum übertragenden Formalgeschäfts bedürfe. Es handelt sich also um die Durchbrechung eines im römischen Recht mit Entschiedenheit festgehaltenen Princips, und man wird sehr bestimmt redende Quellenaussprüche anführen müssen, um eine solche Ausnahme zu begründen.

Gegen die Existenz dieser Ausnahme sprechen aber von vornherein sehr gewichtige Gründe.

Erstens: die Ausdrücke, auf welche man das Eintreten eines directen Eigenthumswechsels gründet (ut inemtus fundus esset. l. 2. 8. 18, 3. ut proprietas rediret. l. 2. C. 8, 55.), haben in vielen Stellen zweifellos nur obligatorische Wirkungen. (l. 38. pr. 21, 1. l. 42. pr. 39, 6. Fitting a. a. O. II. S. 250. 251.)

Zweitens: die von den Gegnern gegebene innere Begründung entbehrt durchaus der Beweiskraft [20]). Denn wenn man sich darauf beruft, dass das Eigenthum, welches von vornherein den Keim des Todes in sich getragen, in Folge der Resolutiv-

18) Vgl. Fitting, Zeitschr. für Handelsr. II. S. 242—45.

19) Literaturangaben bei Vangerow § 96. Czyhlarz a. a. O. S. 51.

20) Vgl. Czyhlarz, Zur Lehre von der Resolutiv-Bedingung S. 51—53.

Bedingung einfach in sich zerfalle, so übersieht man, dass sich hier zweifellos ein Eigenthumswechsel vollzieht, ein Uebergang des Eigenthums von einem zum andern, dass also durch jene Redewendungen vom Keim des Todes nichts erklärt ist. Wenn aber Andre an die justa causa erinnern, welche ein wesentlicher Bestandtheil der Eigenthumsübertragung sei, und daran den Schluss knüpfen, dass das Eigenthum nur so übergehn könne, als es durch diese causa bestimmt sei (v. Vangerow § 96.), so ist dies völlig willkürlich und führt zu einer absoluten Zerstörung des oben genannten für die Eigenthumsübertragung wesentlichen Requisits einer Tradition, Mancipation u. s. w. (Czyhlarz S. 53.) Ausserdem ist hiedurch nur für die Tradition eine Erklärung versucht. Wie aber eine resolutiv-bedingte mancipatio oder in jure cessio denkbar sein soll, ist ganz unerklärt geblieben. Und doch setzen die Quellen wiederholt mit zweifelloser Bestimmtheit grade eine mancipatio voraus; (z. B. l. 4. § 3. 18, 2. verb.: „fundus“ — „emtor dominus“)! Endlich bleibt auch für die Fälle der Tradition Wesentliches überhaupt unklar: Man spricht von resolutiv-bedingter Tradition und scheint doch nicht zu verlangen, dass die Tradition selbst unter einer Bedingung erfolge, wenn nur ein resolutiv-bedingter Vertrag vorher abgeschlossen wurde. Dann aber sollte man richtiger gar nicht von resolutiv-bedingter Tradition reden. Oder soll es vielleicht genügend sein, wenn nicht schon im Vertrage, sondern erst bei der später erfolgenden Tradition eine Resolutiv-Bedingung hinzugefügt wird?

Klarer als es bisher geschehen war, hat allerdings Jhering (Jahrbücher für Dogmatik 10. S. 569 flg.) seine Ansicht und zwar dahin formulirt, dass es sich bei der Resolutiv-Bedingung um einen obligatorischen Nebenvertrag, und zwar eine lex rei suae dicta handle, welcher das Recht dingliche Wirkungen beigelegt habe, wie dasselbe auch bei den Nebenberedungen beim Sklavenverkauf geschehen sei. Doch bleiben auch bei dieser Auffassung noch manche unklare Puncte; das Wichtigste aber ist, dass die Resolutiv-Bedingung auch nach Jhering's Ansicht eine Ausnahmestellung einnimmt, welche viel auffallender und unberechtigter sein würde, als die für Sklavenverkäufe unter Mitwirkung kaiserlicher Rescripte festgestellten Ausnahmebestimmungen. Und dass die Quellenstellen nicht bestimmt genug sprechen, um eine solche einschneidende Ausnahme anzunehmen, hoffe ich, zunächst an den von der mortis causa donatio und sodann an den von den Kaufnebenberedungen handelnden Stellen, erweisen zu können.

In der — stets in erster Linie genannten — l. 29. de m. c. d. 39, 6.[21]), scheint Ulpian nach den Eingangsworten den Fall behandeln zu wollen, ob dem genesenden Schenker in rem actio zustehe. In Wirklichkeit aber erörtert er in der Folge die viel weitergehende Frage, wann der Schenker und wann der Beschenkte bei gewissen Schenkungen von Todeswegen in rem actio habe. Indem Ulpian aber nur untersucht, wem von diesen beiden die vindicatio zustehe, ist es an sich wahrscheinlich, dass er nur den Fall im Auge hat, dass ein Dritter besitzt, da ja — wenn einer von jenen beiden besässe — die vindicatio für ihn schon deshalb überhaupt gar nicht zuständig sein könnte. Jedenfalls ist diese, früher schon von Windscheid (Voraussetzung S. 66.) vertretene Auffassung möglich; und da sie allein zu einer befriedigenden Auslegung führen kann, unbedingt vorzuziehn. Denn nun lös't sich die Schwierigkeit einfach dahin, dass Ulpian „zögernd" für gewisse Fälle eine ipso jure erfolgende Cession der vindicatio statuirt, während die gewöhnliche, jetzt auch von Windscheid[22]) (Pand. § 90. Anm. 1. 4. § 369. Anm. 3.) vertheidigte Auffassung unlösbaren Bedenken unterliegt, weil die Worte „ut redderet", welche überall sonst die condictio erzeugen, (cfr. l. 13. § 1. 18. § 2. 35. § 3. D. 39, 6. l. 6. D. 12, 4. und auch l. 42. pr. D. 39, 6.) hier seltsamer Weise einen ipso jure erfolgenden Eigenthumsübergang bewirken sollen, und weil ausserdem das von Windscheid angenommene Wahlrecht zwischen rei vindi-

---

21) Andre Interpretationsversuche bei v. Scheurl a. a. O. S. 236—38. Czyhlarz S. 90 flg. Vgl. Windscheid 4te Aufl. § 90. Anm. 1.

22) Windscheid's Interpretation a. a. O. S. 66. war allerdings insofern unhaltbar, als er an eine durch Condictio erzwungene wirkliche Cession der r. v. dachte. Denn warum sollte Ulpian sich bezüglich dieser so zweifelnd ausgedrückt haben?

catio und condictio (§ 369. Anm. 3.) mir für das classische Recht undenkbar erscheint, da ja die eine Klage anf dem Eigenthum, die andre auf dem Nicht-Eigenthum des Klägers beruht, der Kläger also müsste wählen können, ob er Eigenthümer sein will oder nicht! (cfr. auch l. 2. D. usufr. 7, 9.)

Jhering (Jahrb. für Dogm. I. S. 124.) hält es freilich für „kaum zweifelhaft", dass die Stelle nur von einer rei vindicatio directa rede, da durch die Worte „interim autem ei, cui donatum est" dem Beschenkten die Klage vom Moment der Hinfälligkeit der Schenkung an überhaupt abgesprochen sei, während ihm, wenn der Schenker nur utilis actio erhalte, die directa vindicatio habe bleiben müssen. Indessen ist doch die nach der Cession verbleibende directa actio ein so wesenloses Ding, dass Ulpian sie gar nicht zu berücksichtigen brauchte [23]). Und ausserdem spricht auch der Ausdruck: adhuc quis dabit in rem donatori geradezu gegen die Annahme einer directa actio, denn es wäre doch in der That seltsam verkünstelt, einen durchaus anomalen und den Fundamentalprincipien des römischen Eigenthumsrechts widerstreitenden Eigenthumsübergang mit den Worten zu statuiren, dass eine in rem actio zu geben sei!

Die Consequenz der hier vertretenen Auffassung ist natürlich, dass diese utilis vindicatio des Schenkers nur gegen diejenigen Besitzer mit Erfolg gerichtet werden kann, gegen welche auch der Beschenkte erfolgreich klagen konnte, also namentlich nicht gegen diejenigen, an welche der Schenker die Sache veräussert hat. Doch befinde ich mich grade hier in vollem Einverständniss mit Ulpian, da dieser überhaupt nur solche Fälle bespricht, in denen die vindicatio an sich beiden zustehn konnte und nur zweifelhaft war, wem von beiden sie zustand [24]).

23) Gegen Jhering's (a. a. O. S. 111—116) Auffassung der Cession der rei vind. vgl. Windscheid § 337. Anm. 4. und Citirte. — Ob übrigens Ulpian eine Denuntiation als geschehen voraussetzt, oder aber den bisher klagberechtigten Beschenkten schon in Folge des ipso jure erfolgenden Klagübergangs für ausgeschlossen ansieht, ist hier nicht von Wichtigkeit.

24) Die l. 14. de m. c. d. 39, 6. und l. 2. pr. pro don. 41, 6. beweisen doch nur, dass der Schenker unter Umständen überhaupt Eigenthümer blieb. (l. 2. 29. 39, 6. „si quidem quis sic donavit, ut si mors contigisset, tunc haberet,

Für die herrschende Meinung beweis't ferner auch nicht die zunächst vom Endtermin handelnde l. 2. C. de don. quae s. m. 8, 55., da nicht gesagt ist, dass die lex, ut proprietas rediret, in andrer Weise zu erfüllen ist, als in l. 42. pr. D. 39, 6., zumal es Justinian bei Interpolirung des Diocletianischen Rescripts (Vat. frg. § 283.) nur darauf ankam, die Gültigkeit der lex, nicht aber die Art ihrer Wirksamkeit festzustellen. Ebensowenig ist aus der l. 26. C. de leg. 6, 37. zu folgern, dass die von Justinian in Betreff der Vermächtnisse getroffenen Bestimmungen den hinsichtlich der Schenkungen geschaffenen Normen in allen Puncten gleichlautend waren, weil die ersteren ad similitudinem der letztern gebildet waren [25]).

Hiemit dürften die der Schenkungslehre entnommenen Beweisstellen entkräftet sein. Ich wende mich daher zu den, die Kaufgeschäfte behandelnden Quellenaussprüchen.

Zunächst beweisen die l. 1. D. 18, 2. — quo res a domino abeat — und l. 1. C. de pact. 4, 54. — dominium ad te pertineret — nichts für die dingliche Wirkung, da eben über das Wie des Eigenthumswechsels nichts gesagt ist [26]) und in l. 42. pr. D. d. m. c. d. 39, 6. trotz der Bestimmung, ut proprietas ad eam rediret, kein von selbst sich vollziehender Eigenthumswechsel eintritt.

Die l. 4. C. eod. 4, 54. und l. 8. D. de lege comm. 18, 3. aber sagen keineswegs, dass die vindicatio stets bei eintretender Resolutiv-Bedingung zulässig sei, sondern setzen ihre Zulässigkeit voraus und argumentiren nun von dieser Voraussetzung aus; — welche Voraussetzung übrigens vollkommen natürlich ist, da die vindicatio sowohl dann, wenn ein fundus (l. 8. 18, 3.) nur tradirt, als auch dann, wenn nur precaria possessio übertragen war, unbezweifelter Maſsen zusteht. Und grade dieser

cui donatum est.) — Ob übrigens l. 30. 29, 6. in der jetzigen Gestalt von Ulpian herrührt, ist doch wohl sehr zweifelhaft. Vgl. l. 2. C. Theod. de spon. 3, 5. mit l. 15. C. Just. de don. a. n. 5, 3.

25) A. M. freilich wieder Jhering, Jahrbücher f. Dog. X, S. 577—579.

26) Dasselbe gilt für l. 9. pr. de aqua 39, 1.; zumal es hier nur heisst: praedium . . . sive remanserit . . . sive recesserit.

letztere Fall war bei l. 4. C. cit. um so weniger zu übersehn, als er in der vorhergehenden l. 3. ausdrücklich erwähnt wird, so dass es mir nicht recht begreiflich erscheint, wie man so oft einen Widerspruch zwischen den beiden Stellen hat finden können!

Aus ähnlichen Gründen ist l. 13. pr. D. de pign. act. 13, 7. unbeweisend. Denn die Worte: „sed et ipse debitor aut vindicare rem poterit aut in factum actione adversus emtorem agere" sind keineswegs dahin zu verstehn, dass der Pfandschuldner nun in jedem Fall die Wahl zwischen der vindicatio und der in factum actio habe, sondern nur dahin, dass er je nach den Umständen vindiciren oder in factum klagen könne. Vindiciren aber kann er namentlich dann, wenn der Pfandgläubiger vorsichtiger Weise nur die precaria possessio eingeräumt hat. (l. 3. C. cit.)

Schwieriger scheint l. 41. pr. D. R. V. 6, 1. Doch lös't sich für das classische Recht jedes Bedenken, wenn man, wie in dem § 1., unter in rem actio die Publiciana versteht und, wie gleichfalls in § 1., die Tradition eines fundus voraussetzt. (Czyhlarz a. a. O. S. 57.) Wenn man dies aber nicht will, lässt sich die Schwierigkeit auch — und zwar zugleich für das justinianeische Recht — durch eine der l. 29. D. 39, 6. entsprechende Interpretation heben: der Käufer, welcher auch hier offenbar als Nicht-Besitzer gedacht ist, hat keine wirksame actio directa mehr, weil dem Verkäufer eine actio utilis gegeben ist.

Auch hier also ist kein in allen Fällen von selbst erfolgender Eigenthumswechsel, sondern nur eine ipso jure Platz greifende Cession der vindicatio für den Fall, dass der Käufer nicht besitzt, statuirt!

Dagegen lässt sich nicht verkennen, dass in l. 4. § 3. D. de in diem add. 18, 2. und in l. 3. D. quib. mod. 20, 6. allerdings eine gewisse dingliche Wirkung eines bestimmten Resolutivvertrags anerkannt ist[27]). Allein von dem Satze, dass das von einem unter gewissen Umständen zur Rückgängigmachung des Kaufs verpflichteten Käufer — cfr. l. 3. 20, 6. quanquam ubi

27) Die Annahme von Czyhlarz a. a. O. S. 59. 60., dass auch hier nur von der Tradition einer res mancipi die Rede sei, ist schon deshalb nicht haltbar, weil Ulpian in l. 4. § 3. cit. den Käufer als dominus bezeichnet.

sic res distracta est, nisi emtori displicuisset, pignus finiri non putet — durch einfachen Vertrag bestellte pignus mit der Auflösung des Kaufs erlischt, ist doch in der That noch ein sehr weiter Schritt bis zu dem Satze, dass der Käufer und seine Rechtsnachfolger trotz der zwischen liegenden civilrechtlich vollgültigen Eigenthumsübertragungen jetzt plötzlich ihres Eigenthums entkleidet sein sollen. Und es ist mir in hohem Grade zweifelhaft, ob Marcellus und Ulpian den für das pignus aufgestellten Lehrsatz ohne Weiteres auch auf die civilrechtlich gültig bestellte Servitut angewendet wissen wollten! Denn die Erlöschungsgründe des prätorischen pignus liessen zweifellos weit eher eine Ausdehnung und freieres Eingreifen der Juristen zu, als diejenigen des civilen Eigenthums und der civilrechtlich bestellten Servituten!..

Ich kehre nunmehr nach dieser Abschweifung, durch welche ich erwiesen zu haben hoffe, dass das römische Recht bedingte Resolutivverträge mit der von der herrschenden Lehre angenommenen dinglichen Wirkung nicht kennt, zu meinem eigentlichen Thema zurück, und glaube die Hauptresultate meiner Ausführungen über Suspensiv- und Resolutiv-Bedingung noch einmal kurz in folgende Sätze zusammen fassen zu sollen:

1. Der Ausdruck Suspensiv-Bedingung wird heute in einem zwiefachen Sinn gebraucht: einmal in der allgemeinen Bedeutung einer irgendwie aufschiebenden, etwas in die Schwebe bringenden, und zweitens in dem speciellen Sinn einer die Entstehung eines Rechtsverhältnisses hinausschiebenden Bedingung.

2. In der ersten Bedeutung begreift die Suspensiv-Bedingung die resolutive als eine Unterart unter sich, während die zweite Bedeutung allerdings einen Gegensatz zwischen beiden begründet, — nur keinen erschöpfenden, da sich neben den auf Entstehung und Aufhebung von Rechtsverhältnissen gerichteten Bedingungen noch zahlreiche andre auf Aenderung, Rückgängigmachung u. s. w. bezügliche denken lassen. Jene Unterscheidung ist also ohne wissenschaftlichen Werth.

3. So wenig wie die Natur und der Inhalt des von einer Suspensiv-Bedingung abhängigen Rechts bei seinem Inkrafttreten

von dieser Bedingung abhängt, so wenig entscheidet auch die Resolutiv-Bedingung darüber, ob die Aufhebung ipso jure oder ope exceptionis, dinglich oder nur obligatorisch eintritt. Vielmehr ist hiefür allein bestimmend der auf Begründung, Resolution u. s. w. gerichtete Vertrag, welchem die Bedingung hinzugefügt ist.

4. Bedingte Resolutiv-Verträge mit den von der herrschenden Lehre behaupteten umfassenden dinglichen Wirkungen existiren im römischen Recht nicht; ebensowenig kennt dasselbe die moderne ungenügende Eintheilung aller Bedingungen in suspensive und resolutive. —

Diese freilich zunächst wesentlich negativen Resultate — vgl. aber unten § 9. 10. — beanspruchen, weil sie der Natur der Sache abgewonnen und nirgends mit dem römischen Recht im Widerstreite sind, für das gemeine Recht sofort volle Geltung. Indessen auch die neueren Codificationen stellen ihrer Anwendbarkeit in keiner Weise Hemmnisse entgegen, wie das hier zum Schluss noch bemerkt werden soll. Indem ich aber dabei ausdrücklich die Frage nach der Existenz dinglich wirkender Resolutiv-Verträge in diesen neueren Rechten gänzlich von der Behandlung ausschliesse, weil sie einerseits hier ohne erhebliches Interesse, andrerseits aber ihre Beantwortung sowohl von der Grundbuchverfassung als auch von den das übrige Sachenrecht beherrschenden Principien (vgl. z. B. Code civ. Art. 2279. En fait de meubles la possession vaut titre.) wesentlich abhängig ist, wird jener Nachweis nur weniger Worte bedürfen.

Allerdings sind die neueren Codificationen sämmtlich insofern das treue Spiegelbild der bisherigen Jurisprudenz, als auch sie nur aufschiebende und auflösende Bedingungen kennen. (Allg. Landr. I, 4. § 101. 114. Oesterr. B.G.B. § 696. Code civ. 1181. 1183. Sächs. G.B. § 108.) Indessen steht dies einer bessern wissenschaftlichen Erkenntniss keineswegs entgegen, da ja keine von ihnen andre Bedingungen ausschliesst oder auch nur ausschliessen konnte. Besonders erfreulich aber ist es mir gewesen, einer mit den hier gegebenen Erörterungen durchaus übereinstimmenden, wenn auch nur kurzen Ausführung in Marcadé's Commentar zu Art. 1168. zu begegnen.

§ 4. 2. Die Verschiedenartigkeit des bedingenden Umstandes.

Die Verschiedenartigkeit der Bedingungen je nach der Beschaffenheit des bedingenden Umstandes ist von jeher und auch neuerdings wieder mehrfach erörtert worden. Ich beschränke mich daher auf einige kritische Bemerkungen, soweit dieselben zur Erhärtung der Grundgedanken dieser Arbeit dienlich erscheinen.

1. Manche Schriftsteller pflegen in denjenigen Fällen, in denen der Parteiwille rechtliche Wirkungen von Thatsachen abhängig macht, welche schon nach gesetzlicher Bestimmung einen Bestandtheil des für die Entstehung jener Wirkung entscheidenden Thatbestandes bilden, von uneigentlichen Bedingungen zu reden. Diese Bezeichnung ist jedoch mindestens misverständlich [1]). Denn wenn auch diese durch den Parteiwillen geschaffene Abhängigkeit nur dem Scheine nach vorliegt, und die Bedingung in dem Sinn einer abhängig machenden Willenserklärung ohne Bedeutung, also noch weniger als eine uneigentliche Bedingung ist: so liegt doch auch hier immerhin eine Bedingung, nur eine gesetzliche vor. Und die Hauptfrage bleibt immer, ob denn die bedungene Abhängigkeit immer identisch mit der gesetzlichen ist, oder ob nicht vielmehr trotz der scheinbaren Uebereinstimmung doch eine von der gesetzlichen abweichende Abhängigkeit besondrer Art gewollt ist.

2. Von erheblichster Bedeutung sind die Verschiedenheiten, welche eintreten müssen, je nachdem der als Bedingung gesetzte Umstand in die Vergangenheit, Gegenwart oder Zukunft verlegt ist. In den beiden ersten Fällen ist es nämlich entweder möglich, dass der Umstand existirt oder nicht existirt oder aber auch, dass seine Existenz sich erst in der Zukunft entscheidet, während es bei der auf die Zukunft gestellten Bedingung einmal fraglich ist, ob der Umstand nicht schon in der Vergangenheit eingetreten bezw. nicht existent geworden ist, und zweitens, ob der Umstand nothwendiger Weise eintreten muss oder möglicher Weise eintreten kann oder aber jedenfalls nicht eintreten kann.

In allen diesen Fällen kann irrige Vorstellung des einen oder

1) Vgl. namentlich v. Scheurl a. a. O. S. 94—100.

beider Contrahenten von wesentlicher Bedeutung für Interpretation, Behandlung nnd Bestand der bedingten Willenserkärung werden. Doch kann das Einzelne nur theils in der Theorie des Irrthums, theils in der Besprechung der einzelnen bedingten Rechtsgeschäfte (Wette, Pönalstipulation u. s. w.) erörtert werden. Hier war dieser gewöhnlich nicht in seiner Allgemeingültigkeit genügend berücksichtigte Umstand nur kurz und bestimmt hervorzuheben.

3. Was die sprachliche Bedeutung der Ausdrücke: mögliche, unmögliche und nothwendige Bedingung anlangt, so verdient bemerkt zu werden, dass hier das Wort „Bedingung" nicht nur in dem Sinn als bedingender (möglicher, unmöglicher, nothwendiger Weise eintretender) Umstand, sondern ebensowohl in der Bedeutung als abhängig machende Willenserklärung aufgefasst werden kann. Denn nur in diesem Sinn kann man sagen, dass eine mögliche oder unmögliche Bedingung hinzugefügt oder als nicht vorhanden angesehn wird. Grade diese letztere Bedeutung aber ist um so mehr festzuhalten, als sie gewöhnlich nicht genügend beachtet und in Folge dessen auch der Begriff der „unsittlichen Bedingung" unrichtig aufgefasst wird. (vgl. unten N°. 5.)

4. Schon in § 2. ist darauf hingewiesen worden, wie die neuesten Schriftsteller, wie z. B. v. Scheurl a. a. O. S. 100—109., wieder den Versuch machen, gegen Unger (System II. § 82. und Erbrecht § 16. Anm. 6.) und Arndts § 66. Anm. 11. die auf die Vergangenheit und Gegenwart gestellten, sowie die nothwendigen und in gewisser Weise auch die unmöglichen Bedingungen zu uneigentlichen zu stempeln. Soweit diese Anschauung, welche allerdings ganz consequent ist, wenn man mit v. Scheurl (S. 71. 74. 94. u. a. a. O.) und den meisten Andern bei dem Bedingungsbegriff davon ausgeht, dass der bedingende Umstand nur ein möglicher Weise sich verwirklichender sein könne, weil nur dann wirkliche objective Ungewissheit (Unfertigkeit bei Brinz z. B. S. 1463.) vorliege — soweit, sage ich, jene Anschauung auf dieser fehlerhaften Definition des Bedingungsbegriffs beruht, bedarf es hier im Wesentlichen nur der Bezugnahme auf die Ausführungen des § 2., wonach das Wesen der Bedingung lediglich in der Abhängigmachung einer rechtlichen Wirkung von irgend einem Umstand

besteht. Denn die Nutzanwendungen auf die einzelnen oben genannten Bedingungen ergeben sich dann von selbst.

Dagegen ist hier noch der Nachweis hinzuzufügen, dass die Behauptung der Gegner, ihre Auffassung sei im Corpus Juris begründet, nicht stichhaltig ist.

v. Scheurl a. a. O. beruft sich für die auf die Vergangenheit oder Gegenwart gestellten Bedingungen wiederum namentlich auf l. 10. § 1. de cond. inst. 28, 7.: cum nulla sit condicio, quae in praeteritum confertur vel quae in praesens. Indessen beweis't die Stelle doch nur, dass eine solche Bedingung keine Bedingung im Sinn der l. 10. § 1. cit. — valet institutio etiam in filio qui in potestate est — ist. (Unger, Erbr. § 16. Anm. 6.) Und v. Scheurl S. 304. erkennt selbst an, dass eine solche Bedingung im Sinn der l. 77. D. de R. J. 50, 17. allerdings eine Bedingung ist.

Wenn aber l. 37—39. D. de reb. cred. 12, 1. und l. 120. D. de V.O. 45, 1. der nicht auf die Zukunft gestellten-Bedingung vim oder instar condicionis absprechen, so geschieht dies nur (l. 37. cit. § 6. J. de V. O. 3, 15.), weil eine solche Bedingung omnino non differt, non suspendit. Wir können demnach aus den Quellen nichts weiter herauslesen, als dass die auf die Vergangenheit oder Gegenwart gestellten Bedingungen, weil sie keine suspendirende Kraft haben, in manchen Beziehungen nicht als Bedingungen, d. h. nicht so wie die gewöhnlich vorkommenden auf die Zukunft gestellten Bedingungen behandelt werden. Und das ist ja auch unzweifelhaft richtig. Andrerseits aber ist damit auch vollkommen verträglich, was in Consequenz der Grundlagen des § 2. hier gelehrt wird: dass auch bei der auf die Vergangenheit oder Gegenwart gestellten Bedingung ein an sich gleichgültiger Umstand zu einer juristischen Thatsache und zu einem Theil des für die beabsichtigte rechtliche Wirkung entscheidenden Thatbestandes erhoben wird, von welchem jene Wirkung nunmehr unter allen Umständen abhängig ist. Dass dabei der Beweis dieser Thatsache oft wegen Notorietät unnöthig gemacht wird, ist natürlich practisch von grosser Erheblichkeit, rechtlich aber durchaus gleichgültig.

Jener bedingende Umstand ist und bleibt eben ein im Zweifelsfall zu erweisender Bestandtheil des Thatbestandes.

Was sodann die nothwendigen Bedingungen anlangt, so ist hier ein Doppeltes möglich. Wenn nämlich die Bedingung schon durch die blosse Feststellung, dass der bedingende Umstand mit Nothwendigkeit eintreten muss, erfüllt werden soll, so ist sie natürlich auch hier in allen denjenigen Fällen, in denen diese Nothwendigkeit sofort klar ist, ohne practische Bedeutung — agi protinus potest. l. 8. D. de V. O. 45, 1. etc. — und die Quellen sagen darum mit vollem Recht: pure videtur stipulari. l. 9. § 1. D. de nov. 46, 2. Allein principiell bleibt es auch hier unbestreitbar, dass jener Umstand zu einem wahren Bestandtheil des entscheidenden Thatbestandes erhoben ist — wie denn seine rechtliche Bedeutung auch sofort aus dem latenten Verhalten heraustritt, wenn die Nothwendigkeit des Eintretens zweifelhaft ist.

Andrerseits kann aber die nothwendige Bedingung auch so gedacht sein, dass die rechtliche Wirkung von dem wirklichen Eintreten der allerdings nothwendiger Weise einmal eintretenden Bedingung abhängig sein soll; und dann tritt die Abhängigkeit stets auch practisch hervor. Die herrschende Meinung pflegt dies so auszudrücken, dass dann in der Bedingung ein dies gesetzt sei. Indessen wird im folgenden Paragraphen erhellen, dass hiemit in Wahrheit nichts erklärt oder gesagt ist, da auch der dies nur eine Unterart der Bedingung, als der Abhängigmachung rechtlicher Wirkungen von äussern Umständen bildet.

Bezüglich der eben besprochenen Arten von Bedingungen verdient endlich noch hervorgehoben zu werden, dass die Streitigkeiten darüber, ob objective oder subjective Ungewissheit zum Begriff der Bedingung wesentlich sei (Fitting, Archiv. Band 39. S. 320 flg. und gegen ihn v. Scheurl a. a. O. S. 103—106.), nach der hier vertretenen Auffassung jeder Bedeutung entbehren, da Ungewissheit überhaupt kein Element des Bedingungsbegriffs ist. Wer sich auf eine angeblich der Vergangenheit angehörige oder eine nothwendige Bedingung stützt, hat ihre Existenz zu erweisen, d. h. durch die zur Herstellung der processualischen Gewissheit ausreichenden Gründe wahrscheinlich zu machen.

Es bleiben jetzt noch die unmöglichen Bedingungen zu betrachten, welche v. Scheurl (S. 109.) an sich als uneigentliche, nach positivem römischen Recht aber als eigenthümliche ansieht. Die erstere, bekanntlich von den Meisten auch für das römische Recht vertretene Anschauung ist mit der richtigen Auffassung vom Wesen der Bedingung offenbar unvereinbar. Denn die Abhängigmachung zeigt ja grade ihre Wirkung dadurch, dass die ganze bedingte Verfügung, weil sie von etwas Unmöglichem abhängig gemacht ist, vollständig rechtlich bedeutungslos d. h. nichtig wird. Nicht die Bedingung also, sondern die bedingte Verfügung hat nur eine Scheinexistenz.

Dagegen hat v. Scheurl für das römische Recht und die ihm folgenden neueren Gesetzgebungen (Code civ. A. 900. Sächs. Bürg. G.B. § 2125.) allerdings Recht, wenn er diese unmöglichen Bedingungen als eigenthümliche bezeichnet: denn sie sollen nach diesen Rechten letztwillige Zuwendungen [2]) bekanntlich nicht vernichten, sondern bei diesen als nicht geschrieben gelten. Und nun entstehn denn die Streitfragen über den Begriff der Unmöglichkeit: ob subjective oder objective, gegenwärtige oder auch zukünftige u. s. w. — Streitfragen übrigens, denen andre neuere Gesetzgebungen mit Recht dadurch aus dem Wege gehn, dass sie das ganze Ausnahmerecht beseitigen (Allg. Landr. I. 4. § 129—132. 12. § 50. 4. Oesterr. G.B. § 698; vgl. Förster, Preuss. Pr.R. IV. § 250. Anm. 11. Unger, Syst. II. § 82. Anm. 93.), weil dasselbe die einheitliche bedingte Verfügung durchaus willkürlich zerreisst. (v. Scheurl a. a. O. S. 267.) Eine weitere Besprechung jenes Ausnahmerechts erscheint aber für meine Zwecke ohne Interesse.

Gleichfalls nur flüchtige Berücksichtigung erheischt endlich

5. die in neuester Zeit mehrfach behandelte unsittliche bezw. unerlaubte Bedingung. Brinz (Pand. S. 1464. 1467.) und Fitting (Archiv für civ. Praxis Bd. 56. S. 402. 409. 411.) lehren übereinstimmend, dass unter unsittlichen bezw. unerlaubten Bedingungen nur diejenigen verstanden werden können, in denen der bedingende Umstand unerlaubt, wenngleich nicht alle

2) Arndts § 72. g. und Andere sprechen von letztwilligen Verfügungen. Aber gilt der Satz etwa auch für die ademtio legati? Vgl. Windscheid § 94. Anm. 16.

derartigen Bedingungen unerlaubt seien. Wenn aber das Stellen oder Sich-stellen-lassen einer gewissen Bedingung etwas Unerlaubtes oder Unsittliches enthalte, so sei die ganze bedingte Verfügung unerlaubt oder unsittlich.

Mir scheint indessen das Ausgehn vom bedingenden Umstand durchaus ungeeignet, um zu einem Begriff der unerlaubten Bedingung zu gelangen, weil eben zweifellos sehr oft keine unsittliche Bedingung vorliegt, wenn der bedingende Umstand auch unerlaubt, unsittlich ist. Richtig ist es vielmehr allein, von dem Begriff der Bedingung, als einer abhängig machenden Willenserklärung auszugehn, da es offenbar unnatürlich wäre, diejenigen Abhängigmachungen, welche irgendwie auf Beförderung von Unsittlichkeiten gerichtet sind, nicht als unsittliche zu bezeichnen. (vgl. auch oben N°. 3.)

Freilich sind in Folge dessen auch die bedingten Verfügungen stets unsittlich; das ist aber auch nach der gegnerischen Auffassung in allen Fällen einer turpis condicio der Fall.

Das einzig Natürliche wäre hienach, in allen Fällen die ganze bedingte Verfügung als nichtig zu betrachten, wie dies auch bei Verträgen geschieht.

Indessen hat sowohl das Römische Recht als die Mehrzahl der neueren Codificationen bei letztwilligen Zuwendungen — nicht Verfügungen — bekanntlich die Bestimmung, dass die Verfügung gilt und nur die unsittliche Bedingung gestrichen werden soll. Das Schlimmste dabei aber ist, dass nun die genauere Festsetzung derjenigen Bedingungen, welche als unsittlich zu streichen sind, im Römischen Recht namentlich nur sehr unvollständig gegeben ist und daher zu höchst unerquicklichen Streitigkeiten führen muss, auf die hier jedoch nicht weiter einzugehen ist.

Bedeutsamer ist, dass Fitting a. a. O. bei dieser Gelegenheit eine Unterscheidung zwischen Strafbestimmungen und gewöhnlichen bedingten Verfügungen, je nachdem die Absicht und der Zweck, den Betreffenden durch die Aussicht auf den drohenden Nachtheil von einer Handlung abzuhalten oder zu ihr zu bestimmen, vorhanden oder nicht vorhanden sei, macht und bei beiden nun die Möglichkeit, dass sie sowohl sittlich als unsittlich sein können, aufstellt. Denn, wenn auch diese Eintheilung in dieser Form kaum empfehlenswerth ist, da die unsittliche Strafbestimmung mit der unsittlichen Bedingung fast ganz wesensgleich ist, so ist doch die energische Betonung der Absicht und des Zweckes, worin und wozu die Bedingung gesetzt ist, von grösster Bedeutung (vgl. übrigens auch v. Scheurl a. a. O. S. 86. — gewünschtes, gefürchtetes, gleichgültiges Ereigniss —) für die richtige Beurtheilung der einzelnen Bedingung. Und unmittelbar damit zusammen hängt der wichtige, gewöhnlich nicht richtig erfasste Gegensatz von selbständigen und unselbständigen Bedingungen d. h. Abhängigmachungen. Zu den letztern aber gehört vor Allem die Conventionalstrafe, der man öfter den Character eines bedingten Versprechens bestritten hat, weil man fand, dass der zur Bedingung gesetzte Umstand eingetreten sein konnte und dennoch das bedingte Versprechen nicht wirksam wurde, jedoch mit Unrecht, weil hier eben die Frage, wann der bedingende Umstand als erfüllt gilt, aus der zu sichernden Hauptobligation, nicht aber aus dem unselbständigen bedingten Versprechen heraus beantwortet werden muss [3]), und weil unter allen Umständen das letztere nur dann wirksam werden kann, wenn die erstere noch besteht.

III. Die Begriffe von dies, modus, Voraussetzung und causa und ihr Verhältniss zum Bedingungsbegriff.

§ 5. 1. Die Befristung — eine Art der Bedingung.

Die von Alters her übliche Zusammenstellung von condicio und dies hat durch die von Savigny (IV. 99. 120. 205. 206.) gelehrte Unterordnung beider unter den gemeinschaftlichen Begriff der Selbstbeschränkung des Willens eine neuere und tiefere Grundlage gewonnen; und wenngleich die Bezeichnung dieses neuen

3) Seltsamer Weise wird dieser Punct in der Lehre von der Erfüllung der Bedingungen gewöhnlich gar nicht berücksichtigt, vgl. z. B. Windscheid § 92.

Grundbegriffs aus den in § 2. entwickelten Gründen keine glückliche zu nennen ist, so hat doch v. Savigny in der Sache selbst Recht. Die Bedingungen, unter denen ja auch er (§ 116.) nur diejenigen versteht, welche das Dasein eines Rechtsverhältnisses von einem künftigen ungewissen Ereigniss abhängig machen, und die Befristungen sind in der That nur Unterarten eines Begriffs, und zwar, wie ich in § 4. bereits andeutete und hier näher zu begründen habe, Unterarten des richtig gefassten Begriffs der Bedingung.

v. Savigny (§ 125.) definirt die „Zeitbestimmung“ als zeitliche Begrenzung der Wirksamkeit eines Rechtsverhältnisses; die grosse Mehrzahl der Schriftsteller aber — freilich in sehr verschiedener Formulirung — als Festsetzung eines Anfangs- oder Endpunctes für ein Rechtsverhältniss oder Rechtsgeschäft.

Alle diese Definitionen leiden jedoch an denselben Fehlern, die ich oben schon bei den Definitionen des Bedingungsbegriffs hervorgehoben habe: sie berücksichtigen einmal in willkürlicher Herausgreifung nur die Fälle des Anfanges und Endes, während die Zeitbestimmung auch nach vielen andern Seiten hin von Bedeutung sein kann, und versäumen jede Anknüpfung an feststehende Begriffe. Denn was heisst z. B. zeitliche Begrenzung eines Rechtsverhältnisses und wo findet sich in den vorhergehenden Erörterungen des allgemeinen Theils die Feststellung dieses Begriffs?

Um sichere Basis zu gewinnen, muss die Untersuchung durchaus von der in jedem Compendium erörterten Einwirkung der Zeit auf die Rechtsverhältnisse ausgehn; und wenn manche Lehrbücher, wie z. B. Arndts § 87., die Lehre von der Zeit erst nach Darstellung der in Verbindung mit den Rechtsgeschäften behandelten Zeitbestimmung erörtern, so liegt eben hierin ein entschiedener systematischer Fehler, den auch diejenigen nicht vollständig vermeiden, welche wie Windscheid § 67. die Zeit als eine der juristischen Thatsachen wenigstens kurz erwähnen. Denn jedenfalls handelt es sich auch bei der Zeitbestimmung lediglich darum, der Zeit irgend eine Einwirkung auf Rechtsverhältnisse zu geben, und deshalb ist jener Ausgangspunct der allein richtige.

Wie aber zweifellos bei der auf unmittelbar gesetzlicher Grundlage beruhenden Einwirkung der Zeit auf Rechtsverhältnisse die Zeit als juristische Thatsache erscheint, so ist auch diese auf Parteiwillen beruhende und neben jener parallel laufende Zeitbestimmung jener gleich zu achten, und ihr Wesen und ihre Bedeutung besteht eben darin, dass ein an und für sich bedeutungsloser Zeitpunct zu einer juristischen Thatsache erhoben oder mit andern Worten irgend eine rechtliche Wirkung von einem Zeitmoment abhängig gemacht wird, so dass nun die Willenserklärung nicht mehr allein, sondern nur noch in Verbindung mit jenem Zeitmoment die in das Auge gefasste rechtliche Wirkung zu erzeugen vermag.

Die Identität dieses Begriffs mit dem der Bedingung — wie er in § 2. festgestellt ist — ergiebt sich hienach von selbst: die Besonderheit der Zeitbestimmung aber liegt lediglich in der Bezeichnung und Beschaffenheit des bedingenden Umstandes, und diese bedingt keineswegs die Nothwendigkeit, den dies principiell anders zu behandeln als die condicio.

Auch zeigen grade die Versuche[1]) zur Ausführung dieser principiellen Abgrenzung, wie wenig dieselbe ausführbar ist und wie sehr beide Bezeichnungen: dies und condicio, auch bei den römischen Juristen, je nach den Umständen bald ineinanderfliessen, und bald wieder so oder anders auseinandergehalten werden.

So gilt z. B. der Satz, dass befristete Legate vererblich sind und dass der dies bei Erbeseinsetzungen als nicht geschrieben anzusehn ist, nur von solchen Zeitbestimmungen, bei welchen es gewiss ist, dass der Bedachte den gesetzten Tag erleben wird, während alle andern Zeitbestimmungen als Bedingungen behandelt werden.

Ganz anders ist dagegen wieder die Grenze zwischen condicio und dies bei der cond. ind. und andern Lehren zu ziehen; und wenn man dazu auch noch erwägt, dass zahlreiche wahre Bedingungen, z. B. alle diejenigen, welche sich nicht auf die Existenz, sondern nur auf den Inhalt des bedingten Rechts beziehen

1) Vgl. auch Unger II. § 83. Note 13.

(§ 3.), wiederum — und zwar sogar bei letztwilligen Verfügungen — den Zeitbestimmungen gleich zu behandeln sind und dass die bekannten Quellenstellen, wie Gaj. 3, 124. — pecunia quam in diem certum dari stipulamur ... certum est eam debitum iri, licet post tempus petatur, — § 2. J. de V. O. 3, 15. u. a. m. auf solche Bedingungen ebensowohl passen als auf Zeitbestimmungen, so dürfte mit Bestimmtheit erhellen, dass die besondere Behandlung gewisser Abhängigkeitsverhältnisse lediglich darauf beruht, weil dieselben — mögen sie übrigens als Bedingungen oder Zeitbestimmungen erscheinen — nach der einen oder andern Seite hin anders geartet sind wie die übrigen, und wobei es dann sehr möglich ist, dass zwei Zeitbestimmungen sehr verschieden von einander, gewisse Bedingungen aber manchen Zeitbestimmungen gleichgeartet erscheinen.

Von hervorragender Bedeutung ist nach dieser Richtung hin, ob die gewollte Abhängigkeit auch die Existenz, bezw. das Existentwerden des in Aussicht genommenen Rechts in das Ungewisse stellt oder nicht; und grade diese Alternativen sind, wie gesagt, sowohl bei der condicio als beim dies, beide möglich.

Ich glaube hiemit die völlige Identität des dies mit dem allgemeinen Bedingungsbegriff dargethan zu haben; und es gilt jetzt nur noch, durch Hervorhebung einiger Consequenzen die Fruchtbarkeit dieser Auffassung zu erweisen.

Zunächst ist darauf aufmerksam zu machen, wie die gewöhnliche Eintheilung in dies ex quo und dies ad quem — auf welche übrigens selbstverständlich die gesammten Ausführungen des § 3. über Suspensiv- und Resolutiv-Bedingung anzuwenden sind — durchaus ungenügend und bedeutungslos ist. Die Zeitbestimmung hat keineswegs nur Beziehung zu Anfang und Ende von Rechtsverhältnissen, sondern kann ebensowohl auch relevant sein für die Ausübung oder die Fälligkeit eines Rechts und überhaupt für jede andre rechtliche Wirkung, soweit nicht ausnahmsweise ihre Verbindung mit einer Zeitbestimmung durch positivrechtliche Satzung untersagt ist.

Hieraus aber ergiebt sich sofort, von wie verschwindender Bedeutung die viel verhandelte Streitfrage: ob durch den dies ex quo die Existenz des Rechts oder nur seine Ausübung hinausgeschoben wird? in Wahrheit ist. Denn möglich ist eben sowohl das Eine wie das Andere. Bei Servituten leuchtet dies sofort ein; beim Eigenthum gilt dasselbe, wenn hier auch richtiger statt Ausübung des Eigenthums von Besitz und Nutzung gesprochen wird. Dagegen ist bei Obligationen noch ein anderes Moment von Bedeutung: ihr Wesen nämlich besteht in der Begründung der Verpflichtung zu einer Leistung; ob dieselbe aber heute oder morgen erfolgt, trifft nicht den Bestand der Obligation, sondern nur ihre Erfüllung. Und in diesem Sinne kann nun auch bei der Obligation sowohl die Existenz als die Erfüllung hinausgeschoben werden [2]).

Welche dieser Möglichkeiten aber im einzelnen Fall gewollt ist, lässt sich natürlich nicht generell von vornherein, sondern in erster Linie nur aus der Interpretation der massgebenden Willenserklärung heraus feststellen. Nur einige Anhaltspuncte können hier gegeben werden.

Die Worte: „diese Sache soll dann und dann dein sein" werden z. B. wohl nur die von Windscheid u. A. behauptete Bedeutung haben können, dass das Eigenthum erst in jenem Zeitpunct übergehn soll, wogegen etwa die Erklärung: „Hier schenke ich dir meinen Jagdhund; an dich nehmen kannst du ihn aber erst nächsten Montag" sofort Eigenthum übertrüge, die Nutzung aber hinausschöbe [3]). —

Ein Darlehn oder Commodat begründen zweifellos sofort eine Rückgabeverpflichtung, aber stets nur die Verpflichtung, nach einer billig zu bemessenden Zwischenzeit zurückzugeben, und die Bestimmung dieses Zeitpuncts ist somit nur die Fixirung der Fälligkeit, der Erfüllungszeit, nicht aber, wie Windscheid a. a. O. meint, der Abschluss eines pactum de non petendo (dagegen auch Brinz S. 1520). —

2) Die Hinausschiebung der Fälligkeit oder Erfüllung berücksichtigen gar nicht Unger II. § 83. 6. und Windscheid § 96. Anm. 5., und kommen dadurch auf künstliche Nothbehelfe. Vgl. oben Fortsetzung des Textes.

3) Dass übrigens ein Rechtsverhältniss irgend welcher Art auch im ersten dieser Fälle sofort durch die betagte Tradition selbst und allein erzeugt wird, ist in § 11. Anm. 2 bis 6. zu zeigen.

Hienach erledigen sich auch die scheinbar widerstreitenden Quellenstellen ohne Schwierigkeit, wie denn denselben überhaupt gar nicht solche Bedeutung hätte beigelegt werden können, wenn man sich nicht so ängstlich auf das im Corpus Juris enthaltene Material beschränkt hätte.

Zunächst ist hier von Bedeutung, dass die Römer keinen bestimmten einfachen Ausdruck für „Fälligkeit" haben, sondern die Sache mit Ausdrücken, wie: peti potest, praesenti die debetur oder auch nur debetur umschreiben, dass aber einzelne dieser Ausdrücke zugleich auch die technischen Bezeichnungen für Schuld sind und daher leicht scheinbar Gegensätze entstehn können [4]).

Indessen ist hiemit doch nur ein äusserliches Moment berührt: bedeutsamer ist — vgl. besonders Brinz S. 1521 flg. —, dass die Obligation sich der Natur der Sache nach innerlich sehr wohl in eine Verpflichtung zu sofortiger Leistung und eine Haftung, dass später einmal geleistet wird, zerlegen lässt, und dass die Römer beide Seiten mit dem einen Worte obligatio bezeichnen mussten.

Auch hierin aber zeigt sich wieder die Identität von dies und Bedingung. Denn in § 10. wird noch einmal auf diesen zwiefachen Inhalt des Obligationsbegriffs zurückzukommen und nachzuweisen sein, wie seine Berücksichtigung nicht nur für den dies, sondern für den Bedingungsbegriff überhaupt von Bedeutung ist.

Vorher aber ist noch die Stellung der übrigen sog. Nebenbestimmungen zu der Bedingung im Einzelnen genauer zu präcisiren.

---

4) Vgl. hiezu: l. 41. §. 1. D. 45, 1. l. 14. D. 50, 17. in omnibus obligationibus, in quibus dies non ponitur, praesenti die debetur; l. 46. D. de leg. II. praesens, in diem — cujus dies venisset; l. 213. D. 50, 16. diem venire = diem venisse quo peti potest; l. 44. §. 1. D. 44, 7. ex die incipit obligatio, d. h. cujus natura haec est, ut ante diem non exigatur. Andrerseits: §. 2. J. 3, 15: quod in diem stipulamur, statim quidem debetur, wo jedoch hinzugefügt ist: sed peti prius quam dies veniat non potest; l. 213. D. 50, 16. cedere diem = incipere deberi. —. Wie nun hienach sowohl gesagt werden kann: debetur als non debetur, so auch obligatio est oder non est. l. 44. §. 1. D. 44, 7. (Paul.) obligatio ex die incipit und l. 46. pr. D. 45, 1. (Paul.) praesens obligatio.

§ 6. 2. Der Modus.

Neben condicio und dies pflegt man noch immer als dritte Form der Selbstbeschränkung oder der Nebenbestimmungen im engeren Sinne den Modus zu behandeln, obwohl Windscheid schon lange Jahre die Nothwendigkeit lehrt, den modus durch die Voraussetzung zu ersetzen. Indessen mag grade die Qualität desjenigen Neuen, das Windscheid an die Stelle des Alten treten lassen will (vgl. §. 7. 8.), die Fortexistenz des letztern vor Allem mit gerettet haben. Wenigstens scheint es mir, als ob eine unbefangne Prüfung der Lehre vom modus insoweit Windscheid unbedingt zustimmen muss, dass unsre jetzige Lehre vom modus sowohl nach ihrer systematischen Stellung als nach ihrem Inhalt ein haltloses Ding ist, welches überdies noch verhindert, dass die einzelnen im modus enthaltenen Rechtsgedanken zu der ihnen gebührenden Entwicklung gelangen.

1. Zunächst sind die den modus betreffenden Rechtssätze überhaupt gar nicht geeignet, zu einer im allgemeinen Theil des Privatrechts darzustellenden einheitlichen Lehre zusammengefasst zu werden.

Während das Wesen des modus nach der herrschenden Auffassung darin besteht, dass er eine den Werth einer Zuwendung vermindernde Nebenbestimmung ist, wird trotzdem im Gegensatz zu der frühern Ansicht, nach welcher der modus sowohl bei onerosen als lucrativen Geschäften vorkommen sollte (Glück 4. S. 461.), heute fast allgemein gelehrt, dass der modus als technischer Begriff nur bei Schenkungen und letztwilligen Verfügungen auftreten kann.

Aus innern Gründen ist dies freilich nicht zu erklären, obwohl es noch neuerdings wieder von Förster (§ 38.) versucht worden ist. Denn es ist durchaus nicht abzusehn, warum nicht auch beim Kauf oder Tausch eine den Werth des Zugewandten mindernde Nebenbestimmung hinzugefügt werden kann. (Vgl. auch Unger § 84. Anm. 2.) Andre Schriftsteller (v. Savigny 3. S. 226. 227. Vgl. Voigt, Condictiones S. 709.) sprechen es daher auch offen aus, dass die Beschränkung des modus auf

Schenkungen und letztwillige Verfügungen nur auf den im römischen Recht gegebenen Besonderheiten beruht, welchen gewisse Nebenbestimmungen — wenn sie auch an und für sich und ihrem Inhalte nach, ja auch in Verbindung mit onerosen Geschäften zu keiner besondern Behandlung Anlass geben — dann unterworfen werden, wenn sie mit Schenkungen oder letztwilligen Verfügungen verbunden sind. Nicht also der Inhalt, sondern die Verbindung dieser Nebenbestimmungen mit gewissen einzelnen Rechtsgeschäften bedingt ihre besondre Behandlung!

Wenn dem aber so ist, so begreift man in der That nicht, warum sie im allgemeinen Theil erörtert werden, und zwar um so weniger, als hiedurch — wenn nicht etwa ein für den allgemeinen Theil ganz unpassendes Detail vorgetragen werden soll — sehr leicht der Schein einer falschen Generalisirung entsteht. So könnte man durch die Darstellung von Arndts (§ 74.) sehr wohl zu der Annahme verleitet werden, dass auch bei Schenkungen die Erfüllung des modus von Amtswegen erzwungen und Cautionsleistung wegen Nicht-Erfüllung gefordert werden könne (vgl. auch Glück 4. S. 467.), obwohl doch die Quellen nichts davon wissen.

Dazu kommt, dass dem römischen Recht eine einheitliche Theorie des modus überhaupt fremd ist. In der classischen Jurisprudenz findet sich nur ein legatum sub modo erwähnt, während das spätere Recht allerdings auch eine donatio sub modo — freilich nur in zwei Titelüberschriften (Cod. Greg. 13, 3. und C. J. 8, 55.) —, meines Wissens aber nirgends eine heredis institutio sub modo kennt[1]).

Entscheidend aber ist, dass die heute unter dem Namen modus zusammengefassten Fälle mit der ganzen Entwicklung des römischen Contracts- und Legatenrechts in so engem, schon von v. Savigny (3. S. 227.) und neuerdings von Voigt a. a. O. und Brinz[2]) (S. 1534.) hervorgehobenem Zusammenhange stehn, dass

1) Vgl. l. 1. §. 3. D. ubi pup. 27, 2. (injunctum). l. 50. §. 1. D. de H. P. 5, 3. (condicio). l. 7. D. de annuis leg. 33, 1. (jussus) . . . Ausserdem fehlt der Ausdruck modus in der Titelrubrik D. 28, 7. de condicionibus institutionum, obwohl l. 8. §. 7. u. a. Stellen grade vom modus handeln.

2) Brinz scheint mir übrigens einem unrichtigen Generalisiren verfallen zu

sie nur in und mit dieser ihre richtige Darstellung finden können. In Betreff der Schenkung hat besonders Voigt a. a. O. S. 710 flg. ausgeführt, von wie verschiedener rechtlicher Bedeutung die hinzugefügte Auflage war, je nachdem sie in Form einer stipulatio oder als pactum fiduciae oder als einfaches pactum auftrat, und wie verschieden demnach auch die zuständigen Rechtsmittel sein mussten. Was aber das legatum sub modo anlangt, für welches besonders die Geschichte der Fideicommisse von Bedeutung ist[3]), so ist hier die Erzwingung der Auflage eine wiederum ganz andre. Während nämlich das regelmässige Erzwingungsmittel die actio ex stipulatu, und zwar ex cautione, welche ebenso wie z. B. die cautio usufructuaria (l. 13. pr. D. de usufr. 7, 1.) selbst wieder durch Versagung der Klage oder durch exceptio doli erzwungen werden konnte, war und andrerseits die actio praescriptis verbis ganz ausgeschlossen sein musste, konnte auch die condictio nur in Ausnahmefällen, wenn die cautio aus irgend einem Grunde unterblieben war, angewandt werden. (Vgl. analog l. 5. § 1. D. 7, 5.) Dagegen war hier unter Umständen auch directer obrigkeitlicher Zwang zulässig, ein Erzwingungsmodus, dem wir insbesondre auch bei den einer Erbeseinsetzung hinzugefügten Auflagen begegnen.

Das Gesagte wird genügen, um den Nachweis zu erbringen, dass die Auflagen bei Schenkungen, Legaten und Erbeseinsetzungen in Wirklichkeit nur das gemein haben, dass für sie alle irgend ein — freilich überall sehr verschiedenartiger — Erzwingungsmodus gegeben ist. Diese „Eigenthümlichkeit" aber

sein, wenn er das Wesen des modus ganz allgemein dahin formulirt, dass durch denselben einem an sich nicht obligatorischen Rechtsgeschäft (datio, traditio, heredis institutio) ein obligatorisches, also beschränkendes Nebengeschäft hinzugefügt würde. Denn dann wären ja alle pacta fiduciae, und viele stipulationes, z. B. auch die cautio usufructuaria — Arten des modus! . . Da Brinz indessen S. 1536. die actio ex stipulatu selbst nicht mit als mögliches Rechtsmittel aufführt, scheint es fast, als ob er nur an die nuda pacta gedacht habe. Dann aber ist seine Formulirung eben zu weit.

3) Ueber die geschichtliche Entwicklung vgl. l. 40. §. 5. D. cond. 35, 1. l. 17. §. 2. man. 40, 4., und Voigt a. a. O. S. 731 flg. —. Was nach älterem Recht noch Auflage war (l. 17. §. 4. D. 35, 1. „ut partem alii restitueret"), ist nach späterm Recht Fideicommiss.

theilen auch die einem Tausch- oder Kaufvertrage hinzugefügten Auflagen, und jedenfalls dürfte deren Erzwingung den bei der donatio sub modo zulässigen Rechtsmitteln noch weit näher stehn, als dies bei dem legatum sub modo der Fall ist!

Schon auf Grund des reinen römischen Rechts gelangt man also zu dem Resultate, dass eine gemeinsame Theorie der einzelnen Fälle des modus im allgemeinen Theil nicht wohl zu geben ist. Noch einleuchtender dürfte dies für das heutige römische Recht sein, da hier auch noch die — gewöhnlich nicht genügend beachtete — Frage hinzukommt, welche der römischen Sätze denn heute noch anwendbar sind, eine Frage, die nur im Zusammenhang mit dem gesammten Vertragsrecht beantwortet werden kann!

Zweierlei nur greife ich an dieser Stelle heraus, um die Bedeutung des Punctes, dessen nähere Erörterung hier freilich nicht am Platze wäre, wenigstens anzudeuten.

a. Ist nicht die Verpflichtung des Legatars sub modo auch ohne Versprechen als eine gesetzlich begründete anzusehn, ebenso wie beim Niessbrauch und in andern Fällen? (Vgl. Windscheid § 204. Anm. 1. Bähr, Jahrb. für Dogm. 1, S. 459. Arndts § 530. Anm. 4.)

b. Ist nicht heute, nach Wegfall der Unterscheidung zwischen stipulatio und nudum pactum, die Klage auf Erfüllung der einer Schenkung hinzugefügten Auflage einfach die Vertragsklage, also weder actio praescriptis verbis noch condictio c. d. c. n. s.? grade wie man auch beim Tausch heute von den letztern beiden Klagen nicht mehr handelt?

Alle diese und ähnliche Fragen können in der That nicht im allgemeinen Theile behandelt werden!

Indessen ist damit noch keineswegs die Frage entschieden, ob denn auch der allgemeine Grundgedanke des modus: dass er eine werthverringernde Beschränkung von Zuwendungen bildet, überhaupt keinen Platz im allgemeinen Theil verdient? Jedoch wird die Beantwortung dieser Frage zweckmässiger Weise erst dann unternommen, wenn den verschiedenen neueren Auffassungen gegenüber

2. das Verhältniss des modus zur Bedingung nach allen Seiten hin klar gelegt ist.

v. Savigny (3. S. 230.) hat bekanntlich die Gleichstellung des modus mit condicio und dies darauf gegründet, dass auch beim modus eine Selbstbeschränkung des Willens vorliege, weil der Werth der ursprünglichen Gabe durch den modus verringert werde.

Indessen würde hiedurch zunächst, auch wenn diese Bezeichnung zutreffend wäre, jene Gleichstellung noch nicht erwiesen sein. Denn bei der Bedingung bedeutet ja „Selbstbeschränkung" so viel als „Abhängigmachung des Willens bezw. rechtlicher Wirkungen". Nun ist es aber noch keineswegs erwiesen und auch wohl unerweislich, dass der Wille sich bei der, eine Werthverminderung des Zugewandten bedingenden Setzung einer Auflage irgendwie von etwas abhängig macht! Und ebensowenig macht er an und für sich durch die Auflage irgend eine rechtliche Wirkung, z. B. die Rückgängigmachung der Zuwendung, abhängig, vielmehr kann dies stets nur durch eine besondre Erklärung, durch welche er eben die Erfüllung der Auflage zur Bedingung erhebt, geschehen, wie dies gleich noch näher zu zeigen ist.

Jene Bezeichnung: „Werthminderung der ursprünglichen Gabe" ist aber an sich gar nicht richtig. Denn es handelt sich beim modus gar nicht um eine ursprünglich unbeschränkte Gabe, da dieselbe ja von vornherein als eine ihrem Werth nach verminderte gewollt ist. Es ist freilich möglich, dass der Wille in einem concreten Falle ursprünglich ein umfassenderer gewesen ist und sich später selbst wieder eingeengt hat: aber nothwendig, oder auch nur wahrscheinlich ist dies gewiss nicht in allen Fällen, und darum kann diese Idee der sofortigen Einschränkung des ursprünglichen Willens unmöglich zur Basis dieser Lehre gemacht werden[4]). Das Gesagte genügt auch, um die Deductionen von v. Scheurl S. 245. 246. zu widerlegen, welcher die rechtliche Machterweiterung des Andern als das eigentliche Gewollte von der willkürlichen Beschränkung derselben

4) Hiedurch widerlegt sich Förster (§. 38. Anm. 1.) und Unger §. 84 Anm. 4.

unterscheidet. Denn „eigentlich gewollt“ ist eben nur die beschränkte Machterweiterung. v. Scheurl erkennt das Ungenügende dieser Formulirung auch gewissermassen selbst an, indem er S. 245. fortfährt: „An sich würde in diesem Willen die Gewährung einer reinen, unverkümmerten Machterweiterung enthalten sein.“ Denn das ist eben der springende Punct: die Gabe würde unbeschränkt sein, wenn sie eben nicht beschränkt wäre. Nicht um die Beschränkung eines ursprünglich weiteren Willens handelt es sich, sondern nur darum, dass unter Umständen etwas Anderes gewollt sein würde oder sein könnte ... und hierauf ist doch keine Theorie des Modus zu gründen.

Diese Characterisirung des Modus als einer Werth vermindernden Beschränkung ist endlich so weit, dass sie eben so gut auch auf eine Anzahl andrer Willenserkärungen passt. Jedes Legat ist insofern der modus einer heredis institutio, denn die Beschränkung der Erbquote ist dieselbe, mag nun dem Erben aufgegeben sein, irgend ein Haus dem X zu übertragen oder es zu einem Waisenhause zu machen. (Unger § 84. Anm. 5.) Jeder Innominatcontract würde ferner in gewisser Weise ein modus, eine Beschränkung der datio sein; ja, auch jede andre Beschränkung. der Vorbehalt des Niessbrauchs oder die Constituirung eines Pfandrechts bei der Eigenthumsübergabe (vgl. auch Brinz S. 1538.) würde in diesem allgemeinen Sinn ein modus genannt werden können.

So zutreffend und wichtig aber auch dieser von Savigny hervorgehobene Gesichtspunct der Werthminderung ist (vgl. darüber N°. 3.), so wenig scheint es mir doch empfehlenswerth, hiefür den römischen Ausdruck modus, die vieldeutige Bezeichnung eigenthümlich gearteter Nebenbestimmungen zu wählen. Jedenfalls aber kann dieser Gesichtspunct nicht dazu dienen, eine innere Verwandtschaft zwischen dem modus, als Werthminderung, und der Bedingung zu begründen. Von andrer Seite ist daher auch der Versuch gemacht worden, eine zutreffendere Begründung zu gewinnen — m. E. indessen nicht mit Erfolg.

Förster (§ 38.) sucht die Verwandtschaft des modus mit der Bedingung durch die Behauptung darzuthun, dass beim modus die Willensbeschränkung sich sowohl auf den Umfang als auch auf das Dasein des Willens beziehe. Damit ist jedoch nichts gewonnen. Denn soweit die Beschränkung des Umfangs in Frage kommt, ist ja nach dem vorher Ausgeführten keine Verwandtschaft mit der Bedingung vorhanden; soweit aber durch das Setzen des modus der Wille in seinem Dasein selbst beschränkt, d. h. abhängig gemacht ist, liegt eben kein der Bedingung verwandter Begriff, sondern — eine wirkliche Bedingung selbst vor; die Lehre von der Bedingung also ist der Ort, um diejenigen Auflagen, von deren Erfüllung der Bestand einer Zuwendung in irgend einer Weise abhängig gemacht ist, des Näheren darzulegen, wie dies auch bereits oben § 3. N°. 6. angedeutet ist. (Vgl. auch unten § 10. N°. 3. 4.)

Derartige Auflagen, welche zugleich im Fall der Nicht-Erfüllung resolvirend wirken, sind in ungemessener Fülle denkbar[4a]) und auch im römischen Recht in vielen Anwendungen anerkannt. Und grade diese Beobachtung ist für Windscheid die Veranlassung gewesen, an die Stelle des modus die Voraussetzung — eine unentwickelte Bedingung — zu setzen. Dieser Angriff konnte jedoch, von der im folgenden § näher zu prüfenden Berechtigung des Begriffs der Voraussetzung abgesehn, die gemeine Lehre schon deshalb nicht verdrängen, weil dieses resolvirende Moment des modus bei der heredis institutio gar nicht, und beim legatum sub modo nur in untergeordneter Bedeutung hervortritt. —

v. Scheurl glaubt endlich (S. 253. 254.) die Verwandtschaft des modus mit condicio und dies schon durch den Nachweis dargethan zu haben, dass der modus bei letztwilligen Verfügungen gleichfalls eine aufschiebende Wirkung habe. Dies Argument ist indessen schon deshalb unbeweisend, weil dann auch jeder ususfructus legatus Verwandtschaft mit der Bedingung hätte[5])! Und die Geltendmachung solcher Verwandtschaften

4a) Man denke z. B. an den Fall, dass im Gebiete des gemeinen Rechts die Bestimmungen des Code civil Art. 1184. 1654 flg. ausdrücklich in den Vertrag aufgenommen sind.

5) Si ususfr. legatus sit, non prius dandam actionem usufructuario,

wird gewiss kaum von irgend welchem Nutzen sein, und jedenfalls nicht zur Aufstellung einer für Schenkungen und letztwillige Verfügungen gemeinsamen Theorie vom modus führen können. Die l. 80. D. de cond. 35, 1. aber beweis't nach v. Scheurl's eigner und m. E. völlig zutreffender Interpretation doch weiter nichts, als dass durch die Unstatthaftigkeit einer sofortigen Klage keineswegs immer das Dasein einer Bedingung angezeigt wird! (Vgl. auch Arndts § 530. Anm. 4.)

Nach diesem Allen scheint es mir in der That zweckmässiger, statt mühsamer Aufsuchung unbedeutender Verwandtschaftsbeziehungen zwischen modus und condicio denjenigen Gedanken weiter zu verfolgen, welchen Savigny bereits hervorgehoben hat, und dessen Kern darin besteht, dass

3. der modus als Werth verringernde Beschränkung einer Zuwendung anerkannt wird. Freilich nicht als die einzige, sondern nur als eine unter vielen andern.

Windscheid hat diesem Gesichtspunct gegenüber geltend gemacht (§ 97. Anm. 1.), dass er ein ökonomischer, kein juristischer, sei, welcher allerdings auch wieder juristische Bedeutung gewinnen könne, so z. B. da, wo die Gültigkeit einer Zuwendung von ihrem Vermögenswerthe abhänge, aber doch nicht dahin führen könne, von der möglichen Minderung des Werthes einer Gabe im allgemeinen Theil zu reden.

Diesen Bemerkungen ist m. E. freilich insoweit Recht zu geben, als gewiss keine Veranlassung vorliegt, jene auf dem Vermögenswerth beruhenden Beschränkungen der Zuwendungen im allgemeinen Theile vorzutragen. Eine ganz andre, und soweit ich sehe, unbedingt zu bejahende Frage aber ist es, ob nicht in dem eben genannten Theil des Systems ein besondrer Abschnitt über den Werth der Vermögensobjecte aufzunehmen ist? Gewiss ist der Werth an sich ein ökonomischer Begriff, aber auch wir Juristen haben fast in allen Theilen des Systems — Pfandrecht, Obligationenrecht, Erbrecht (z. B. Arndts § 542. Anm. 2. u. a. a. O.) u. s. w. — vom Werth der Vermögensobjecte zu reden, so dass

---

quam satisdederit, se boni viri arbitratu usurum fruiturum. l. 13. pr. D. de usufr. 7, 1.

es sich gewiss empfiehlt, diesem Begriff an demjenigen Orte des Systems, an welchem auch die übrigen allgemein bedeutsamen Begriffe dargelegt werden, zur Darstellung zu bringen. Und hiebei werden dann neben vielen andern auf den Werth influirenden Momenten vor Allem auch die Auflagen jeder Art zu berücksichtigen sein.

Indessen ist hiedurch die Berücksichtigung, welche der modus im allgemeinen Theile verdient, noch nicht erschöpft. Neben seiner Verwerthung in der Lehre von den Verträgen zu Gunsten Dritter sind es nämlich vor Allem die — bislang freilich gleichfalls in den Compendien nur sehr stiefmütterlich behandelten — Lehren von Zweck und Absicht der Rechtsgeschäfte (auch Zwecksatzung) sowie von der Entgeltlichkeit oder Unentgeltlichkeit (der wirthschaftl. Bedeutung) derselben, in welcher dem modus eine hervorragende Rolle zugetheilt werden muss. Es liegt jedoch der Absicht dieses Aufsatzes fern, hierauf näher einzugehn. Vielmehr muss es genügen, diesen Punct hier, soweit es zur allgemeinen Orientirung erforderlich erschien, anzudeuten[6]).

4. Als Resultate dieser Ausführungen glaube ich nunmehr folgende Thesen aufstellen zu dürfen:

a. Zur Vermeidung von Misverständnissen empfiehlt es sich, den Ausdruck modus nur insoweit als technischen zu gebrauchen, als er sich in den Quellen selbst findet: für das classische Recht also nur bei dem legatum sub modo und für das justinianeische Recht nur bei dem genannten legatum und bei der donatio sub modo.

b. Der Inhalt des einem Legat oder einer Schenkung hinzugefügten Modus kann ganz der gleiche sein, wie der Inhalt einer Nebenbestimmung eines onerosen Geschäfts, oder wie der eines an den Erben gerichteten jussus. Seine besondre Hervorhebung als modus ist nur durch die Entwicklung des römischen Rechts hervorgerufen, welche für das legatum sub modo, und für die donatio

6) Vgl. in letzterer Beziehung namentlich Voigt, Condictiones § 55 und 56., und Fitting, Archiv für civ. Praxis Bd. 52. S. 389 flg., auch Brinz § 334. S. 1435 flg. § 349. S. 1540—42. Bekker, Jahrb. f. Dogm. Bd. 12. S. 62 flg. und Jhering 10. S. 415 flg. Geist III. § 60.

sub modo gewisse besondre Rechtssetze aufstellte. Im allgemeinen Theile mag daher allerdings erwähnt werden, dass als Nebenbestimmungen auch Auflagen u. s. w. vorkommen und je nach den Geschäften, mit denen sie verbunden sind, verschieden behandelt werden. Alles weitere Detail ist aber mit Nutzen nur in den speziellen Lehren von der Schenkung und vom Legat darzulegen.

c. Mit dem Modus ist in vielen Fällen zugleich eine Bedingung gesetzt. Insofern ist er auch in der Lehre von der Bedingung zu berücksichtigen. Uebrigens existirt aber keine Verwandtschaft zwischen ihm und der Bedingung.

d. Der Modus bewirkt eine Werthverminderung der Zuwendung: er ist daher wegen dieser Wirkung, welche er indessen nur mit vielen andern Nebengeschäften und Vertragsclauseln theilt, in der Lehre vom Werth der Vermögensobjecte zu berücksichtigen.

e. Ausserdem ist dem modus auch in den Lehren von Zweck und Absicht und Entgeltlichkeit bezw. Unentgeltlichkeit der Geschäfte, sowie von den Willenserklärungen zu Gunsten Dritter Berücksichtigung zu erweisen. —

Zum Schlusse und zur Abrundung dieser Darstellung wird endlich von manchen Gesichtspuncten aus

6. ein kurzer Blick auf die Geschichte des modus in den neueren Gesetzgebungen nicht uninteressant sein.

Das allgemeine Landrecht erwähnt den Endzweck unter den allgemeinen Sätzen über die Willenserklärungen und Verträge (I. 4. § 152. 153. 5. § 226.) in einer so generellen Weise, dass es mir unbegreiflich ist, wie die neuere preussische Literatur die gemeinrechtliche Theorie eines besonders gearteten auf unentgeltliche Zuwendungen beschränkten modus in jene Sätze hat hineintragen können.

I. 4. § 152. . . . (zwischen den Bestimmungen über die Bedingungen und die Zeit)

„Wenn aus dem Inhalt der Willenserklärung oder aus den Umständen erhellet, dass der Erklärende bei demjenigen, was er dem Andern . . . auferlegt, den eignen Vortheil desselben zur Absicht gehabt habe, so ist eine solche Bestimmung eher für einen Endzweck als eine Bedingung zu halten" — eine Bestimmung also, die wesentlich den Zweck hat, die Confusion gewisser Nebenbestimmungen mit den Bedingungen zu verhüten. —

I. 5. § 226.

„Die Contrahenten können die Rechte, welche sie einander einräumen, durch Beifügung von Bedingungen, Zwecken, Bewegungsgründen oder sonst . . . nach Gutbefinden bestimmen, erweitern oder einschränken."

Es ist hienach in der That nicht zu verstehen, warum nicht ein Verkauf zu einem bestimmten Zwecke eben so wohl den §§ 153 flg. I. 4. unterworfen sein soll, als eine Schenkung zu dem Zweck!

Ausserdem kommt noch hinzu, dass das Landrecht I. 16. § 200 flg. auch den Fall berücksichtigt, in welchem „ausser dem Fall eines Vertrags etwas in Rücksicht eines durch den Empfänger zu erfüllenden Zwecks gegeben oder geleistet worden" — eine Bestimmung, die offenbar zu dem auf Schenkungen und letztwillige Verfügungen beschränkten Modus nicht passt. (Vgl. Förster II. § 150. Anm. 93 und Cit.)

Eine correcte Darstellung des Preussischen Rechts wird also ganz den unter N°. 5, b. c, d, e aufgestellten Sätzen gemäss dahin zu gestalten sein, dass im allgemeinen Theil unter den möglichen Nebenbestimmungen auch der Endzweck — als Gegensatz zur Bedingung — kurz erwähnt und dabei auf seine verschiedene Behandlung im Fall des Vertrags, ausser dem Fall des Vertrags und bei letztwilligen Verfügungen (I. 12. § 508 flg.) hingewiesen, das Weitere aber dem speciellen Theil überlassen wird [7]).

Kurz und wenig präcis lauten die Bestimmungen des Oester. Allg. bürgerl. Gesetzbuches. Während es nämlich in § 709 —712. einige Regeln über die Zuwendung eines Nachlasses unter einem „Auftrage" bezw. einer „Absicht", insbesondre auch die, dass die absichtliche Nicht-Erfüllung des Auftrages als auflösende Bedingung wirken solle, aufgestellt hat, wird in § 901. im Hauptstück von den Verträgen ganz generell festgesetzt: „Haben die Parteyen den Bewegungsgrund oder den Endzweck ihrer Ein-

7) Eine Besprechung der dabei auftauchenden Zweifel aller Art würde aus dem Rahmen dieser Abhandlung heraustreten.

willigung ausdrücklich zur Bedingung gemacht, so wird der Bewegungsgrund oder Endzweck wie eine andre Bedingung angesehn. Ausser dem haben dergleichen Aeusserungen auf die Gültigkeit entgeldlicher Verträge keinen Einfluss. Bei den unentgeldlichen aber sind die bey den letzten Anordnungen gegebenen Vorschriften anzuwenden."

Allein, wenn hiedurch auch letztwillige Anordnungen und unentgeltliche Zuwendungen insofern gleichgestellt werden, dass nur bei ihnen die absichtliche Nicht-Erfüllung des Auftrags oder Endzwecks als auflösende Bedingung wirken soll, so ist doch eben hiemit auch die Parallelisirung zu Ende. Und was Unger § 84 im Uebrigen Besondres und — nach dem oben Ausgeführten Unhaltbares über die Auflage lehrt, ist ohne jeden Anhalt im Bürgerl. Ges.B., welches vielmehr der richtigen Auffassung in keiner Weise entgegentritt.

Auch das Sächsische Civil-Gesetzbuch steht durchaus auf demselben, hier vertheidigten Boden. Generelle Bestimmungen über Auflagen oder Endzweck fehlen ihm ganz, und nur bei der Schenkung (§ 1065. 1066.) und bei den letztwilligen Verfügungen (§ 2151 flg.) finden sich einige Specialien, welche denn auch von der Wissenschaft an diesen Stellen zu behandeln sind.

Was endlich den Code civil anlangt, so bemerkt schon Ramdohr, Juristische Erfahrungen. 1809. Band 1. S. 284., dass eine Unterscheidung des modus von der condicio ganz vermisst werde, und in der That ist ein besondrer Begriff des modus dem französischen Recht, ja der Sprache selbst unbekannt. Insoweit aber die Art. 953 flg. und 1046. 1047. unter dem Namen condition und Art. 1048 flg. unter dem Namen charge von Auflagen auf Schenkungen und letztwillige Zuwendungen handeln, ist damit offenbar kein allgemeingültiger Begriff, sondern nur eine Specialität gesetzt, deren Einzelnheiten denn auch nur im speziellen Theile erfolgen können. (Besonders revocation pour cause d'inexécution des conditions.) Auch das französische Recht harmonirt also mit dem hier Entwickelten.

§ 7. 3. Voraussetzung und Bedingung.

Windscheid's Lehre von der Voraussetzung ist zwar von vielen Schriftstellern bald ablehnend, bald billigend kurz berührt, eine eingehende Kritik über dieselbe aber meines Wissens — abgesehn von den theils nicht erschöpfenden, theils auf Misverständnissen beruhenden Ausführungen von Voigt (Condictiones S. 515 flg.) — bislang noch nicht gegeben worden. Und doch verdient, wie mir scheint, diese Theorie, welche auf das Engste mit der Gesammtauffassung der Condictionenlehre zusammenhängt, in hohem Grade, einer nähern Prüfung unterzogen zu werden. Ich kann es mir daher nicht versagen, im Interesse einer nach allen Seiten hin scharfen Feststellung des Bedingungsbegriffs die nachstehenden Bemerkungen zur Kritik der Windscheid'schen Theorie hier einzufügen.

Wenngleich Windscheid eine eigentliche Definition des Begriffs der Voraussetzung nicht gegeben hat, so kann es doch nach der Gesammtheit seiner Ausführungen nicht zweifelhaft sein, dass er unter der Voraussetzung einen einer Willenserklärung hinzugefügten (in erkennbarer Weise hervorgetretenen) Vorbehalt des Inhalts versteht, dass die gewollten und auch sofort zur Entstehung gebrachten rechtlichen Wirkungen nur beim Vorhandensein eines gewissen Umstandes Bestand haben, beim Nichtvorhandensein desselben aber durch Klage oder Einrede auf Grund der ungerechtfertigten Bereicherung wieder aufgehoben werden sollen. (Windscheid, Voraussetzung S. 1. 2. 42. 58. 80 flg. Pand. § 423. besonders Anm. 8. a. E.)

Gegen diese Auffassung, welche Windscheid sowohl für das reine römische als das heutige gemeine Recht aufstellt, erheben sich zunächst vom Standpunct des letztern aus zwei Bedenken, welche mir unabweislich scheinen; und ich beginne mit ihrer Hervorhebung um so mehr, als grade die scharf ausgeprägten und durch formelle Schranken nicht beengten Begriffe des heutigen römischen Rechts über Willenserklärungen und Verträge einen besonders günstigen Boden für die Prüfung der innern Berechtigung der neuen Theorie gewähren.

Das erste Bedenken liegt darin, dass Windscheid dem Grund legenden Princip der allgemeinen Klagbarkeit aller Verträge nicht die gebührende Rücksichtnahme erwiesen zu haben scheint. Das Setzen einer Voraussetzung ist unzweifelhaft eine Willenserklärung [1]), und zwar ein Theil derjenigen Willenserklärung, welcher sie hinzugefügt ist, d. h. also insbesondre auch ein Theil des Vertrags, wenn — wie das ja bei Geschäften unter Lebenden die Regel ist — das betreffende Rechtsgeschäft ein zweiseitiges war. Hieraus folgt aber unmittelbar, dass ebenso wie hinsichtlich der Art ihrer Erklärung — ob ausdrücklich oder stillschweigend? — nur die überhaupt für Willenserklärungen und Verträge bestehenden Normen entscheidend sind, so auch für die Ausübung und Erzwingung der aus ihnen entspringenden gegenseitigen Rechte die sonst geltenden Grundsätze massgebend sein müssen: d. h. also insbesondre, dass zur Erzwingung derjenigen Rechte, welche aus einer dem Vertrag hinzugefügten Voraussetzung entspringen, vor Allem und in erster Linie die entsprechenden Vertragsklagen und -Einreden bestimmt sind. Es muss deshalb allerdings Anstoss erregen, wenn Windscheid unter zahlreichen andern Fällen auch die nachstehenden nur in der Lehre von der ungerechtfertigten Bereicherung unter „II. Forderungsrechte aus vertragsähnlichen Gründen" vorträgt:

Jemand zahlt mit dem Vorbehalt, dass er im Fall der nicht erfolgenden Ratihabition der Zahlung Seitens seines Geschäftsherrn zurückfordern könne (§ 427. Anm. 5. l. 14. pr. 46, 3.);

eine Ehefrau, welche ein Grundstück zur dos gegeben, verabredet mit ihrem Ehemann, von dem sie sich getrennt gehabt hatte, beim Wiedereintritt in dessen Haus, dass sie eine Summe Geldes zur Dos geben und dafür das Grundstück zurück erhalten solle. Sie zahlt dann das Geld und stirbt vor Rückgabe des Grundstücks — rücksichtlich dessen den Erben nunmehr gleichfalls eine Condiction zustehen soll — (§ 423. Anm. 1. 2. l. 50. pr. 23, 3., negotio contracto");

ein Vater schenkt seiner Tochter Grundstücke mit der Bestimmung, dass sie die Gläubiger befriedigen, die Schenkung aber

1) Windscheid, Voraussetzung S. 80. 85. 108 flg.

wieder aufgelös't werden solle, wenn diese Befriedigung nicht erfolge (§ 428. Anm. 3. l. 2. C. 4, 6.);

jemand zahlt mit dem Vorbehalt, dass ihm zurückgezahlt werden müsse, wenn sich herausstelle, dass er eine Nicht-Schuld bezahlt habe oder dass wegen der lex Falcidia ein Abzugsrecht begründet sei (§ 426. Anm. 15. l. 2. D. 12, 6.);

jemand schenkt mortis causa mit dem Beding der Rückgabe im Falle seiner Genesung (§ 428. Anm. 15. l. 35. § 3. D. 39, 6.).

In allen diesen und den zahlreichen ähnlichen Fällen tritt doch meines Erachtens für das heutige Recht mit vollster Klarheit die Statthaftigkeit der Vertragsklage zu Tage, so dass jene Fälle also, wenn nicht ausschliesslich, so doch jedenfalls vorzugsweise unter „I. Forderungsrechte aus Verträgen" abzuhandeln gewesen wären.

Es kann hier natürlich nicht der Ort für die Untersuchung sein, ob in diesen Fällen heute überhaupt noch neben der Vertragsklage eine condictio zulässig sein kann [1a]), welche doch auch im römischen Recht dann nicht gegeben wurde, wenn die eventuelle Rückgabe, wie bei der dos recepticia, durch stipulatio versprochen war. Jedenfalls aber erhellt das, dass die Condiction neben der Vertragsklage nur eine völlig untergeordnete Bedeutung haben kann, und zwar um so mehr, als ja nach heutigem römischen Recht auch in oder neben jeder Tradition, jeder Schuldaufhebung, und kurz: fast jedem, Rechte begründenden oder aufhebenden Geschäfte ein Vertrag gegeben ist; wie ja auch die Condictionen des römischen Rechts zum grossen Theil grade darauf beruhten, einen Ersatz für die fehlenden Contractsklagen zu schaffen. (Vgl. § 8.)

Die Windscheid'sche Theorie wird also zunächst dem Vorwurf nicht entgehn können, dass sie den in erster Linie und ungesucht sich bietenden Gesichtspunct des Vertrages übersehen oder zu gering geachtet und statt dessen secundäre Momente

---

1 a) Auch das Allg. Landr. I. 16. § 200. kennt die cond. c. d. c. n. s. nur insoweit, als „ausser dem Falle eines Vertrags" etwas gegeben ist. Dazu Förster, Pr. Privatr. I. § 38. Anm. 10. und II. § 150, 2.

zweifelhaften Werthes zu einer für das heutige Recht unbegründeten Bedeutung erhoben hat.

Mit dieser Verkennung der Vertragsnatur der betreffenden Verhältnisse hängt aber auf's Innigste der zweite und, wie mir scheint, Haupt-Irrthum der Windscheid'schen Lehre zusammen, dass sie nämlich überhaupt das Wesen einer unter Voraussetzungen abgegebenen Willenserklärung nicht tief genug erfasst.

Ich habe oben gesagt, dass das Setzen einer Voraussetzung unzweifelhaft eine Willenserklärung und zwar ein Theil derjenigen Willenserklärung ist, welcher sie eingefügt ist, und ich habe namentlich Windscheid gegenüber keine Veranlassung, dies noch näher zu begründen, da ja Windscheid selbst (Voraussetzung S. 82. 83. Pand. § 98. 423. Anm. 8. a. E.) mit der grössten Bestimmtheit versichert, dass nur solche Voraussetzungen überhaupt rechtliche Bedeutung haben könnten, welche bei der Willenserklärung in erkennbarer Weise hervorgetreten seien.

Eben deshalb aber wird er — soweit ich wenigstens sehe — auch zugestehn müssen, dass der auf Grund von irgend welchen überhaupt rechtlich relevanten Voraussetzungen erklärte Wille nur als ein auf jenen Voraussetzungen ruhender und durch sie gebundener hervorgetreten ist. Und dann ist offenbar auch schon die ganze Basis seiner Theorie: die Unterscheidung des in der Willenserklärung hervorgetretenen wirklichen Willens von dem wahren eigentlichen Willen [2]) — in sich zusammengesunken: es ist eben nie ein andrer Wille erklärt, als der durch die Voraussetzung gebundne: der wirkliche und der wahre Wille sind ununterscheidbar eins!

Erwägt man nun weiter, dass der Inhalt eines unter Voraussetzungen erklärten Willens nach Windscheid's eignen Angaben lediglich darin besteht, dass die zunächst begründeten rechtlichen Wirkungen nur bei einem gewissen Zustand der Dinge Bestand

2) Diese Unterscheidung trifft dagegen zu bei der Gegenüberstellung des durch ein irrthümliches Motiv hervorgerufenen und desjenigen Willens, wie er existent geworden wäre, wenn der richtige Thatbestand bekannt gewesen wäre. Vgl. Windscheid § 86. Erxleben, Cond. sine causa I. S. 31. 32. 34. 53—55.

haben, sonst aber durch Klage oder Einrede wieder beseitigt werden sollen: so dürfte es sofort klar erhellen, dass das Setzen einer Voraussetzung nichts andres ist, als eine Willenserklärung des Inhalts, dass gewisse rechtliche Wirkungen in Bezug auf ihren Bestand oder ihre Wiederaufhebung von irgend welchen Umständen abhängig sein sollen; oder mit andern Worten: die Voraussetzung ist nur eine Art der Bedingung [3]), deren Begriff ja nach den Ausführungen der §§ 2. und 3. ein so weiter ist, dass er jede Abhängigmachung rechtlicher Wirkungen umfasst.

Es bleibt nunmehr, um den Begriff der Voraussetzung überhaupt zu retten, nur noch die eine Möglichkeit, unter Voraussetzung diejenigen Bedingungen zu verstehn, bei denen die Wiederaufhebung einmal begründeter Rechtswirkungen nicht schon ipso jure, sondern erst in Folge von Klagerhebung oder einredeweiser Geltendmachung erfolgt. (Vgl. auch Windscheid, Voraussetzung. S. 149. 153. u. a. a. O.) Allein auch dieser Weg ist versperrt.

Zunächst ist daran zu erinnern (vgl. § 3.), dass auch die sog. Resolutivbedingung vielfach nur ope exceptionis wirkt (Windscheid § 90. Anm. 4.) und dass überhaupt die Frage: ob directe oder indirecte Wiederaufhebung? gar nicht aus dem Begriff der Bedingung oder Voraussetzung heraus entschieden werden kann, sondern lediglich von der Natur des Vertrages abhängt, dem die Bedingung hinzugefügt ist.

Dazu kommt, dass wegen der unbegrenzten Mannigfaltigkeit der hinsichtlich der Aufhebung, Rückgängigmachung u. s. w. möglicher Weise zu treffenden Bestimmungen eine feste Abgrenzung dieses Begriffs der Voraussetzung auch dann kaum ausführbar wäre, wenn man in der That unter der sog. Resolutivbedingung nur die ipso jure erfolgende Endigung verstehen wollte.

Immer aber müsste diese Ausscheidung des Voraussetzungsbegriffs aus dem der Bedingung völlig willkürlich und practisch unfruchtbar erscheinen, da das Wort „Voraussetzung“ sowohl in

3) Dass condicio und Voraussetzung in einem Allgemeineren vereinigt seien, erkennt auch Windscheid selbst an. (Voraussetzung 1. 2. 44. 45. 58.) Vgl. auch Zimmermann. Zur Theorie der condictio indebiti. 1868. S. 4. Anm. 5.

der Wissenschaft (vgl. § 2. Anm. 2.) als im Leben durchaus promiscue mit dem Worte „Bedingung“ gebraucht wird.

Ich glaube hiedurch erwiesen zu haben, dass dem neuen Begriff der „Voraussetzung“ keine Existenzberechtigung beiwohnt; wenigstens bezüglich des heutigen römischen Rechts. Denn nur von dem Boden dieses Rechtssystems und des in ihm zur Geltung gelangten freien Vertragsrechts aus ist die ganze bisherige Untersuchung geführt worden.

Dagegen glaube ich allerdings, dass Windscheid für das reine römische Recht mit guten Gründen eine Theilung des allgemeinen Bedingungsbegriffs in zwei Hauptarten gelehrt hat, wenn auch seine Einzelausführungen vielfach anfechtbar sein mögen. Nur möchte ich dieselben nicht mit deutschen Worten bezeichnen, da sie eben characteristische Eigenthümlichkeiten des reinen römischen Rechts und speciell des reinen römischen Contractssystems sind. Diese beiden Arten der Bedingung aber sind: condicio und — causa.

Aufgabe des nächsten Paragraphen wird es sein, einmal die Identität des Begriffs der causa [4]) mit dem Bedingungsbegriff, wie er in § 2. festgestellt ist, zweitens den Umfang dieser Identität und drittens die Gründe der verschiedenen rechtlichen Behandlung von condicio und causa nachzuweisen.

Allerdings fühle ich die Schwierigkeiten, auf diesem so unsichern Gebiete ohne eine — hier unmögliche — ausführliche Darlegung meine Ansichten zu begründen, in hohem Mafse. Indessen glaube ich doch im Interesse der allseitigen Feststellung des Bedingungsbegriffs die Lösung jener Aufgabe wenigstens versuchen zu müssen.

4) Es bedarf wohl kaum der Bemerkung, dass hiemit nicht behauptet sein soll, dass causa immer identisch mit Bedingung sei, sondern nur, dass unter den vielen Bedeutungen, die das Wort causa hat, auch eine mit „Bedingung“ identische sich befindet. Und nur diese kann selbstverständlich hier berücksichtigt werden.

§ 8. 4. Bedingung und causa.

So gefährlich und schwierig auch die Formulirung der Lehren von der causa und den eng damit zusammenhängenden Condictionen wegen des überaus vieldeutigen Wortes causa ist, so dürfen doch die nachfolgenden Sätze wohl als unbedenklich und sicher hingestellt werden:

a. So lange eine rechtsgültig eingetretene Vermögensveränderung durch Condiction angefochten und rückgängig gemacht werden kann, ist sie in Bezug auf ihren Bestand abhängig, und zwar abhängig zunächst von der Anstellung jener Condiction, weiterhin aber — da diese Anstellung wieder von der Anstellbarkeit und diese letztere von dem die Condiction erzeugenden Thatbestande abhängig ist — abhängig auch von dem Vorhandensein der die Condiction begründenden Umstände.

b. In diesem die condictiones sine causa bedingenden Thatbestande ist aber das wesentlichste Moment die causa, oder genauer: die Nicht-Existenz, bezw. die vitiöse Beschaffenheit der causa.

c. Diese Nicht-Existenz der causa (causa nulla, falsa, non secuta, finita) oder diese vitiöse Beschaffenheit der causa (turpis, injusta) erscheint also als juristische Thatsache oder (nach § 2.) als Bedingung, von welcher vor Allem die Condicirbarkeit einer Vermögensveränderung abhängig ist.

Bei einem näheren Eindringen in die Natur dieser causa erhellt nun leicht, dass diese Umstände, deren Nicht-Vorhandensein und Mängel so vernichtend wirken, diese ihre Wirkungskraft nur zum Theil unmittelbar dem objectiven Recht, zum andern Theil aber Privatwillenserklärungen verdanken, welche irgendwelchen an sich nicht so folgenreichen Umständen die Bedeutung juristischer Thatsachen verliehen haben. Ich beziehe mich beispielshalber nur auf folgende Fälle, welche in andrer Weise zum Theil auch schon in § 6. verwerthet worden sind:

l. 6. pr. D. 12, 4. si . . . dotem dedisset et pactus esset, ut quoquo modo finitum esset matrimonium, dos ei redderetur;

l. 9. pr. D. eod. si ego contraxi cum sponso et pecuniam in hoc dedi, ut, si nuptiae secutae essent, mulieri dos acquireretur, si non essent secutae, mihi redderetur;

l. 10. D. 23, 1. . . quis proponeret, ita dotem patrem pro emancipata filia dedisse, ut si nuptiis non consentiret . . . repeteret, quae dederat;

l. 1. pr. D. 39, 5. si hac mente donat sponsus sponsae, ut nuptiis non secutis res auferatur;

l. 13. § 1. D. 39, 6. sic donari potest, ut non aliter reddatur, quam si prior ille qui acceperit decesserit;

l. 18. pr. eod. si quis . . . donet . . . ea condicione, ut si convaluerit alteruter eorum . ., reddatur sibi res;

l. 19. D. 12, 1. . . qui mortis causa pecuniam donat, numerat pecuniam, sed non aliter obligavit accipientem quam si extitisset casus, in quem obligatio collata esset, veluti si donator convaluisset aut is qui accipiebat prior decessisset;

l. 35. § 3. D. eod. qui mortis causa donat, negotium gerit, scilicet ut quum convaluerit reddatur sibi . . .

l. 42. pr. eod. Seja, quum bonis suis . . . donationis causa cessisset . . . convenit, ut si Titius ante ipsam vita decessisset, proprietas ad eam rediret.

In allen diesen Fällen ist die Zuwendung offenbar dann sine causa und die Condiction deshalb begründet, wenn der vom Parteiwillen zur juristischen Thatsache, zur Bedingung der Wiederaufhebung der Zuwendung erhobene Umstand: der Tod, die Heirat, die Auflösung der Heirat, die Genesung u. s. w. wirklich eingetreten, die Bedingung erfüllt ist.

Wie aber hier das esse sine causa auf einer durch Privatwillenserklärung geschaffenen Abhängigkeit beruht, so bedarf es andrerseits auch keiner Ausführung, dass diese Condicirbarkeit in vielen andern Fällen unmittelbar auf einer vom objectiven Recht selbst begründeten Abhängigkeit basirt. So ist die turpis causa z. B. zweifellos ein gesetzlich gegebener Entstehungsgrund der condictio. Dazwischen aber liegen manche Fälle, in denen

Zweifel obwalten können. Und ihre Lösung ist nothwendig, um den Umfang feststellen zu können, in welchem die Condicirbarkeit auf der durch Privatwillen geschaffenen Abhängigkeit rechtlicher Wirkungen von irgend einem Umstande, einer Bedingung i. e. S., beruht[1]).

Im weitesten Umfang, nämlich nicht nur für cond. c. d. c. n. s., sondern auch für die cond. ind. und causa finita wird eine derartige Basis von Windscheid (§ 423, 3.) behauptet. Doch scheint mir diese Behauptung wesentlicher Einschränkungen bedürftig zu sein, zunächst bezüglich der cond. indebiti.

Allerdings ist es möglich, dass bei einer Schuldbezahlung dem Empfänger erkennbar die Voraussetzung, die Bedingung gestellt wird, dass die Schuld auch wirklich existirt; und nach römischem Recht würde auch in diesem Falle eine condictio (l. 2. D. 12, 6.) statthaft sein, wenn die Schuld nicht existirte und der Empfänger also sine causa besässe.

Indessen ist es völlig unmöglich, jede Zahlung als eine auf solchem selbstbeschränkten Willen beruhende und deshalb möglicher Weise condicirbar aufzufassen. Denn die Annahme, die Vorstellung, etwas schuldig zu sein, genügt ja dazu an und für sich keineswegs, da auch ein durch irrthümliche Vorstellungen und Motive hervorgerufener Wille vollgültige Handlungen vollzieht[2]). Und grade weil man in den meisten Fällen an die Existenz der Schuld glaubt und eben deshalb zahlt, wird es fast immer an dem für die Abhängigkeitserklärung doch stets erforderlichen Willen fehlen. Wollte man also trotzdem einen solchen annehmen, würde es eben nur ein — angenommener, präsumirter, fingirter sein; und hiezu bieten die Quellen in der That gar keinen Anhalt, da sie die condictio nur deshalb geben, weil der Empfänger

1) Dass auch den Römern schon diese in gewissem Umfang vorhandene Identität des zur causa erhobenen Umstandes mit der condicio wohl bekannt war, erhellt klar z. B. aus l. 2. § 7. 3. D. 39, 5., in welchem jene Abhängigkeit gradezu mit dem technisch gebrauchten Ausdruck condicio bezeichnet wird. Vgl. l. 1. § 1. eod. „quae sub condicione solvatur“.

2) Wenigstens ist dies der Fall bei den hier allein interessirenden Geschäften unter Lebenden. Ueber die Besonderheiten der Geschäfte von Todes wegen vgl. Windscheid, Voraussetzung. S. 80—84. Pand. § 78. Anm. 2. § 98. Anm. 6.

durch die irrthümliche Zahlung einer Nicht-Schuld sine causa bereichert werde. Windscheid (§ 426. Anm. 14.) erkennt denn auch selbst an, dass diese in den Quellen gegebene Beschränkung auf den Fall der irrthümlichen Zahlung zu seiner aus „der Natur der Sache" geschöpften Auffassung nicht passe — gewiss ein vollgültiger Beweis, dass sie jedenfalls nicht quellenmässig ist. Dass sie aber in Wahrheit auch der Natur der Sache, d. h. der mit der Schuldzahlung in Beziehung stehenden Sachlage nicht entspricht, wird auch — abgesehn von den obigen Bemerkungen über den Inhalt des Zahlungswillens — insbesondre noch dadurch erwiesen, dass der Empfänger, wenn er wirklich auf Grund einer ihm entgegengetretenen Abhängigkeitserklärung empfinge, unbedenklich für grobe Fahrlässigkeit verantwortlich gemacht werden müsste — eine Consequenz, die allerdings wohl in den Fällen der l. 2. D. 12, 6., nicht aber in den übrigen anerkannt werden kann.

Schliesslich ist auch gegen Windscheid noch an das schon im vorigen Paragraphen Hervorgehobene wieder anzuknüpfen. Wenn nämlich wirklich in jeder Zahlung die Willenserklärung enthalten wäre, dass der gezahlte Gegenstand nur unter der Voraussetzung (Resolutivbedingung) der Existenz der Schuld übertragen sein solle, so würde ja, weil der Empfänger nothwendig in diesen Vorbehalt einstimmte, in jeder Zahlung ein eventueller Rückgabevertrag enthalten, und jede cond. ind. als Vertragsklage aufzufassen sein. Oder mit andern Worten: Windscheid's Theorie muss, consequent weiter verfolgt, nothwendig zu der bekannten Lehre des Donellus (XIII. C. 16. 17.) führen, und auch gegen ihn gilt also, was Erxleben (Condictiones I. S. 16 flg.) ausführt, insbesondre auch die Bemerkung, dass die handelnden Personen allerdings, wenn sie mit vollkommner Umsicht zu Werke gegangen wären, dasjenige, was ihnen untergelegt wird, gedacht haben würden!

Eine Willenseinigung tritt freilich auch bei jeder Zahlung ein und zwar dahin, dass die Leistung in Beziehung zu irgend einem Thatbestande, auf Grund dessen sie eben erfolgt, causa solvendi (l. 1. 3. D. 12, 7.), stehen solle[3]). Allein, dass

3) Ohne solche Bezugnahme ist unverständlich l. 5. § 1. D. 19. 1.

nun diese causa, wenn sie in Wirklichkeit nicht existirt (falsa causa [4]), in Verbindung mit gewissen andern Voraussetzungen die Condicirbarkeit des Gezahlten begründet, verdankt sie keinem Vertragswillen, sondern unmittelbar dem objectiven Recht, welches die Existenz einer vera causa unter die Bedingungen des Bestandes der Zahlung erhebt. Und diese, der gewöhnlichen Auffassung entsprechende Lehre hat jedenfalls auch den Vortheil, dass sie nicht zu verkünstelten Willensauslegungen oder richtiger Hineinlegungen zu greifen braucht, wie es die Gegner thun, wenn sie in der Zahlung sogar die Erklärung finden, für die eben durch die Zahlung anerkannte Schuld keinen weitern Beweis fordern zu wollen. —

Ich wende mich nun zu der condictio causa data causa non secuta und muss auch hier wieder den Ausführungen von Windscheid, welcher sie in allen Fällen auf die Voraussetzung, d. h. auf den Parteiwillen zurückführen will, entgegentreten. Für zahlreiche Fälle, unter andern z. B. für viele der oben aufgeführten, trifft dieser Gesichtspunct allerdings zu, dagegen scheint mir die condictio wegen ausbleibender Gegenleistung auf eine unmittelbar objectiv-rechtliche Basis zurückgeführt werden zu müssen. Möglich freilich ist es natürlich auch hier, dass im Fall ausbleibender Gegenleistung die Rückforderung der Vorleistung speciell vereinbart und damit die Nachleistung zu einer Bedingung für den Bestand der Vorleistung erhoben ist. Entscheidend aber ist, dass die allmälige Ausbildung dieser condictio lediglich darauf zurückgeführt wird, dass die Vorleistung bei ausbleibender Nachleistung sine causa beim Empfänger sei, und dass die Parteien zweifellos in zahlreichen Fällen an die Möglichkeit des Ausbleibens der Nachleistung gar nicht gedacht haben werden, ebenso wie dies auch bei Consensualverträgen nicht selten zu geschehen pflegt.

Windscheid selbst (Voraussetzung. S. 107. 160—65.) wirft die Frage auf, ob denn in der That der Wille immer darauf gehe, dass bei nicht erfolgender Nachleistung zurückgegeben wer-

---

4) Dass die condictio ex falsa causa auch wegen irrthümlicher omissio zulässig ist, ist für die hier behandelten Fragen ohne Bedeutung.

den solle, beantwortet sie aber bejahend, weil der Wille eben stets untrennbar darauf gehe, dass der Empfänger haben und handeln solle. Indessen genügt dies doch offenbar nicht: denn auch bei den Consensualverträgen stehn doch beide Gegenleistungen in eben so engem Zusammenhange, und wenn Windscheid S. 162. 163. meint, dass der beim Kauf Leistende nur eine Verpflichtung erfülle und also nicht sagen könne, er habe mit Auferlegung einer Verpflichtung geleistet: so bleibt doch eben unerklärt, warum man denn nicht auch beim Kauf die eine Leistung als Bedingung der andern aufgefasst hat, wie dies z. B. im C. c. Art. 1184. geschehen ist!

Das Resultat also ist, dass der Nicht-Eintritt der vereinbarten causa oder res, welcher im Allgemeinen die cond. c. d. c. n. s. begründet, ebensowohl von den Parteien als auch unmittelbar vom objectiven Recht zu einer Bedingung für den Bestand der Leistung erhoben sein kann. Und dasselbe ist auch von der condictio causa finita zu sagen, deren Einzelheiten hier jedoch füglich übergangen werden können.

An dieser Stelle erscheint als das Wesentliche, dass in gewissem Umfange die condictiones sine causa deshalb zuständig sind, weil die Privatwillkür irgend einen Umstand zu einer causa, einer Bedingung für den Bestand einer Zuwendung erhoben hat. Trotzdem aber bildet auch hier nicht der Vertrag, sondern der Gedanke der ungerechtfertigten Bereicherung die alleinige Grundlage der Condiction, während der Parteiwille nur insofern Bedeutung hat, als eben ein vertragswidriges Haben stets sine causa ist; weshalb denn auch die Fälle, in denen ein Vorbehalt der Rückgabe gemacht ist, im römischen Recht grade ebenso behandelt werden, als diejenigen, in denen an die eventuelle Rückforderung nie gedacht ist, trotzdem aber aus anderm Grunde ein habere sine causa vorliegt.

In diesen Sätzen liegt zugleich auch schon die Antwort auf die Frage enthalten, warum denn die Römer diese vertragsmässigen auf Setzung eines Abhängigkeitsverhältnisses gerichteten Willenserklärungen nicht zugleich mit den andern Bedingungen, sondern getrennt davon in der Lehre von den condictiones sine causa behandelt haben?

Der Hauptgrund liegt einfach in dem besonders gearteten römischen Contractssystem, welches für alle hier besprochenen conventiones und pacta (l. 6. pr. D. 12, 4. l. 9. pr. eod. u. a. leg. cit.) keine Vertragsklagen gewährte und daher der Ergänzung durch ein lediglich auf der aequitas beruhendes Condictionensystem in hohem Grade bedürftig war. Nur mit untergeordneter Bedeutung tritt daneben noch das Moment hervor, dass manche Rechtsgeschäfte, wie z. B. acceptilatio überhaupt keine Bedingungen zuliessen.

Der hier behauptete Zusammenhang dieser besondern Behandlung vertragsmässiger Bedingungen mit dem römischen Contractssystem tritt besonders schlagend hervor, wenn man die Behandlung derselben Bedingung verfolgt, je nachdem sie mit einem civilrechtlich anerkannten Geschäft statthafter Weise verbunden ist oder nicht.

Folgende Beispiele werden dies erweisen:

1. Bei jeder Zuwendung dotis causa ist bekanntlich der Abschluss der Ehe ausdrückliche oder stillschweigende Bedingung; dieselbe erscheint aber bei der dotis promissio (l. 21. 68. D. 23, 3. l. 4. § 2. D. 2, 14.) und dotis datio hac condicione, ut tunc (mariti) efficiantur, quum nupserit (l. 7. § 3. D. 23, 3.) als wirkliche condicio, weil beide Bestellungsarten eine solche zulassen; als causa dagegen, wenn die datio so erfolgt ist, ut statim res sponsi fiant, et nisi nuptiae secutae fuerint, reddantur (l. 7. § 3. 8. D. 23, 3.), weil eben das alte Civilrecht einen solchen formlosen bedingten Rückgabevertrag gar nicht kannte und demselben nur vom Gesichtspunct des habere sine causa Bedeutung verschafft werden konnte.

2. Windscheid (Voraussetzung S. 146 flg. vgl. 144.) will die verschiedene Behandlung, welche einerseits Javolenus (l. 10. D. 10, 4.) und andrerseits Scaevola und Ulpian (l. 43. pr. D. 23, 3.) der acceptilatio dotis causa zu Theil werden lassen, auf die Verschiedenheit des betreffenden Parteiwillens zurückführen. Ich halte das nicht für richtig, da es kaum wahrscheinlich ist, dass

die Parteien solche Finessen im Auge gehabt haben. Mir scheint vielmehr Javolenus nur deshalb die condictio für nöthig gehalten zu haben, weil er Bedenken trug, in die acceptilatio diese stillschweigende Bedingung hineinzulegen und dieser somit formlosen Nebenbestimmung nur auf Grund des habere sine causa Bedeutung verschafft werden konnte.

3. Nach l. 6. D. 12, 6. ist demjenigen, der bei der Dotalbestellung pactus (est), ut quoquo modo finitum esset matrimonium, dos ei redderetur, nur mit einer condictio zu helfen, während dieselbe Bedingung bei einer dos recepticia als Stipulationsbedingung erscheint.

4. Ebenso bildet die Bedingung, si Falcidia emerserit, in dem pactum der l. 2. D. 12, 6. die causa, dagegen in einer Stipulation nach Tit. D. 35, 3. eine wirkliche condicio.

5. Nach l. 3 § 5. D. 37, 5. gilt, wenn der emancipatus . . . caverit — de bonorum collatione, die Agnition der bonorum possessio als stillschweigende wirkliche condicio (verb.: ipso jure tutus erit), während sie nur als causa in Betracht kommen kann, wenn der Emancipirte eine wirkliche, keine derartigen Bedingungen aufnehmende Collation vornimmt. —

Ich glaube hiemit den Nachweis, dass im reinen römischen Recht in gewissem Umfange und aus besondern, dem römischen Recht eigenthümlichen Gründen eine Scheidung des allgemeinen Bedingungsbegriffs in causa und condicio erfolgt ist, vollauf erbracht zu haben, und füge nur noch eine kurze, orientirende Bemerkung über meine Grundauffassung vom Wesen der causa hinzu. Dieselbe beruht, ebenso wie die von Voigt (Condictiones § 23. 26. u. a. a. O.), v. Salpius (Novation S. 215 flg.), Fitting (Archiv für civ. Pr. 52. S. 396. 397. Anm. 197.) und Andern, auf der objectiven Bedeutung von causa als Umstand, juristische Thatsache, Thatbestand, Verhältniss, aus welcher sich dann die speciellen Bedeutungen von Rechtsgeschäft und Vertrag ohne Weiteres entwickeln. Wie aber die causae rerum acquirendarum, die causae stipulationum, die causa antecedens u. s. w. im Einzelnen hiemit zusammenhängen, ist hier natürlich nicht auszuführen. Nur die eine Bemerkung kann ich nicht unterdrücken — und dies gilt auch gegen Fitting a. a. O., welcher die von ihm sog. wirthschaftliche Seite der Geschäfte als ihre causa bezeichnet —, dass diese so eng mit römischen Specialitäten verquickten Lehren von der causa nur dann unverfälscht aufgefasst und fruchtbringend verwerthet werden können, wenn sie einmal möglichst ohne Hineinziehung unbestimmter und fremdartiger moderner Vorstellungen, zugleich aber in genauestem Zusammenhang mit den Grundbegriffen des allgemeinen Theils — in welchem also in Verbindung mit dem Begriffe der juristischen Thatsachen auch die Begriffe von Rechtsgrund, Erwerbsgrund, Schuldgrund, Verpflichtungsgrund, Rechtfertigungsgrund u. s. w. in Kürze festzustellen oder zu verwerfen sind — bearbeitet werden [5]). (Vgl. auch § 10. Anm. 29.)

IV. Die Wirkungen der Bedingung, bezw. der bedingten Willenserklärung.

§ 9. 1. Die verschiedenen Ansichten und die Feststellung der Basis.

Wesen und Wirkungen der Bedingungen hängen auf das Engste mit einander zusammen; und wie daher bislang schon vielfach von den Wirkungen der Bedingungen geredet werden musste, wird jetzt wiederum vielfach auf die frühern Erörterungen über das Wesen der Bedingung zurückzugreifen sein. Entscheidend aber für die Auffassung und Begründung der Wirkungen der Bedingung ist die Stellung, welche man zu der neuerdings viel und lebhaft erörterten Frage der Rückwirkung der

5) In hohem Grade bedauerlich ist es, wenn sogar bei der Bearbeitung ganz modernen Rechtes, so z. B. des preussischen Grundbuchrechts ganz allgemein von causa der Auffassung, der Veräusserung, der Hypothekeintragung geredet wird, statt in jedem Falle den entsprechenden unzweideutigen deutschen Begriff: Thatbestand, Vertrag u. s. w. zu verwenden! Vgl. z. B. Achilles, Commentar. 2te Aufl. S. 38. 39. 64. 243. u. a. a. O.

Bedingung einnimmt. Eine Erörterung der verschiedenen hierüber aufgestellten Ansichten ist daher vor Allem geboten, und ich beginne sofort mit einem wesentlich historisch gehaltenen Referat über dieselben.

Während in der älteren Zeit die rückwirkende Kraft der Bedingung im Princip [1]) wohl kaum jemals angefochten war, erzeugte die freiere naturrechtliche Strömung auch hier Kritik. Suarez (bei Förster § 36. Anm. 59.) erklärte den Satz der Doct., dass conditio suspensiva existens retrotrahirt werde, weder für richtig, noch für nöthig, Thibaut (Civ. Abh. S. 366.) nannte diese Retrotraction — deren Begründetsein im römischen Recht er übrigens nicht anzweifelte — eine Sonderbarkeit, für welche „kaum ein mittelmässig guter Grund" angegeben werden könne; und in der Folge mochte sogar Sell, obwohl er die Rückziehung in der umfassendsten Weise behauptete, die Bemerkung nicht unterlassen, dass wohl nie mit völliger Bestimmtheit anzugeben sein würde, warum die Römer diesen Satz aufgenommen hätten.

Trotzdem wurde die Rückwirkung auch fernerhin noch als gemeine Lehre, freilich unter Fortsetzung der alten obengenannten Streitigkeiten vorgetragen, und zwar als etwas vor Allem auf das römische Recht, zugleich aber auch auf das Wesen der Bedingung und den Willen der Parteien Gegründetes. (Puchta, Instit. § 204. Mühlenbruch, Pand. 2te Aufl. §§ 108. 339., aber auch 246. und Andere.) Einschränkender aber lehrte sodann v. Vangerow (Leitfaden. 1te Aufl. 1838. §. 95.), dass zwar das Recht selbst vom Augenblick des abgeschlossenen Geschäfts, die Ausübung aber erst vom Augenblick der erfüllten Bedingung anfange, und ähnlich Wächter (Handbuch II. S. 701 flg. 1851.), nach welchem im Zweifel freilich bei Eintritt der Bedingung alles so behandelt wird, als ob das Geschäft von An-

1) Im Einzelnen war freilich von jeher viel Streit, namentlich über die Rückwirkung bei Legaten (Citate bei Fitting. Ueber den Begriff der Rückziehung. 1856. S. 2. 31.) und die Früchte der Zwischenzeit. (Glück 4. S. 497. (1796.) Thibaut, System. 4te Aufl. § 124. p. (1814.)). — Hinsichtlich der neuerdings oft genannten doctrina condicionum von Leibnitz ist zu vergl. einerseits Fitting, Archiv für civ. Pr. Band 39. S. 305. und andrerseits Eisele, Archiv für civ. Pr. Band 50. S. 275 flg. und v. Scheurl S. 72.

fang an unbedingt abgeschlossen wäre, diese Rückwirkung aber nur auf den Erwerb des Rechts, nicht aber auf das Zahlenmüssen, die Fälligkeit (S. 708.) bezogen werden kann, wogegen das Gebundensein pendente condicione (S. 697—700.) ihm zufolge aus dem von vornherein bindend bestehenden Rechtsverhältniss entspringt; und auch v. Savigny (System 3. S. 150 flg. 1840.) bejahte die Frage der Rückwirkung nur im Allgemeinen, aber unter „manchen Beschränkungen" und „mit steter Rücksicht auf die wahrscheinliche Absicht in einzelnen Fällen".

Andrerseits fehlte es freilich auch nicht ganz an solchen, welche die Rückwirkung energischer befehdeten. So behauptete[2]) — nach Kritz, über den Windscheid in der gleich zu nennenden Schrift, S. 5. Anm. und Wendt, Lehre vom bedingten Rechtsgeschäft, S. 97. zu vergleichen sind, — namentlich Bluhme (Encyclopädie. 1te Aufl. (1847.) § 69. 2te Aufl. (1855.) § 77.), dass die Rückwirkung nur ausnahmsweise eintrete, regelmässig aber der Satz gelte: condicioni inest dies.

Von Niemandem aber scheint bis dahin bezweifelt zu sein, dass die Rückwirkung durch Vertrag ausgeschlossen werden könne.

So lag die Frage, als ihre Behandlung durch zwei von ganz verschiedenen Gesichtspuncten ausgehende Arbeiten von Windscheid und Fitting wesentlich vertieft wurde[3]). Ersterer präcisirte zunächst die zu beantwortende Frage dahin (S. 3. 4.), ob derjenige, der sein Wollen oder nicht-Wollen an ein zukünftiges Ereigniss binde, zu gleicher Zeit ausgesprochen habe, dass das Gewollte erst zu der Zeit dieses Umstandes wirklich

2) Schweppe, Das röm. Pr.R. 3te Aufl. (1822.) § 118 würde mit Unrecht hieher gezählt werden. Denn indem er es nur für „ebenso unbegreiflich als unerweislich" erklärt, dass dem Berechtigten „durch eine Rückziehung der Bedingung nicht blos das Recht, sondern auch die Revenuen der Zwischenzeit" gehören, im Uebrigen aber nicht weiter auf die Sache eingeht, will er wohl nur die Rückziehung hinsichtlich der Früchte verneinen. — Anders jedoch nach Windscheid a. a. O. in der folgenden Auflage.

3) Windscheid, Die Wirkung der erfüllten Bedingung. Basel. 1851. — Fitting, Ueber den Begriff der Rückziehung. Erlangen. 1856. und dazu Windscheid in der Kritischen Zeitschrift. Bd. 4. S. 35—53. und v. Scheurl in der Kritischen Ueberschau. Bd. 5. S. 24—46.

werden solle, d. h. also ob die Bedingung zugleich eine Befristung enthalte — oder nicht, und suchte dann bezüglich der Suspensivbedingung durch Entkräftung der für die Rückwirkung angeführten Quellenstellen (S. 13—23.) und durch Berufung auf andere Stellen (l. 2. D. 39, 6. l. 7. § 3. l. 9. D. 23, 3. u. a. m.) sowie darauf, dass rechtliche Hindernisse der Entstehung des Rechtsverhältnisses nur dann entgegenträten, wenn sie zur Zeit der Erfüllung der Bedingung vorhanden gewesen wären (S. 5—12.), den Nachweis zu führen, dass das römische Recht dieser Art der Bedingung keine rückwirkende Kraft beigelegt habe, wobei er jedoch anerkannte, dass die Partei eben so gut und ohne Bedenken Rückwirkung wollen könne (S. 4. 5. Krit. Zeitschr. 4. S. 39.). Zugleich hob er im Anschluss an Wächter die schon pendente condicione vorhandene Willensgebundenheit hervor (S. 67 flg.), woraus der Uebergang der Erben u. s. w. zur Genüge erklärt werde. In Betreff der Resolutiv-Bedingung aber behauptete er (S. 23—30.), dass hier grade auf Grund des Parteiwillens im Zweifel Rückwirkung anzunehmen sei.

Ganz anders Fitting. Um für die Rückziehung der Bedingung, welche er überall mit Ausnahme der Legate annahm, eine sichere Basis zu gewinnen, suchte er aus verschiedenen römischrechtlichen Sätzen über postliminium, Erwerb durch einen zugleich im Eigenthum und Ususfruct stehenden Sklaven u. a. m. einen allgemeinen Begriff der Rückziehung[4]) dahin aufzustellen, dass das rückwirkende Ereigniss nicht etwa das Recht erst zur Entstehung bringe, vielmehr juristisch nur der Erkennungsgrund sei, der uns zeige, dass eine andre in der Vergangenheit liegende Thatsache wirkend oder vorhanden gewesen sei (S. 6. 118.), und stellte zugleich diesem Begriff gegenüber den neuen Begriff der „Vorwirkung“ auf (vgl. Zeitschrift für Handelsrecht II. S. 254. Anm. 77.), welcher in solchen Fällen sich verwirkliche, in denen ein Rechtsverhältniss schon so weit begründet sei, dass es durch ein Er-

4) Vgl. übrigens auch die Andeutung von Jhering in den Kritischen Jahrbüchern 1847. Bd. XI. S. 876.

eigniss, das für sich allein die Entstehung desselben nicht bewirken könne, vom Moment des Eintritts jenes Ereignisses an ohne Weiteres aber nur für die Zukunft zur Entstehung gebracht werde, und in denen es also bis zum Eintritt des Umstandes, falls dessen Eintreten zweifelhaft erscheine, ungewiss sei, nicht, ob es jetzt schon existire, sondern, ob es sein werde. Diese Vorwirkung aber trete namentlich auch bei dem Erwerb der bedingten Legate (S. 31 flg. Anm. 50.) ein, und hiebei sei von besonderer Bedeutung die während des Zustandes der Ungewissheit vorhandene Sach- nicht Willensgebundenheit. (S. 67 flg. Anm. 103. gegen Windscheid.) Die Rückwirkung dagegen, bei welcher ein wirklicher Schwebezustand vorhanden, die gegenwärtige Existenz von Rechtsverhältnissen in pedenti sei, greife überall sonst bei den Bedingungen Platz und könne durch Privatwillkür nicht ausgeschlossen werden. (Anm. 85.)

In nahem Zusammenhang mit dieser Arbeit Fitting's — deren Resultaten sein Recensent v. Scheurl a. a. O. im Allgemeinen zustimmte, wenn er auch, die nur declarative Wirkung bestreitend, das Wesen der Rückziehung dahin bestimmte, dass wenn der Umstand eintrete, auf dessen Möglichkeit die Schwebe des vorhergegangenen Zustandes beruhe, diejenige Natur des letztern angenommen werde, welche der durch den eingetretenen Umstand erfolgten Entscheidung entspreche (S. 33.), und wenngleich er ferner die Fälle der Vorwirkung mehr wie Fitting beschränkte (S. 28. 29.) und sie mit dem Ausdruck: Bedingtheit ohne Rückwirkung bezeichnete — stand nun die in demselben Jahre im Archiv für civ. Pr. Bd. 39. Nr. 13. erschienene Abhandlung über den Begriff der Bedingung, in welcher Fitting unter Anderm namentlich auch ausführte, dass regelmässig mit jeder Bedingung zugleich ein dies gesetzt sei (S. 331 flg.). Indessen ging Fitting selbst wenige Jahre später über die hiedurch gegebene Einschränkung der Rückwirkung noch weiter hinaus, indem er 1859 (Zeitschr. für Handelsrecht. Bd. II. S. 255 flg.) die Rückziehung auch für die suspensiv- und resolutiv-bedingte Tradition leugnete; und neuerdings ist die Rückwirkung denn für das justinianeische Recht — für das classische wird eine Controverse angenommen — von Fitting überhaupt aufgegeben. (Das castrense peculium 1871. S. 265. Anm. 2.)

Inzwischen war aber der Fitting'sche Gedanke des gegenwärtig in der Schwebe befindlichen Rechtsverhältnisses, und zwar auch unter Annahme des gleichzeitig gesetzten dies von Unger (System. Band II. § 82. 1859.) zur Grundlage der Darstellung gemacht: Die Existenz des Willens, und also auch des Rechtsgeschäfts sei in der Schwebe, hinausgeschoben sei weder der Eintritt noch die Auflösung des Rechtsgeschäfts, sondern nur die Entscheidung, die Gewissheit über Bestand und Nicht-Bestand, weshalb denn auch Suspensiv- und Resolutiv-Bedingung im Wesen identisch seien (vgl. oben § 3. Anm. 8.).

Die Wirkungen dieser Debatten zeigten sich nun auch in den Lehrbüchern: v. Vangerow folgte in der 7ten Auflage (1863.) im Wesentlichen Fitting und lehrte die Rückwirkung nur noch bei Obligationen und Pfandrecht, ähnlich Keller (Pand. § 51. 129. 571.) 1861., während Förster (Theorie und Praxis des Pr. Pr.R. 1864. § 36. Anm. 54 flg.) im Zweifel eher gegen als für Rückwirkung vermuthen wollte, übrigens aber dem ganzen Streit reelle Bedeutung absprach. Ebenso repräsentiren auch die in den Jahren 1862 und 1863 erschienenen Ausführungen von Schönemann (Zeitschrift für Civilrecht und Prozess. N. F. Band 19. S. 1—54.) und Römer (die bedingte Novation. S. 73—84.) die beiden entgegengesetzten Auffassungen. Denn während Römer die Rückwirkung als im Zweifel gewollt ansieht (S. 83. Anm.) und den Willen des bedingt Versprechenden — unter Polemik gegen Fitting's Behauptung der nur declarativen Wirkung des Eintritts der Bedingung — dahin bestimmte, dass die Gegenpartei bei Eintritt der Bedingung als Gläubiger behandelt werden solle vom Tage des Geschäftsabschlusses an, leugnete Schönemann unter lebhaftem Bestreiten der Fitting'schen Unterscheidung von Vor- und Rückwirkung jede rückwirkende Kraft der erfüllten Bedingung: Das bedingte Geschäft sei sofort perfect und bindend, und aus dieser Gebundenheit ergäben sich die pendente condicione vorhandenen Wirkungen (S. 30 flg. 45 flg.), aber erst mit Eintritt der Bedingung beginne das spezielle durch das Rechtsgeschäft zu gründende Rechtsverhältniss. „So wollen es die Parteien." (S. 47 flg. 53.)

Nunmehr trat eine mehrjährige Pause ein; auf sie aber folgte ein nochmaliger, heftiger und tiefgehender als je vorher entbrennender Kampf, in dem Eisele (Archiv für civ. Pr. Bd. 50. S. 253—327. 1867. und Bd. 54. S. 111—129. 1871.) und Wendt (die Lehre vom bedingten Rechtsgeschäft. 1872. und das bedingte Forderungsrecht. 1873. § 6. 7.) die Rückwirkung für gewillkürte Bedingungen ganz allgemein bestritten, während v. Scheurl (Zur Lehre von den Nebenbestimmungen. 1871.), Köppen (Jhering's Jahrbücher. Band XI. S. 163—220. 1871. und „der Fruchterwerb des bonae fidei possessor." 1872. S. 17 flg. 26 flg. 51 flg.), Brinz (Pand. S. 1443 flg. 1484—1500. 1872.), Jhering (Geist. III, 1. § 53. Anm. 216. 1865. Jahrbücher X. S. 537. unten, vgl. aber auch S. 402 flg. 538. 1872.) und Dernburg (Lehrbuch des Pr. Pr.R. 1870. § 89. Anm. 6.) sie auf verschiedenartige Weise und in grösserem oder kleinerem Umfange vertheidigten, und endlich Andere, wie Hartmann (Krit. V.J.Schr. Bd. 13. 1871. S. 521—530.) und Exner (Grünhut's Zeitschrift. Bd. I. 1874. S. 231 flg.) neue, und Arndts (Pand. § 71 Anm. 3. 4.) und Windscheid (§ 91. Anm. 1. 4te Aufl. 1875.) erneute Versöhnungsversuche anstellten.

Nach Eisele ist die Bedingung „eine Schwächung der Intensität des Willens, von diesem selbst dadurch gesetzt, dass er ein zukünftiges, auch subjectiv ungewisses Ereigniss als ein ihn bestimmendes in sich aufnimmt". S. 262. Die Realisirung des Willens sei also, wenn auch das Rechtsgeschäft sofort fertig und vollendet sei, einstweilen gehemmt, und erst im Augenblick der Erfüllung der Bedingung werde der Wille bestimmt und das Hemmniss falle weg. S. 263. 265. So wenig aber dieses Factum des Eintritts der Bedingung schon vor der Erfüllung existire, so wenig sei es möglich, dass der Wille, nachdem er einmal in einem gegebenen Zeitpunct zu seiner vollen Wirksamkeit gelangt sei, deshalb nun diese auch schon vorher gehabt habe. Und so könne, da der Wille diese Schranke selbst gesetzt habe, die Rückwirkung unmöglich auf dem Willen beruhen, wie dies auch bei Erwägung practischer Fälle leicht erhelle. S. 266—68. Dies gelte jedoch nur für gewillkürte Bedingungen, da bei den condiciones juris der Eintritt der Bedingung keine constitutive, sondern nur confirmirende und darum rückwirkende Kraft habe. S. 278—81.

Eisele suchte diese Sätze zugleich durch eingehende Quellenanalyse (S. 282—327. 117—129.) als römischrechtlich begründete nachzuweisen, und fand in dieser Hinsicht einen Genossen in Wendt, der übrigens in der Deduction aus inneren Gründen erheblich kürzer war. Nach Wendt ist der bedingte Vertrag nicht in der Schwebe, sondern fertig und abgeschlossen, S. 65., der Wille hat sofort seine bestimmten unbedingten Wirkungen, und begründet somit sofort ein, wenn auch unvollkommenes, doch fertiges Rechtsverhältniss, und die Erfüllung der Bedingung schafft nur ein neues, anderes Rechtsverhältniss, das sich wohl aus dem alten entwickelt, keineswegs aber erst die Existenz desselben begründet, S. 125. Rückwirkung endlich ist unmöglich, weil kein Ereigniss seine Wirkungen in die Vergangenheit zurückdatiren kann, S. 100., so dass die Parteien sie auch gar nicht wollen können. S. 121. Anders nur bei cond. jur., weil die eintretende Bedingung hier nur declarative, keine constitutive Bedeutung habe. (d. bedingte Forderungsrecht. S. 22.) Fragt man aber nach dem eigentlichen Inhalt des bedingten Rechts, so nennt Wendt (das bedingte Forderungsrecht. S. 11. 23 flg.) als solchen: den Anspruch auf Sicherstellung.

v. Scheurl unterscheidet Rückziehung und Rückwirkung. Erstere trete bei condiciones juris ein, soweit darin nicht etwa zugleich eine Befristung gesetzt sei (si nuptiae secutae fuerint u. a.), und wenn diese Rückziehung im Grunde auch nur eine Form der Rückwirkung bilde, so sei sie doch dadurch wesentlich unterschieden, dass hier in der Zwischenzeit ein ungewisser, gegenwärtiger Rechtszustand angenommen sei, der nur aufgeklärt werde. S. 124 flg. 194. 196. Die Rückwirkung aber trete bei gewillkürten Bedingungen ein, und zwar deshalb, weil die reine Bedingung nach dem Willen ihres Urhebers die Wirksamkeit des erklärten Willens an eine künftige Thatsache ohne Rücksicht auf deren Verhältniss zur Zeit binde, ihr Sinn also auch nicht sein könne, dass es für den schliesslichen Erfolg der Willenserklärung einen Unterschied machen solle, ob die Bedingung sofort in einem gegenwärtigen oder späteren Zeitpunct eintrete. Die Geltendmachung der bedingten Rechte, ihre Fälligkeit solle allerdings erst mit Eintritt der Bedingung erfolgen, und das ändere sich natürlich auch durch deren Eintritt nicht, da eine thatsächliche Einwirkung auf die Vergangenheit unmöglich sei. Gleichwohl aber entspreche es dem Sinn der reinen Bedingung, dass das Rechtsverhältniss bei Eintritt der Bedingung so behandelt werde, als ob es schon damals bestanden hätte, soweit nicht andre Hindernisse als die Unentschiedenheit der Bedingung seiner wirklichen Entstehung entgegenstanden, wie etwa das Eigenthum des Stipulators an der bedingt versprochenen Sache, der Untergang des Objects pendente condicione u. s. w. S. 181. 183. 190. 211. vgl. S. 17 flg. Die Rückwirkung, deren Wichtigkeit sich vorzüglich bei der Datirung des Pfandrechts u. s. w. zeige, S. 215 flg., sei also als Erweiterung des Umfangs der Wirkungen einer Thatsache zu denken, und könne daher bei bedingten Legaten und Erbeinsetzungen überhaupt nicht eintreten, weil hier der Eintritt der Bedingung nicht den Erwerb von Rechten, sondern nur die Möglichkeit eines solchen bewirke, bezüglich des Erwerbs also gar nicht wirke, und daher auch nicht rückwirken könne. S. 187. 188. Uebrigens gebe es neben der reinen auch eine gemischte Bedingung, nämlich eine solche, in welcher zugleich ein Befristungswille enthalten sei, S. 11. 15, und bei der die Rückwirkung daher ausgeschlossen sei. Ein solcher dies sei aber nicht zu vermuthen, sondern stets zu beweisen. S. 229 flg.

Auch Köppen und Brinz unterscheiden reine und gemischte Bedingung — condicio und dies incertus bei Köppen. S. 174 flg. 218. —, gehn im Uebrigen aber erheblich auseinander.

Nach Köppen S. 164. gehört die als condicio gesetzte Thatsache mit zum Thatbestand der aus dem bedingten Rechtsgeschäft hervorgehenden Rechtsverhältnisse; während die Perfection des Rechtsgeschäfts durch die Bedingung nicht beeinflusst werde, beginnen die Rechtsverhältnisse allerdings mit dem Geschäft, vollenden sich aber, werden perfect erst mit Erfüllung der Bedingung. Pendente condicione sei nur eine spes, für diese aber schon ein Gläubiger vorhanden, S. 166, es sei also auch schon eine Obligation, nur eine schwebende, unfertige. Bei Eintritt der Bedingung aber werde das Rechtsverhältniss, weil dessen gegenwärtige Existenz abhängig gemacht werden solle, nicht vom Moment der Vollendung datirt, diese vielmehr auf die Zeit des Vertragsabschlusses zurückbezogen. S. 171. 172. Anm. 79 b. Indessen erstrecke sich diese Wirkung nicht auf schon perfecte Rechtsverhältnisse, bestehe vielmehr nur darin, dass alle von der Bedingung abhängigen, pendente condicione nur begonnenen Rechtsverhältnisse rückwärts zu definitiver Geltung gelangen. S. 173. Im Gegensatz zu der bisher besprochenen condicio komme andrerseits beim dies incertus das Rechtsverhältniss, weil dessen zukünftige Existenz abhängig gemacht sei, erst vom Eintritt jenes bedingenden Umstandes zur Geltung. S. 174 flg. 218. Ob aber im einzelnen Fall condicio oder dies incertus anzunehmen, sei regelmässig durch Interpretation des Parteienwillens, nicht aber auf Grund einer allgemeinen Präsumtion zu entscheiden. Anm. 172. Möglich sei sowohl das Eine als das Andre, und zwar auch bei Eigenthumsübertragungen, S. 180—190., und Vermächtnissen, da der Begriff der Bedingung nicht von der Natur des Rechtsverhältnisses, dem sie hinzugefügt sei, abhängen könne, S. 196. Natürlich werde bei den Legaten aber die Perfection nur bis zum Tode des Erblassers zurückbezogen. S. 203.

Wesentlich anders Brinz. Freilich führt auch er die Rückwirkung hauptsächlich (S. 1447. 1490.) auf die Intention des Handelnden — wer jetzt wolle, wolle auch für jetzt — zurück, indessen ist ihm das Rechtsgeschäft selbst, nicht blos dessen Wirkung, in der Schwebe und unfertig, S. 1444. 1445., und die Rückziehung demnach nichts anderes als die practische

Consequenz des Satzes, dass das bedingte Geschäft und zwar sowohl das suspensiv- als das resolutiv-bedingte (vgl. oben § 3 Anm. 8.) von Anfang an entweder ist oder nicht ist. Die Wirkung aber des Eintritts der Bedingung fasst er trotzdem nicht etwa als eine blos declarative auf, vielmehr ist ihm die Bedingung selbst Coefficient zu dem, was ohne sie nicht sein könnte. Den scheinbaren Widerspruch aber sucht er durch die Bemerkung zu lösen: nicht-ohne-sein-können und nicht-vor-sein-können seien zwei verschiedene Dinge, das bedingte Geschäft sei freilich nur, wenn die Bedingung eintrete, aber nicht erst wann sie eintrete. S. 1446.

Bei Vermächtnissen sei Rückziehung indessen im gewöhnlichen Sinn — bis auf den Tag des Geschäfts — undenkbar, und zur Annahme einer Rückziehung andern Inhalts fehle es an der nöthigen Basis im Willen des Handelnden. S. 1490. 1491. Dagegen trete sie bei Geschäften unter Lebenden überall ein, soweit nicht eine — übrigens nicht zu vermuthende — Befristung oder condicio juris (si nuptiae secutae fuerint u. s. w.) gleichzeitig wirksam sei. S. 1447. 1448. 1458—62.

Gleichfalls aus dem Willen der Contrahenten leitet Dernburg die Rückwirkung in dem Sinne ab, dass zwar die practische Verwirklichung des Geschäfts wegen der regelmässig in der Bedingung eingeschlossenen Befristung erst mit dem Eintritt der Bedingung erfolge, dass aber alsdann das Datum der beabsichtigten rechtlichen Veränderung bereits auf den Moment der sie in Aussicht nehmenden Willenserklärung zu setzen sei. Denn die bedingte Willenserklärung sei nicht nur ein präparatorisches Element der beabsichtigten Rechtsveränderung, welche sich mit der Existenz eines zweiten Moments, dem Eintritte der Bedingung vollziehe, vielmehr sei jene Rechtsveränderung als von vornherein fertig geschaffen anzusehn, nur unter der Voraussetzung des Eintritts der Bedingung.

Ich habe endlich auch Jhering als Vertheidiger der Rückwirkung genannt, weil er sie wenigstens bei Obligationen, S. 537., auch heute noch festhält, während er sie für bedingte Legate und Traditionen jetzt — anders in den Kritischen Jahrbüchern von Richter und Schneider. Band XI. S. 876. 891. 892., 1847., wo er die Rückwirkung noch „aus einer der älteren römischen Rechtsanschauungen begründen zu können" hoffte, und wohl auch noch im Geist II. S. 396. § 41. 1858. und III. 1. § 53. S. 161. 1865., wo er es generell für unzweifelhaft erklärte, dass die römischen Juristen die „rückwirkende Kraft der Bedingung ganz abgesehen von theoretischen Gründen, practisch gar nicht entbehren konnten" — während er sie jetzt, sagte ich, in grossem Umfange als undenkbar und haltlos bezeichnet und die zu erklärenden Erscheinungen als „passive Wirkungen" von Rechten aus der sachlichen und persönlichen Gebundenheit deducirt.

Schon Jhering also nimmt in gewissem Sinn eine Mittelstellung ein. Geradezu vermittelnd treten aber die nun zu Nennenden: Hartmann, Exner, Arndts und Windscheid auf.

Hartmann a. a. O. in einer Recension von v. Scheurl's „zur Lehre von den Nebenbestimmungen" polemisirt zunächst gegen v. Scheurl's Unterscheidung von Rückwirkung und Rückziehung, sowie gegen dessen Begriff der reinen Bedingung und die angebliche practische Bedeutung der Rückwirkung und bemerkt dann: Das Wort Rückwirkung bedeute nach der gewöhnlichen Auffassung eine gewisse Steigerung rechtlicher Wirkungen nach dem Maass, als ob das Rechtsverhältniss schon früher existirt hätte, und diese sei zweifellos abhängig vom Parteienwillen; eben deshalb aber sei ihr Umfang und ihr Eintreten gar nicht generell festzusetzen und die Frage der Rückwirkung in dieser Allgemeinheit gar nicht aufzuwerfen. Daneben fasse man indessen das Wort Rückwirkung sehr oft auch in dem beschränkteren Sinn, dass durch den Ausfall der Bedingung entschieden werde, ob die objectiv rechtliche Grundlage, die durch den älteren Willensact gelegt war, nunmehr zerfalle, oder ob dieser Willensact jetzt zur Quelle eines wirklichen Rechtsverhältnisses werde, welches denn auch, weil nun jene ältere Willenserklärung nur von einem selbstgesetzten Hemmniss ihrer Wirksamkeit befreit werde, für das Alter des Rechtsgeschäfts entscheidend sein müsse. Und in diesem Sinn sei die Rückwirkung allerdings vom Parteiwillen unabhängig. Zweckmässiger aber sei es, eben wegen dieser Doppelsinnigkeit, die Bezeichnung Rückwirkung einstweilen nicht mehr anzuwenden.

Exner a. a. O. in einer Anzeige von Wendt's genannten Arbeiten bestreitet einmal dessen Behauptung, dass der Anspruch auf Caution der intensive Gehalt des bedingten Rechts sei, erklärt dann den Streit zwischen Köppen und Wendt darüber, ob ein bedingtes Rechtsverhältniss als unfertiges bezeichnet werden könne, für unerheblich und nennt endlich die Rückziehung ein Bild, wodurch gewisse unbestrittene Bestimmungen — Handlungsfähigkeit der Parteien und Inhalt des Geschäfts sei nach dem Tage des Abschlusses zu beurtheilen — auf einmal zusammengefasst und gleichsam veranschaulicht werden sollen, und welches auch gewiss unschädlich sei, wenn man daraus keine vom Recht nicht anerkannten Consequenzen ziehe; „an das metaphysische Unding einer rückwärts wirkenden Thatsache denke dabei Niemand."

Arndts, welcher früher ein Anhänger der Rückwirkung war, lehrt schon seit der 5ten Aufl. 1865., dass Rückwirkung im eigentlichen Sinne nirgends, eine gewisse Rückwirkung aber (vgl. über culpose Handlungen in der Schwebezeit. § 71. Anm. 3. 4.) sowohl bei letztwilligen Verfügungen als andern Rechtsgeschäften anzuerkennen sei, und hebt ausdrücklich hervor, dass er in der Sache ganz mit Windscheid übereinstimme; und dieser hatte schon 1862 (Pand. § 91. Anm. 1.) ausdrücklich eine Versöhnung durch den Hinweis darauf, dass auch nach Erfüllung der Bedingung der eigentliche Grund der nun eintretenden rechtlichen Wirkung nicht die jetzt erfüllte Bedingung, sondern die damals abgegebene Willenserklärung sei, welcher jetzt durch die Bedingung rückwärts Kraft verliehen werde, versucht und es für einwandfrei erklärt, wenn man dies unter Rückwirkung verstehe. Nur müsse man jeden Gedanken daran aufgeben, dass nach Erfüllung der Bedingung der Zustand der Zwischenzeit rückwärts anders bestimmt werde, als er pendente cond. bestimmt gewesen sei. Und so hebt denn Windscheid in der 4ten Aufl. 1875. die Bemerkungen Hartmann's speciell als beachtenswerth hervor. Indessen verwendet Windscheid gleichzeitig auch noch in der neuesten Auflage das Wort Rückwirkung zugleich in dem Sinne der Frage, ob die mit Erfüllung der Bedingung eintretende rechtliche Wirkung der Willenserklärung von der Zeit der Abgabe derselben an zu datiren sei — was er für Suspensivbedingung verneint; § 88. 91. —. Und andrerseits findet er für die Rückwirkung bei der Resolutivbedingung einen positiven Beweis darin, dass nach Eintritt der Bedingung die Früchte und andre Erwerbungen der Zwischenzeit wieder herausgegeben werden müssen. § 91. Anm. 2. —

Hiemit schliesst mein Referat, dessen Länge hoffentlich nicht ermüdend gewirkt hat, das ich aber so ausführlich halten zu sollen glaubte, weil sich daraus unmittelbar eine Reihe nicht uninteressanter und sachlich erheblicher Bemerkungen ergiebt.

Characteristisch ist zunächst, dass hervorragende Vertreter der Rückwirkung — v. Vangerow, Arndts, Jhering, Fitting — allmälig sich veranlasst gesehn haben, die Rückwirkung nach und nach in erheblichem Umfange oder gar ganz aufzugeben.

Bemerkenswerth ist ferner die grosse Verschiedenheit der Bedeutungen, welche dem Worte Rückwirkung von Freund und Feind beigelegt werden. Denn während Wendt darin das Unding einer rückwärts wirkenden Ursache bekämpft, und Unger und Brinz sie als nothwendige Consequenz des bis zum Eintritt der Bedingung vorhandenen Schwebezustandes sowohl des Rechtsgeschäfts als seiner rechtlichen Wirkungen ansehen, fassen die Meisten (v. Vangerow, v. Savigny, auch Böcking, Inst. 2te Aufl. § 113., Römer u. A.) die Sache dahin auf, dass bei eintretender Bedingung das Rechtsverhältniss nun so gestaltet werde, als ob das Rechtsgeschäft unbedingt abgeschlossen oder das Rechtsverhältniss schon früher existent geworden wäre. Und diesen letzteren Gedanken präcisiren dann genauer v. Scheurl und Hartmann dahin, dass es sich hier um Erweiterung des Umfangs der, einer Thatsache zukommenden Wirkungen handle. In noch anderem Sinne will endlich Windscheid § 91. Anm. 1. (vgl. Hartmann a. a. O. S. 528.) den Ausdruck Rückwirkung nehmen, so dass die Musterkarte der verschiedenen Auffassungen in der That bunt genug ist.

Hiemit steht nun weiter in engem Zusammenhange, dass die grossen Gegensätze, welche auf den ersten Blick hier vorhanden zu sein scheinen, bei näherer Betrachtung sich erheblich verkleinern und ausgleichen — wozu allerdings auch noch ein zweites Moment, nämlich das mehr oder minder ausgedehnte Hineinziehen des dies mit hinzukommt. Dies alles gilt ganz besonders für die widerstreitenden Behauptungen von Wendt u. A., welche die Rückwirkung überhaupt für unmöglich erklären, und andrerseits von Fitting, Unger, Brinz, Köppen u. A., welche sie als absolut nothwendig bezeichnen, und endlich von Windscheid, Römer und den meisten Andern, welche sie nur als möglich und demnach vom Parteiwillen abhängig ansehen. Denn der ganze Streit beruht zum grossen Theil darauf, dass jeder etwas Anderes unter Rückwirkung versteht. Wendt sieht darin das „Unding einer rückwärts wirkenden Ursache", an das Niemand denkt (Exner), und kämpft mithin gegen Windmühlen. Dass aber bei Eintritt der Bedingung die dann begründeten Rechtsverhältnisse mit solchem Inhalt, als ob sie vorher existent geworden wären, zur Existenz gebracht werden können (Römer, v. Scheurl, Hartmann u. A.), und also in diesem Sinn eine Rückwirkung möglich ist, scheint mir noch nie bezweifelt, und auch unbezweifelbar zu sein — wobei es natürlich einstweilen dahin gestellt bleibt, ob diese Benennung correct und zweckmässig ist.

Was andrerseits die Behauptung derjenigen angeht, welche dem Parteiwillen die Kraft absprechen, die Rückwirkung auszuschliessen, weil sie mit Nothwendigkeit eintrete, so ist auch diese nicht so ernst gemeint. Zunächst gestatten ihre Vertreter vielfach Ausnahmen — Brinz u. A. bei Legaten —, und stellen damit das Princip selbst in Frage, vor Allem aber lassen sie dem Willen dadurch eine Hinterthür offen, dass sie ihm neben der von der Rückwirkung beherrschten reinen Bedingung das Gebiet der sog. gemischten Bedingung, des dies incertus ohne Rückwirkung (v. Scheurl, Köppen, Brinz) zur freien Bewegung überlassen und damit offenbar (vgl. Wendt S. 126. 127.) die Rückwirkung indirect doch in das Belieben der Parteien stellen.

Freilich bleibt hiebei das Verhältniss des gleichzeitig mit der condicio gesetzten dies noch in vielen Beziehungen unklar, weil manche (v. Vangerow u. A.) die Rückwirkung bei Obligationen behaupten, obwohl sie einen dies als gesetzt annehmen, während Andre (Windscheid, Köppen, Brinz u. s. w.) die Rückwirkung grade wegen des gleichzeitig vorhandenen dies ausschliessen. Indessen darf das immerhin wohl als Resultat dieser Betrachtungen bezeichnet werden, dass von Niemand bezweifelt wird, dass die zukünftige Existenz von Rechtsverhältnissen von bedingenden Umständen abhängig gemacht werden kann, während es freilich sehr bestritten ist, ob und in wie weit auch die gegenwärtige Existenz abhängig gemacht werden kann.

Ich nenne endlich noch als eine aus obigem Referat sich ergebende Thatsache das Bestreben, dies vieldeutige Wort Rückwirkung ganz aufzugeben und in seine Elemente aufzulösen (namentlich Hartmann), „damit man nicht den Freund als Gegner bekämpfe und umgekehrt". (Dernburg.) Und grade diese Bestrebungen scheinen auch mir in der That am Besten geeignet, um Licht und Harmonie in diese mannigfaltig sich durchkreuzenden Ansichten zu bringen. Ich werde also diejenigen Erscheinungen, welche von dem Einen oder Andern mit dem Namen Rückwirkung zusammengefasst werden, zunächst ganz abgesehn von diesem Namen, so z. B. den Unger-Brinz'schen Schwebezustand des Rechtsgeschäfts und der rechtlichen Wirkungen oder die v. Scheurl'sche Erweiterung des Umfangs der Wirkungen einer Thatsache lediglich als solche betrachten und würdigen, und dann erst fragen, ob und in wie weit nun der Ausdruck Rückwirkung zweckmässiger Weise weiter verwandt werden kann.

Bei diesen Untersuchungen ist aber ein Punct von ganz besondrer Bedeutung, weil grade er vorzugsweise geeignet ist, eine grosse Anzahl von Sätzen, die regelmässig mit der Bedingung in Verbindung gebracht zu werden pflegen, aus dieser Lehre als nicht dorthin gehörig völlig auszuscheiden, und auf die richtige Erkenntniss hinzuleiten. Dieser Punct ist daher gleich hier hervorzuheben.

Es ist einleuchtend, dass von rückwirkender Kraft der

Bedingung unter allen Umständen nur insoweit zu reden ist, als überhaupt Wirkungen der Bedingung vorliegen. Unter Wirkungen der Bedingung kann man aber an und für sich wiederum (oben § 2.) ein Doppeltes verstehn: Wirkungen der Bedingung setzenden Willenserklärung und Wirkungen des Eintritts oder Nicht-Eintritts des bedingenden Umstandes. Soweit man indessen von Rückwirkung spricht, kann offenbar nur die letztere Bedeutung in Frage kommen, da ja die Zeit vor Abgabe der bedingten Willenserklärung zweifellos nicht in Betracht gezogen wird.

Als ein Zeichen der rückwirkenden Kraft des Eintritts der Bedingung wird nun fast ausnahmslos[5]) die Verpflichtung zur Herausgabe der Früchte der Zwischenzeit angesehn, so namentlich auch noch von Windscheid a. a. O. § 91. Anm. 2. Und doch scheint mir dieser Punct absolut in gar keinem Zusammenhang mit der Frage der Rückwirkung zu stehn. Ich hoffe in § 3. S. 35 flg. erwiesen zu haben, dass die Resolutivwirkung der sog. Resolutivbedingung nicht auf der letztern, sondern auf dem Resolutivvertrag beruht — und ganz dasselbe gilt auch hier. Freilich wirkt ja der Eintritt der Bedingung als miterzeugender Factor mit, aber diese Wirkung hat er auch in Bezug auf alle andern eintretenden Wirkungen, weil er eben ein Theil des gesammten Thatbestandes ist: bestimmend aber für den Inhalt und Umfang der entstehenden Rechtsverhältnisse kann selbstverständlich nicht die Bedingung, sondern nur die Willenserklärung sein, welcher sie hinzugefügt ist. Windscheid schliesst aus der Zusammenstellung der sog. Resolutivbedingung mit der redhibitio auf Rückwirkung, während doch in Wahrheit der grade entgegengesetzte Schluss daraus zu ziehen ist. Denn bei der redhibitio spricht Niemand von Rückwirkung, ebensowenig wie bei einem unbedingten Vertrage, durch den ein schon theilweise erfüllter Vertrag ganz rückgängig gemacht wird. Wenn aber hiebei die Rückgabe der in der Vergangenheit gezogenen Früchte als Wirkung des rückgängigmachenden Vertrags erscheint, warum

5) Anders Köppen S. 181. 194. Anm. 118. — wie ich zu meiner Freude noch bemerkte, als diese Ausführung längst niedergeschrieben war. Vgl. auch v. Scheurl S. 212.

soll dies denn nicht auch bei dem bedingten Resolutivvertrag der Fall sein? Es kann also nur aus der Natur und dem Inhalt der bedingten Willenserklärung heraus bestimmt werden, wem die Früchte der Zwischenzeit zufallen, und so kann selbstverständlich auch bei bedingten Legaten der Legatar als Bezugsberechtigter gedacht und gewollt sein: — dies alles aber gehört offenbar nicht in eine generelle Theorie der Bedingung, sondern in die specielle der — bedingten oder unbedingten — einzelnen Geschäfte.

Der hier durchgeführte Unterschied zwischen Wirkungen des Eintritts der Bedingung und der bedingten Willenserklärung erweis't sich aber auch nach andern Seiten hin als fruchtbar. Und ich will einen andern — auch von Arndts u. A. — noch mit der Rückwirkung in Verbindung gebrachten Punct schon hier wenigstens in Kürze und unter dem Vorbehalt, später darauf zurückzukommen, mit wenigen Worten berühren.

Wie überhaupt vielfach im Privatrecht, so sind auch in der Lehre von den Bedingungen die gesetzlichen Regeln dazu bestimmt, den unklar gedachten Parteienwillen zu ergänzen und Normen für die Puncte zu geben, für welche Vertragsbestimmungen nicht gegeben sind. Zur Klärung der Sache aber dient es, wenn wir einmal zwei ganz sorgfältige Contrahenten denken, welche etwa einen bedingten Kaufvertrag über ein Pferd, das der Verkäufer einstweilen noch in Besitz behalten soll, abschliessen. Sie werden dann natürlich auch die Frage regeln, welche Sorgfalt der Verkäufer für das Pferd aufwenden und inwieweit er — für den Fall des Eintritts der Bedingung — für Verschuldungen haftbar sein soll. Ich kann es mir nun kaum anders denken, als dass der Verkäufer vom Tage des Vertrags an haftbar gemacht wird; und wenn auch diese Haftpflicht — wie in § 10. zu zeigen sein wird — erst mit dem Eintritt der Bedingung zur Entstehung gelangt, weil ja dieser Eintritt ein miterzeugender Factor ist: so wird der zeitliche und sonstige Umfang der Haftpflicht lediglich durch jenen Parteiwillen bestimmt. Eine Rückwirkung aber finde ich darin so wenig als in einem — bedingten oder unbedingten — Vertrage, in welchem jemand die Haftung für alle Versehn, die ein Bekannter von ihm im vergangenen Jahre in irgend einem Geschäftsbetrieb begangen hat, übernimmt. Und mit dem Eintritt der Bedingung entsteht ja auch erst die Verpflichtung zur Lieferung zur Sache und zur Zahlung des Kaufpreises — wer aber leitet diese aus einer besondern Wirkungskraft der Bedingung ab?

Diese vorläufigen Erörterungen haben nun naturgemäss schon auf die richtigen Gesichtspuncte hingeführt, von denen aus, unter Berücksichtigung der in §§ 2. und 3. gewonnenen Resultate m. E. allein eine richtige Theorie der Lehre von den Wirkungen der Bedingungen zu gewinnen ist. Und auf Grund jener frühern Ausführungen glaube ich nun die nachfolgenden Sätze sofort als Basis der demnächstigen Einzelerörterungen hinstellen zu können.

1. Wesen und Wirkung der Bedingung als der, einen bedingenden Umstand setzenden Willenserklärung besteht darin, dass eben ein bedingender Umstand gesetzt, d. h. irgend etwas zu einer juristischen Thatsache erhoben wird, so dass die Hauptwillenserklärung nun nicht mehr allein, sondern nur noch in Verbindung mit dem bedingenden Umstand die in Aussicht genommenen rechtlichen Wirkungen zu erzeugen vermag.

2. Die eben der Verdeutlichung wegen geschiedene Haupt- und Nebenwillenserklärung bilden zusammen ein — abgesehen von positivrechtlichen Eingriffen, oben § 4. S. 57 — untheilbares Ganze: die bedingte Willenserklärung; und diese ist, wenn auch ihre rechtlichen Wirkungen zweifelhaft sein sollten, sofort vollendet und endgültig existent[6]). Der bedingte Kaufvertrag ist fertig, nur der Kauf, d. h. der Austausch einer Sache gegen Geld und die kaufrechtlichen Verpflichtungen sind noch im Ungewissen.

3. Das nothwendige Zusammenwirken der beiden Elemente des Thatbestandes — bedingte Willenserklärung und bedingender Umstand — gestaltet sich einfach, wenn die Existenz

6) Gegen Unger und Brinz a. a. O. vgl. Eisele a. a. O. S. 264. Anm. 20.; und ausserdem Köppen a. a. O. S. 163. 164. 168. v. Scheurl S. 75—79. Wendt S. 22 flg. u. A. auch oben § 2. S. 16 flg. und unten § 10 und 11. — Irrig hienach auch Jhering, Geist III. 1. § 53. S. 160. (1te Aufl.) „successive Entstehung des Rechtsgeschäfts“.

beider von vornherein gegeben oder nicht gegeben ist. Denn dann ist auch die gegenwärtige Existenz der rechtlichen Wirkungen von vornherein objectiv entschieden. Anders aber, wenn der bedingende Umstand, mag nun sein Eintreten gewiss oder ungewiss sein, erst in der Zukunft sich verwirklichen soll und kann. Denn alsdann stehn wir vor der Thatsache des successiv sich realisirenden Thatbestandes, und mit ihr erzeugen sich sofort die mancherlei oben in dem Referat über die verschiedenen Ansichten beobachteten Schwierigkeiten.

4. Die Wirkung des Eintritts der Bedingung besteht auch in diesem Fall, grade so wie in allen andern, zunächst nur darin, dass er den ohne ihn unvollständigen Thatbestand erfüllt. Indirect aber bewirkt er nun im Verein mit den bereits früher existent gewordenen Elementen des Thatbestandes den Eintritt der in Aussicht genommenen rechtlichen Wirkungen. Oder mit andern Worten, um jedes Misverständniss auszuschliessen: Die eintretende Bedingung erfüllt den Thatbestand, und dieser erzeugt nun die rechtlichen Wirkungen [7]).

5. Wie bei vielen sich successiv realisirenden Thatbeständen (Windscheid Pand. § 67. Anm. 1.) ist es auch hier möglich, dass auch der eine, vorläufig allein realisirte Theil des Thatbestandes, die bedingte Willenserklärung für sich allein schon rechtliche Wirkungen erzeugt, — und es wird zu zeigen sein, dass diese Möglichkeit auch hier in gewissem Umfang verwirklicht ist.

6. Gegenüber den zahlreichen Versuchen, den dies in der einen oder andern Weise — meistens als versöhnendes Element — in diese Lehre hineinzuziehn, ist hier daran zu erinnern, dass der dies nach den Ausführungen des § 5. nur eine Unterart des Bedingungsbegriffs ist und also eine principielle Klarstellung auf diesem Wege schwerlich zu erreichen ist. —

Dies sind die Grundgedanken, auf deren Grundlage hier die

---

7) Ob nun auch von successiv entstehenden Rechtsverhältnissen die Rede sein kann, wie namentlich Köppen XI. S. 163 flg. Fruchtrecht S. 26 flg. behauptet, wird später zu untersuchen sein.

Wirkungen der Bedingung bezw. der bedingten Willenserklärung im Einzelnen dargestellt werden sollen. Indem ich mich dabei aber nicht auf Deductionen aus der Natur der Sache und aus den genannten Fundamentalsätzen beschränke, sondern vor Allem auch den Nachweis zu führen versuche, dass meine Resultate auch mit dem positiven Recht durchaus im Einklange stehn, hoffe ich dadurch zugleich einen ferneren Beweis für die Richtigkeit der Grundgedanken dieser Schrift erbringen zu können.

Zunächst aber wird, da das successive Entstehen des Thatbestandes eine bekanntlich auch im Kreise der unmittelbar auf dem objectiven Recht beruhenden Bedingungen (§ 2. S. 7 flg.) häufig vorkommende Erscheinung ist, eine Betrachtung einzelner dieser namentlich von Fitting zur Berücksichtigung gebrachter Fälle in hervorragender Weise geeignet sein, die richtige Auffassung auch der gewillkürten Bedingungen vorzubereiten und zu sichern. Dabei wird dann natürlich vor Allem auch die Streitfrage nach der rückwirkenden Kraft der condicio juris im Sinn der gewöhnlichen Auffassung zur Klarlegung und Entscheidung gelangen müssen, und ein Blick auf andre Fälle der sog. Rückwirkung nicht wohl zu vermeiden sein.

Die bisherigen Bearbeiter der sog. condiciones juris stellen gradezu entgegengesetzte Behauptungen über die Wirkungen derselben auf (vgl. Wendt, das bedingte Forderungsrecht. S. 15—22.), weil sie auch den Begriff derselben in völlig verschiedener Weise bestimmen. Doch sind die beiden neuesten Autoren, Eisele und Wendt (vgl. die obige Uebersicht der Ansichten), darin einig, dass sie ihr im Gegensatz zur gewillkürten Bedingung ganz allgemein rückwirkende Kraft zuschreiben, wobei man sich nur vergegenwärtigen muss, dass Eisele (Archiv für civ. Praxis. Bd. 54. S. 113.) unter condicio juris jedes zukünftige ungewisse Ereigniss versteht, von dessen Eintritt das Dasein eines Rechtsverhältnisses von Rechts wegen (d. i. ohne den Willen des oder der Betheiligten) abhängig ist.

Diesen Auffassungen gegenüber geht diese Abhandlung, wie bereits in § 2. S. 9. ausgeführt ist, von dem klaren und bestimmten Satz aus, dass die gesetzliche oder genauer: objectiv-rechtliche Bedingung identisch ist mit der juristischen Thatsache. Und daraus folgt unmittelbar, dass die Frage nach der Rückwirkung der sog. condicio juris richtiger dahin formulirt wird, ob gewisse Bedingungen oder juristische Thatsachen rückwirkende Kraft haben. Dass sie aber auch in dieser Beschränkung unbedingt mit categorischem „Nein" beantwortet werden muss, dürfte aus Folgendem erhellen.

Was zunächst Eisele's eben erwähnte Formulirung anlangt, so ist dieselbe offensichtlich unrichtig. Denn von der Gegenwart aus betrachtet ist eben die grosse Mehrzahl aller juristischen Thatsachen — Ereignisse, von deren Eintritt das Dasein eines Rechtsverhältnisses abhängig ist — zukünftig und ungewiss, und ihnen allen müsste also rückwirkende Kraft zugeschrieben werden! Das ist nun ganz gewiss nicht annehmbar: vielleicht aber werden eben deshalb diejenigen, welche von der gewöhnlichen beschränkten Begriffsbestimmung der gewillkürten Bedingung ausgehend auch die gesetzlichen Bedingungen definiren und etwa in vergangene, gegenwärtige und künftige eintheilen wollen, demnächst auch noch zu dem Satz gelangen, dass neben der condicio juris auch ein dies juris anzuerkennen sei, und somit die zukünftigen juristischen Thatsachen in gesetzliche: reine Bedingungen, gemischte Bedingungen und Befristungen zerfallen!

Was aber die Sache selbst betrifft, so gilt es vor Allem, aus den einzelnen von Fitting a. a. O. besprochenen Fällen und ihren bisherigen Constructionen positive Resultate zu gewinnen!

Die zu lösenden Schwierigkeiten scheinen am Geringsten in den beiden dem Ususfruct des römischen Rechts entnommenen Fällen (Fitting a. a. O. S. 16 flg.) zu sein.

Ob der Sklav eine auf Credit gekaufte und tradirte Sache dem Niessbraucher oder Eigenthümer erwirbt, hängt bekanntlich davon ab, ob der Kaufpreis aus dem Vermögen des Einen oder Andern bezahlt wird (l. 43. § 2. D. 41, 1.); und ob der Niessbraucher oder Eigenthümer einer Heerde das Eigenthum an den bei bereits vorhandener Lücke geworfenen Jungen erwirbt, wird bekanntlich durch den Umstand bedingt, welche Junge der Niessbraucher zur Ergänzung der Heerde in dieselbe einstellt. (l. 70. § 1. D. 7, 1.)

Wenn aber Fitting (S. 6. 16. 118.) und seine Nachfolger, wie neuerdings Wendt (das bedingte Forderungsrecht S. 22.), sich die Sache durch die Annahme zurechtlegen, dass der zuletzt eintretende Umstand — die Zahlung, die Einstellung zum Zweck der Ergänzung — nicht constitutive, sondern nur declarative Bedeutung habe, nicht ein eigentlich Wirkendes, sondern nur der Erkennungsgrund sei, der uns zeige, dass eine andre in der Vergangenheit liegende Thatsache wirkend oder vorhanden gewesen, so ist damit, wie auch v. Scheurl (Krit. Ueberschau. 5. S. 26. 33. 34.) bereits in seiner Recension von Fitting's Rückziehung hervorgehoben hat, die Frage nicht gelös't.

Rein declaratorisch wirkt nicht einmal das Urtheil in allen Fällen trotz l. 8. § 4. D. 8, 5.: Et si quidem is obtinuerit, qui servitutem sibi defendit, non debet ei servitus cedi, sive recte pronuntiatum est, quia habet, sive perperam, quia per sententiam non debet servitus constitui, sed quae est declarari. Denn so richtig es auch ist, dass auch beim falschen Urtheil alles so behandelt wird, als ob das Urtheil nur declarire, so hat es in Wirklichkeit doch, wenn auch nur unter den Parteien, erzeugende Kraft. Denn es erzeugt ja eben einen Rechtszustand, der bisher nicht vorhanden war, und in dem nun alles so gehalten wird, als wäre er durch diese oder jene juristischen Thatsachen erzeugt. (Anders freilich Unger II. § 132. Anm. 8 flg. u. A.)

Noch viel einleuchtender aber ist in den hier vorliegenden Fällen, dass die Zahlung oder die Einstellung eine Thatsache ist, ohne welche Eigenthum gar nicht erworben werden kann. Nehmen wir an, die Zahlung erfolge sofort beim Kauf, die Einstellung gleich mit der Geburt, sind dann nicht jene Thatsachen wirkliche juristische Thatsachen[8]) und Theile des Thatbestandes, durch welchen Eigenthum für Jemand erzeugt wird? Und sollte dies anders sein, wenn dieser Thatbestand sich successiv erfüllt? Ich

8) Cfr. l. 25. § 1. in fine D. 7, 1. nihil fecit accipientis et ideo nondum acquisiisse quisquam dominium videtur.

glaube nicht, dass man dies wird behaupten wollen. Dann aber ist eine andre Erklärung zu geben, und wenn man sich nicht etwa mit der „höchst eigenthümlichen“ (Windscheid § 86. Anm. 2.) Unterscheidung von Brinz (Nicht-ohne- und Nicht-vorsein-können) zufrieden geben will, muss man wohl zunächst mit v. Scheurl sagen, dass durch die Zahlung oder Einstellung Eigenthum mit der Massgabe begründet wird, dass nun alles so gehalten werden soll, als ob es schon von dem Kauf oder der Geburt an begründet gewesen wäre. Die Rechtfertigung dieser Behandlung liegt aber darin, dass schon durch den Kauf und die Geburt ein neues Eigenthum begründet wurde, da ja die Sache niemals res nullius war, dass also der zuerst sich erfüllende Theil des Thatbestandes bereits die Kraft hatte, durch sein Eintreten und von dem Momente dieses Eintretens an, soweit nöthig unter Beendigung des dem frühern Eigenthümer zustehenden Eigenthums, ein von jetzt an für einen Menschen bestimmtes Eigenthum zu erzeugen, und dass der letzte Theil des Thatbestandes nur noch diesen Menschen zu bestimmen hatte [9]).

Bei dem Eigenthum an der Heerde hat der Zwischenzustand ausserdem noch das Besondre, dass der Niessbraucher die Einstellung in erheblichem Umfange in der Hand hat und deshalb sein Eigenthum durch jede, die Einstellung ausschliessende Disposition, jeder Zeit selbst zur Begründung bringen kann.

In beiden Fällen aber beruht die Wirkung der zuletzt eintretenden Thatsache, dass erstens von jetzt an A oder B Eigenthümer wird und dass zweitens dieser Eigenthümer so behandelt werden soll, als ob er schon früher Eigenthümer geworden wäre, keineswegs auf einer Besonderheit dieser Thatsache, ja

---

9) Es ist hier natürlich nicht der Ort, auf die Streitfrage einzugehen, ob nun in der Zwischenzeit das Eigenthum auch als subjectloses bestehn könne, was ich mit Windscheid, Bekker und vielen Andern allerdings annehme, da eine solche Untersuchung sowohl den Begriff des Eigenthums, ja des Rechts überhaupt, als auch den des Rechtssubjects klar zu legen haben würde. Vgl. Bekker in den Jahrbüchern für Dogmatik. Band 12. S. 1—135, Zur Lehre vom Rechtssubject und in der Krit. V.J.Schr. Band 15. S. 551—553. 559. (gegen Jhering, Jahrbücher Bd. 10. S. 350. und Zitelmann, Jur. Personen. S. 27 flg. 62 flg.)

nicht einmal auf ihr allein, sondern in Wahrheit auf dem Zusammenwirken des gesammten Thatbestandes. Und es leuchtet somit ein, dass hier trotz der Quellenstellen von rückwirkender Kraft nur incorrecter Weise und nie ohne Gefahr der Verdunkelung der wirklichen Sachlage gesprochen werden kann, und dass auch der Ausdruck: schwebendes Eigenthum nicht eigentlich zutreffend ist, weil ja nur das Subject des Eigenthums sich in der Schwebe befindet und weil man doch auch von subjectiv-alternativen oder auch von andern Forderungen mit unbestimmten Subjecten nicht als von schwebenden zu reden pflegt[10]. Letzteres fällt aber grade hier um so mehr in's Gewicht, als nach l. 25. § 1. cit. D. 7, 1. im ersten Falle ein ganz ähnliches Verhältniss, wie beim Eigenthum, so auch bei Obligationen eintreten kann: idemque est, et si forte stipulatus sit servus numeraturus pecuniam, nam numeratio declarabit, cui sit adquisita stipulatio.

Die Besonderheit dieser Fälle und des in ihnen vorhandenen Schwebezustandes — zunächst Eigenthum und obligatio ohne bestimmtes Subject und sodann Bestimmung des Subjects als eines von vornherein als vorhanden anzusehenden — tritt auch bei Windscheid § 67. Anm. 2. nicht genügend hervor, weil er die „entscheidend" wirkende „spätere Gestaltung der Verhältnisse" nicht als eine zu dem successiv sich erfüllenden Gesammtthatbestand gehörige juristische Thatsache darstellt (vgl. jedoch auch § 49. Anm. 1. und § 52. Anm. 5.). Und die Consequenz ist denn, dass auch er diese Fälle in § 67. Anm. 3. (l. 25. § 1. D. 7, 1.) als Beispiele der Rückwirkung aufführt.

Gleichen juristischen Wesens mit den eben erörterten Verhältnissen ist das Vindicationslegat nach der Auffassung der Proculianer. Auch die legirte Sache ist vom Moment des Todes an nicht eigenthumslos, wenn auch ohne Subject (res nullius in diesem Sinn, Gaj. II. § 200.), auch hier wird im Moment der

---

10) So interessant übrigens theoretisch diese Fälle sind, so richtig scheint mir v. Wächter's Meinung (das schwebende Eigenthum. 1871. S. 3. 9. 13.), dass es natürlicher und practischer gewesen wäre, eine anderweite Regelung derselben zu treffen.

Annahme oder Ablehnung für den Erben oder Legatar Eigenthum mit der Massgabe begründet, dass es als ein von vornherein begründetes rechtlich behandelt werden soll, und auch hier wird diese Wirkung nicht durch die Annahme oder Ablehnung allein, sondern durch den gesammten Thatbestand, von dem sie nur ein Element bildet, erzeugt [11]).

Ganz anders aber gestaltet sich die rechtliche Beurtheilung dieses Verhältnisses [12]) vom Boden der sabinianischen Ansicht aus, welche nach Gaj. II. § 195. dahin ging: statim post aditam hereditatem fieri legatarii... et postea quam ... spreverit legatum, perinde esse atque si legatum non esset; und es ist daher nicht

11) Aehnlich ist auch das Rechtsverhältniss der Erbschaft vor und nach der Antretung, auf welches hier jedoch nicht näher einzugehn ist. Vgl. gegen die Annahme der Rückwirkung in diesem Fall Unger, Erbrecht. § 6. Anm. 4. und die dort Citirten. —

12) Ueber die Literatur desselben vgl. Windscheid § 643. Anm. 2. — Ebenso ist mit den oben erörterten Fällen „schwebenden Eigenthums" nicht zu verwechseln das Rechtsverhältniss, welches bei einer, auf sofortigen Eigenthumsübergang gerichteten mortis causa donatio unter Ehegatten erzeugt wird. Denn trotz l. 11. § 9. — sequens traditio a muliere (Schenknehmerin) facta in pendenti habebitur — und l. 20. D. 24, 1. — in pendenti puto esse causam obligationis — ist hier der nach der Schenkung vorhandne Rechtszustand ganz der alte: l. 11. pr. eod. dominium remanet apud eum, qui donavit; und wenn hier nun auch in dem Fall, dass kein Widerruf erfolgt, die alte Schenkung als gültig anzusehn ist und in Folge dessen nun die in der Zwischenzeit gemachten Dispositionen der Frau Gültigkeit haben, oder richtiger erlangen sollen, so ist doch unbestreitbar, dass der Mann bis zum Tode Eigenthümer war und die Frau es erst in diesem Augenblicke wurde. Die Quellenausdrücke aber: retro agi donationem l. 11. § 2. 9. Ulp. D. 24, 1. und l. 40. Papin. D. 39, 6. — reducitur ad id tempus donatio quo interposita fuisset — können ganz gewiss nicht für mehr als eine kurze bildliche Bezeichnung eines juristisch ziemlich complicirten Verhältnisses angesehn werden. — Was l. 20. cit. anlangt, so wird darin vorauszusetzen sein, dass der Sklav ausdrücklich für die beschenkte Frau stipulirt hatte. Dann soll die Stipulation nichtig sein, wenn der Mann nicht stirbt, sondern suspicione mortis propter quam donavit liberetur, während sie im entgegengesetzten Falle gültig sein soll, obwohl die Frau damals noch nicht Eigenthümerin gewesen. Man behandelte sie also in gewissen Richtungen als Eigenthümerin, obwohl sie es nicht war — oder noch genauer: der Eintritt der Bedingung bewirkte, dass sie nun in gewissen Beziehungen so behandelt wurde, als ob sie schon früher Eigenthümerin gewesen sei; oder noch anders: man statuirte in diesem Fall eine Ausnahme von dem Satz, dass ein Sklav für einen extraneus nicht wirksam stipuliren konnte. cfr. zu l. 20. cit. auch l. 28. § 4. l. 35. D. 45, 3. und l. 16. l. 18. § 2. eod.

zu billigen, wenn Fitting S. 15. und Andre auch in diesem Fall von einem schwebenden Eigenthum im Sinne der l. 25. § 1. D. 7, 1. sprechen. Denn hier ist nicht die Entstehung, sondern der Verlust des Eigenthums suspendirt (v. Wächter a. a. O. S. 6. 23.), und hier bildet die Annahme oder Ablehnung nicht einen Bestandtheil eines umfassenderen Thatbestandes, vielmehr ist sie für sich allein die Totalität des die Auflösung eines bisher bestehenden Rechts begründenden Thatbestandes. In einem Puncte allerdings treffen beide Behandlungsweisen des Vindicationslegates zusammen: im Fall der Ablehnung wird der Legatar auch hier so behandelt, als ob er nie Legatar gewesen wäre, und deshalb spricht auch v. Wächter S. 23. 24. von einer eigenthümlichen in diesem Fall eintretenden Rückwirkung. Das ist aber nicht richtig. Auch bei der redhibitio soll die Auflösung in der Weise erfolgen, dass jeder nur das hat, was er auch haben würde, si venditio facta non esset (l. 23. § 1. D. 21, 1.), ebenso soll auch bei der Geltendmachung des beneficium abstinendi die Befreiung des suus von der Erbenqualität grade so eintreten, als ob er nie Erbe geworden wäre, und noch weitgehender bewirkt die in integrum restitutio die Aufhebung und Rückgängigmachung eines bislang bestehenden Rechtszustandes — und doch spricht in diesen Fällen meines Wissens Niemand von Rückwirkung. Warum denn also bei der Ablehnung des Legats? Denn auch hier handelt es sich ja nur darum, dass der Inhalt und Umfang der jetzt und für die Zukunft eintretenden Wirkung durch die Bezugnahme auf den Fall, dass der Legatar gar nicht bedacht gewesen wäre, näher bestimmt und erläutert wird. Allerdings sind die mannigfachsten Unterschiede unter diesen hier zusammengestellten Fällen vorhanden und denkbar. So bedarf es z. B. bei der redhibitio, wenn der gekaufte Sklav inzwischen stipulirt oder Sachen erworben hat, einer besondern Restitution dieser Rechte, während beim Legat im Fall der Ablehnung der Erbe nun sofort als Eigenthümer und Gläubiger angesehn wird (l. 86. § 2. de leg. I.), so dass man vor der Annahme oder Ablehnung, d. h. vor der definitiven Entscheidung der Frage, ob der Legatar das legirte Object behalten wird, mit vollem Grunde sagen kann: in suspenso est, an heredis vel legatarii servus singula gessisse existimetur. Allein in allen Fällen handelt es sich immer doch nur um eine in grösserem oder geringerem Umfange erfolgende Rückgängigmachung, und diese pflegt man eben doch bislang nicht als Rückwirkung zu bezeichnen.

Dasselbe gilt von der von Fitting S. 18. als ferneres Beispiel des schwebenden Eigenthums aufgeführten dominii impetratio beim Pfandrecht; denn auch hier handelt es sich nur um eine, in dem Umfang als ob nie Eigenthum des Pfandgläubigers begründet gewesen wäre, erfolgende Rückauflösung eines inzwischen zweifellosen Eigenthums. (Wächter S. 26—34. und Fitting selbst S. 19.)

Im juristischen Wesen hiemit gleichartig ist endlich auch jede Wiederherstellung eines frühern, untergegangen gewesenen Rechtszustandes in der Weise, als ob derselbe nie untergegangen gewesen wäre, wie z. B. in der von Fitting S. 18. citirten l. 57. pr. D. 7, 1.: Dominus fructuario praedium quod ei per usumfructum serviebat, legavit; idque praedium aliquamdiu possessum legatarius restituere filio qui causam inofficiosi testamenti recte pertulerat, coactus est; mansisse fructus jus integrum ex postfacto apparuit. Selbstverständlich aber, wie mir scheint, kommt hiebei der Rescission des Testaments eine andre als nur declarative Bedeutung zu, und es ist gradezu unrichtig zu sagen, dass der Ususfruct immer bestehn geblieben wäre; denn er ist in Wirklichkeit vom Moment der Erbschaftsantretung an erloschen gewesen, und wird jetzt nur als nicht erloschen behandelt; und zwar ganz in Gemässheit des allgemein Norm gebenden Satzes (l. 21. § 2. D. 5, 2.): evicta hereditate per inofficiosi querelam ab eo qui heres institutus esset, perinde omnia observari oportere, ac si hereditas adita non fuisset.

Es bleiben jetzt von den Fitting'schen Beispielen des gegenwärtigen Schwebezustandes nur noch das peculium castrense und die Rechtsstellung des captivus zu erörtern. In Betreff des erstgenannten kann ich mich indessen auf die Bemerkung beschränken, dass Fitting jetzt (das castr. pec. S. 333 flg. vgl. auch v. Wächter S. 18—23.) hier selbst den Gedanken des Schwebezustandes, und gewiss mit Recht, aufgegeben hat. Schwieriger bleibt der Fall des Gefangenen, weil bei dessen Behandlung der reale Boden ganz verlassen ist und zwei Fictionen die Sachlage beherrschen. Doch glaube ich mich auf Darlegung meiner eignen Auffassung beschränken zu können[13]), welche kurz zusammengedrängt dahin geht, dass erstens die Thatsache der Gefangenschaft an und für sich sofort gewisse Wirkungen hat, wie Auflösung der Ehe (l. 1. D. 24, 2.), Beendigung der Tutel (l. 7. § 1. D. 27, 3.) u. s. w., dass zweitens auch die Thatsache der Rückkehr an und für sich gewisse Wirkungen hervorbringt, wie die Verpflichtung der frühern Ehefrau zur Wiedereingehung einer Ehe (l. 8. D. 49, 15.), und dass drittens die Thatsache der Gefangenschaft auf Grund des Instituts des postliminium und der lex Cornelia einen Rechtszustand erzeugt, welcher im Ganzen und Grossen so behandelt wird, als ob es zur Zeit ungewiss sei, ob der Gefangene als römischer Bürger noch lebe oder im Moment der Gefangenschaft verstorben sei, so dass dann die Rückkehr oder der Tod consequenterweise nur als Entscheidung darüber aufgefasst werden können, ob der Betreffende noch gelebt hat oder nicht. Hier also haben Tod und Rückhehr wirklich nur declarative Bedeutung, allein blos deshalb, weil ja der ganze Rechtszustand so behandelt wird, als ob nur eine subjective Ungewissheit vorläge! Und von rückwirkender Kraft des Todes oder der Rückkehr kann auch hier natürlich in keiner Weise gesprochen werden, weil durch den Tod nur bewirkt wird, dass nunmehr, d. h. für die Zukunft die Sache so behandelt wird, als ob der Gefangene schon in der Vergangenheit, bei der Gefangennahme gestorben sei, während die Rückkehr die Wirkung erzeugt, dass nunmehr die Sache so behandelt wird, als ob er nie gefangen gewesen wäre und dass in Folge dessen nun auch diejenigen Wirkungen als vorhanden angenommen werden, welche eben vorhanden wären, wenn jene fingirten Thatsachen

13) Eine Auseinandersetzung mit Köppen, das Fruchtrecht des bon. fid. poss. S. 58—68. würde — wie bezüglich der übrigen Puncte — so auch hier zu viel Raum erfordern. Ich bedaure daher darauf verzichten zu müssen. Vgl. übrigens Brinz, Krit. V.J.Schr. Band 13. S. 271—274.

wirkliche wären. Die Klarstellung aber der Sachlage scheint mir durch dieses vieldeutige Wort Rückwirkung auch hier nicht gefördert, vielmehr nur gefährdet zu sein!

Ich darf es nunmehr wohl als Resultat dieser Erörterungen hinstellen, dass die von Fitting zusammengestellten Fälle nach richtiger Auffassung in drei verschiedenartige Categorien zu vertheilen sind, deren eine den durch das Eingreifen von Fictionen höchst eigenthümlich gestalteten Fall des Gefangenen umfasst, während in die andre die Fälle der Rückgängigmachung rechtlicher Wirkungen und in die dritte diejenigen Fälle zu stellen sind, in denen ein successiv sich erfüllender Thatbestand zunächst subjectlose Rechte begründet und erst, wenn er ganz realisirt ist, das Subject als ein von vornherein vorhanden anzusehendes bestimmt. In allen diesen Fällen kann freilich wohl von einem Schwebezustand gesprochen werden; indessen ist die rechtliche Bedeutung desselben stets so verschieden, — weil bald das gegenwärtige Sein oder Nichtsein von Rechtsverhältnissen, bald die Entstehung oder Rückgängigmachung derselben in Frage ist u. s. w. — dass eine Confundirung derselben schädlich wirken muss[14]).

Hier ist nun von besonderem Interesse die eben zuletzt genannte Categorie, weil sie wieder unmittelbar auf die eigentliche Aufgabe: Klarstellung des successiv sich realisirenden Thatbestandes zurückführt. Und für diese besteht nun der Gewinn zunächst in der Bestätigung des freilich eigentlich selbstverständlichen Satzes, dass juristische Thatsachen nur für die Zukunft Wirkungen erzeugen können, dass aber die nähere Feststellung und Umgrenzung dieser Wirkungen auch durch die abkürzende Verweisung auf andre Rechtsverhältnisse oder die Formel, dass dieselben grade solche sein sollen, als wenn diese oder jene juristischen Thatsachen vorhanden oder nicht vorhanden gewesen wären, gegeben werden kann. Ausserdem aber ist als Resultat zu verzeichnen, dass zwar die von dem Gesammtthatbestand abhängigen Wirkungen erst durch dessen vollständige Realisirung erzeugt werden können, dass aber auch schon vorher die ein-

14) Auch Windscheid's § 67. leidet erheblich unter diesem Mangel.

zelnen Elemente des Thatbestandes, sobald sie sich verwirklichen, gewisse Wirkungen hervorzubringen vermögend sein können.

Dass in allen diesen Verhältnissen von rückwirkender Kraft einzelner Umstände nichts wahrzunehmen ist, konnte andeutungsweise bereits im Lauf der Erörterungen betont werden; hier am Schluss ist nun die Bezeichnung Rückwirkung oder Rückziehung noch einmal einer zusammenhängenden Prüfung zu unterwerfen.

Während das Wort Rückwirkung in andern Wissenschaften und im gewöhnlichen Leben regelmässig diejenigen Wirkungen bezeichnet, welche die von irgend welchen Verhältnissen erzeugten Wirkungen nun wieder auf jene erzeugenden Verhältnisse ausüben, versteht die Rechtswissenschaft darunter in der Lehre von den Gesetzen alle Einwirkungen eines Gesetzes auf bereits der Vergangenheit angehörige oder schon bestehende Rechtsverhältnisse; und gleichbedeutend hiemit wird das Wort „Rückziehung" angewendet. Unzweifelhaft würde es demnach nicht unrichtig sein, überall, wo bestehende Rechtsverhältnisse aus irgend einem Grunde wieder aufgehoben oder rückgängig gemacht werden, von Rückwirkung zu sprechen, und in der That bezeichnet auch Marcadé zu Code civil. Art. 729. 958. und 1047. (Band III. u. IV.) den Vorgang bei Rücknahme einer Schenkung u. s. w. als effet rétroactif. Mit Recht hat indessen die deutsche Wissenschaft diesen Ausdruck in solchen Fällen bislang nicht angewandt, da ihr andre, unzweideutigere Worte dafür zu Gebote stehn.

Wohl aber hat man — durch Wendungen römischer Juristen verleitet — eine Rückwirkung oder Rückziehung dann statuirt, wenn beim Eintritt irgend eines Ereignisses nun gewisse Rechtsverhältnisse so behandelt werden, wie sie zu behandeln sein würden, wenn jenes Ereigniss bereits früher — rückwärts in der Vergangenheit — eingetreten wäre. Dieser Sprachgebrauch scheint mir jedoch sowohl gefährlich als unrichtig und überflüssig. Gefährlich ist er, weil sich daran gar zu leicht die vollständig irrige Auffassung knüpft, als ob hiedurch eine Ausnahme von dem ausnahmslos geltenden Satz, dass jedes Ding nur für die Zukunft wirken kann, statuirt werde. (Vgl. die ungenaue Fassung bei Windscheid § 67. Absatz 4. „regelmässig.") Unrichtig ist er, weil dadurch einem einzelnen Element des Thatbestandes eine Wirkung zugeschrieben wird, welche doch nur der Gesammt-Thatbestand erzeugt (oben S. 113—115.). Ueberflüssig endlich ist es, aus dem grossen Gebiete der Gleichstellung ungleicher Verhältnisse (Demelius, die Rechtsfiction. § 4 flg. bes. S. 49.) diejenigen, in denen eine später eingetretene Thatsache gleiche Wirkungen als eine früher eingetretene haben soll, unter dem Namen Rückwirkung besonders hervorzuheben, da sie nach keiner Richtung hin ein, ihnen eigenthümliches Wesen besitzen. —

Hiedurch hoffe ich nunmehr die geeignete Basis gewonnen zu haben, um auch die Wirkungen der gewillkürten Bedingungen mit Sicherheit bestimmen zu können. Indessen versteht es sich bei meiner Auffassung, nach welcher es sich nicht sowohl um Wirkungen der Bedingung, als vielmehr um Wirkungen des bedingten Rechtsgeschäfts handelt, wohl von selbst, dass hier keine erschöpfende Behandlung der Wirkungen bedingter Rechtsgeschäfte gegeben werden kann, da eine solche in die Theorie der einzelnen Geschäfte gehört. Meine Aufgabe kann es vielmehr nur sein, einzelne besonders bemerkenswerthe Fälle herauszugreifen und daran zu zeigen, wie unendlich verschieden Inhalt und Wirkungen der bedingten Geschäfte sind und wie voreilig es ist, auf Grund eines verhältnissmässig sehr beschränkten Materials durchgreifende Regeln über das im Zweifel Anzunehmende aufzustellen [15]).

---

15) Unverkennbar macht sich auch in dieser Lehre der Uebelstand geltend, dass die allgemeinen Begriffe des Privatrechts in den Pandecten-Lehrbüchern dargestellt und daher ohne Berücksichtigung des modernen und specifisch deutschen Rechts — welches doch grade für diese Lehre so viele neue Momente enthält — eruirt zu werden pflegen. Das nationale Civilgesetzbuch wird auch hierin Besserung bringen.

§. 10. 2. Bedingte Willenserklärungen aus dem Gebiete des Obligationenrechts.

Unter den auf obligatorische Rechtsverhältnisse sich beziehenden bedingten Willenserklärungen sind von jeher am Meisten besprochen

1) die auf Entstehung von Obligationen gerichteten; sie sollen deshalb auch hier den Reigen eröffnen [1]).

Das richtige Verständniss derselben scheint mir vor Allem durch die Beachtung der verschiedenen Elemente einer Obligation, welche oben in § 5 a. E. mit Brinz als Haftung und präsente Schuld bezeichnet wurden, gefördert zu werden, wenn man sich nur zugleich vergegenwärtigt, dass die Haftung (obligatio) auch einen wechselnden oder successiv sich bildenden Inhalt haben kann. Denn so erweisen sich die folgenden beiden, kaum noch bezweifelten Sätze, nicht nur als in sich wohlbegründet und mit den Ausführungen des § 9. im Einklang stehend, sondern auch als sichere Basis der ganzen folgenden Darstellung. Diese Sätze aber sind erstens: die präsente, fällige Schuld wird erst dann existent, wenn die Bedingung eingetreten und dadurch der Gesammtthatbestand erfüllt ist, und zweitens: eine Haftung, Gebundenheit, obligatio entsteht sofort durch die Willenserklärung als ein für sich allein zur Erzeugung rechtlicher Wirkungen befähigtes Fragment des Gesammtthatbestandes.

Hinsichtlich des ersten Punctes bedarf es hier wohl nur der Bezugnahme auf die im Referat des § 9. genannten Wächter u. s. w. und auf die bekannten Quellenaussprüche: l. 4. D. 42, 6. — creditores sub condicione, qui propter hoc nondum pecuniam petere possunt —, l. 26. D. 45, 3. — ex praesenti vires accipit stipulatio, quamvis petitio suspensa sit — Gaj. IV. § 53. — plus . . . petit . . . tempore, velut si quis ante diem

1) Bei der Behandlung der römischen Quellen ist zu beachten, dass sie in Bezug auf die Einzelnheiten nur die stipulatio und venditio condicionalis (auch dos aestimata quae est venditio l. 10. § 5. D. 23, 3.) berücksichtigen. — Bedingte Versprechen waren freilich von Alters her (vota, sacramenta, sponsiones etc.) anerkannt, doch ist über deren Behandlung nichts Erhebliches erhalten.

vel condicionem petierit — l. 36. D. 12, 1. — pendente ... causa condicionis ... petere non possum — § 2. J. 3, 15. — quod in diem stipulamur ... peti prius quam dies venerit, non potest u. a. m.

Der zweite Satz aber ist identisch mit dem schon wiederholt hervorgehobenen, dass die bedingte Willenserklärung, der bedingte Vertrag von vornherein fertig und abgeschlossen ist und dass beide ebenso binden, als wenn sie unbedingt wären, wie denn auch den Quellen der bedingte Vertrag schon ein wirklich existenter ist. cfr. l. 8. pr. D. 18, 5. — stipulationes et legata conditionalia perimuntur — l. 10. § 5. D. 23, 3. — mors ... extinguat venditionem — l. 43. § 1. D. 23, 3. obligationem sub eadem condicione restitui debere — u. a. m.

Beide Sätze bezeichnen jedoch nur die Puncte, welche für alle mit Bedingungen irgend einer Art verknüpften, Obligation erzeugenden Willenserklärungen in gleicher Weise gültig sind, gewissermassen die Pole, innerhalb welcher die reichste Fülle verschiedenartiger Gestaltungen denkbar ist, je nach dem Inhalt der bedingten Erklärung und der Natur des bedingenden Umstandes.

Denn wenn z. B. das Eintreten des letztern gewiss ist, so ist auch von vornherein gewiss, dass eine präsente Schuld entstehn wird, und dass gezahlt werden muss; während im entgegengesetzten Falle die Entstehung der Leistungspflicht selbst auch ungewiss ist[2]).

Ebenso verschieden gestaltet sich, je nach der Gewissheit oder Ungewissheit des Eintritts des bedingenden Umstandes der Inhalt der Gebundenheit, der obligatio. Im ersten Fall verpflichtet sich der Schuldner jedenfalls zu leisten und haftet daher ohne Zweifel für etwaige Verschuldung, während im Fall der Ungewissheit auch diese Haftung noch ungewiss ist. Dort ist eben ein von vornherein seines Inhalts gewisser Wille vorhanden, hier aber soll der Inhalt des Willens und der Haftung erst durch

2) Einerseits Gaj. III. § 124. certum est debitum iri, andrerseits l. 36. D. 12, 1. l. 21. D. 46, 3. incertum est, an ... debiturus sit. § 15. J. 3, 15. tantum spes .. debitum iri. l. 73. § 1. D. 35, 2. spes obligationis.

den Eintritt oder Nicht-Eintritt der Bedingung näher bestimmt werden (vgl. oben § 2. S. 18 flg.).

Grade diese Haftung für Verschuldung ist aber für die richtige Auffassung der Bedingung und des sog. Schwebezustandes ganz besonders lehrreich und daher hier noch etwas näher zu erörtern, als dies oben S. 108. 109. geschehen konnte.

Windscheid § 89. Anm. 5. führt diese Haftung in dem Paragraphen über den Zustand während des Schwebens der Bedingung als eine in Folge des bedingten Geschäfts eintretende Rechtsfolge auf, ohne dabei zu sagen, dass sie eine schwebende sei, was denn auch von Arndts § 71. Anm. 3. a. 4. mit Recht getadelt, seltsamer Weise indessen von Windscheid nicht geändert ist. Vielleicht führt nun folgende Erwägung zur Verständigung. Die Gebundenheit entsteht zweifelsohne allein durch den Vertrag, die Haftung für Verschuldung aber — weil sie doch nur beim Eintritt der Bedingung existent wird — nur durch die Vollendung des Gesammtthatbestandes; die letztere — die Haftung — kann also offenbar nicht Consequenz der ersteren — der Gebundenheit — sein. Wie aber ist nun diese im Augenblick der Verschuldung noch ungewisse Haftung zu denken? als eine schwebende und dann beim Eintritt der Bedingung in Folge rückwirkender Kraft rückwärts entstehende? Die Verneinung der Frage konnte schon oben (§ 9. S. 108.) angedeutet werden. Die Haftpflicht entsteht erst im Moment des Eintritts der Bedingung, ihr Inhalt und Umfang aber bestimmt sich auf Grund des in dem bedingten Vertrag erklärten Willens — und also nicht auf Grund einer rückwirkenden Kraft des bedingenden Umstandes — dahin, dass sie alle seit dem Vertragsabschluss, also auch die vor Eintritt der Bedingung begangenen Versehen umfasst; oder, wie man auch sagen kann: die Haftpflicht entsteht jetzt mit dem Inhalte, den sie haben würde, wenn sie früher entstanden wäre. Uebrigens ist es selbstverständlich, dass eine Haftpflicht dieses Inhalts nur entsteht, weil sie, wenigstens bei onerosen Geschäften, nach verständiger Interpretation des Parteiwillens so gewollt ist — im einzelnen Fall kann natürlich auch das Gegentheil bedungen werden, und für bedingte Schenkungsversprechen wage ich überhaupt keine generelle Auslegungsregel aufzustellen.

Das eben Ausgeführte soll sich zunächst nur auf Bedingungen, deren Eintritt ungewiss ist, beziehen. Gilt es nun aber auch für gewiss eintretende Bedingungen, namentlich also Zeitbestimmungen? Ich glaube, nein. Bei diesen wird m. E. die Haftpflicht schon durch den Vertrag allein begründet, während der Eintritt des bedingenden Umstandes nur die aus der Verschuldung sofort entspringende Forderung zur fälligen macht[3]).

Ein ähnlicher Gegensatz waltet zwischen den beiden genannten Arten von Bedingungen auch in Bezug auf das Entstehn der eigentlichen Hauptobligation ob. Bei der letztgenannten, insbesondre also der Zeitbestimmung, wird regelmässig (vgl. § 5. S. 63 flg.) die gegenwärtige Existenz der Schuld sofort gewollt und nur die Fälligkeit von der Bedingung abhängig gemacht sein, während bei der ungewissen Bedingung auch das Entstehn der Leistungspflicht vom Eintritt des bedingenden Umstandes mit abhängig gemacht ist. Selbstverständlich kann auch hier der Inhalt der dann zur Existenz gelangenden Leistungspflicht so bemessen sein, als ob sie schon früher eingetreten wäre, ohne dass in dieser Parallelisirung inhaltlich verschiedener Fälle etwas von Rückwirkung zu entdecken ist. (Vgl. auch l. 64. D. 45, 1.) Wenn also wirklich der bedingt ausgesprochene Verpflichtungswille in einem concreten Fall dahin zu interpretiren wäre: Ich will von jetzt an Schuldner sein, wenn . . ., so läge darin weiter nichts, als entweder die Erklärung: Ich will bei Eintritt der Bedingung Schuldner sein und zwar mit einer solchen Leistungspflicht, wie sie vorhanden wäre, wenn damals schon meine Schuld fällig gewesen wäre — oder aber auch die Erklärung: Ich verpflichte mich sofort zu zahlen, aber die Zahlung gilt nur als solche, wenn — ist also rückgängig zu machen, wenn nicht —. Eine eigentliche Pendenz, d. h. eine objective Ungewissheit über die gegenwärtige Existenz eines Schuldverhältnisses läge aber auch hier nicht vor, sondern immer nur die Frage, ob die einstweilen noch nicht

3) Diesen Punct übersehn völlig Windscheid § 96. und die Uebrigen, welche die Obligation erst mit dem Eintritt des dies beginnen lassen.

existente Leistungs-, bezw. Rückgabepflicht demnächst existent wird[4]).

Von der so gewonnenen Basis aus werden sich, wie ich hoffe, ohne dass die fehlende Rückwirkung eine Lücke fühlbar werden lässt, die bekannten Streitfragen leicht lösen.

So lange die ungewisse Bedingung noch schwebt, sind — wie namentlich von v. Scheurl a. a. O. wiederholt betont wird — nur möglicher Weise existent werdende, also einstweilen noch nicht existente Rechte und Pflichten vorhanden — abgesehn natürlich von dem sofort mit dem Vertrag entstehenden Rechtsverhältniss der Gebundenheit beschränkten Inhalts. Diese möglichen Rechte und Pflichten sind aber schon insoweit begründet, dass es nur noch jener Bedingung bedarf, um sie zu wirklichen zu machen. Und eben darum werden sie auch schon vor ihrer wirklichen Entstehung vielfach berücksichtigt, wie z. B. bei Pfandrecht[4a]), Constitutum, Nachlassregulirungen, Concurs u. s. w. vgl. Wendt, die Lehre vom bedingten Rechtsgeschäft S. 33 flg. — Aber keine dieser Rücksichtnahmen entspringt aus einem besondern Inhalt des bedingten Rechts als solchen, und es ist durchaus unrichtig, wenn Wendt (das bedingte Forderungsrecht. S. 24.) das Recht auf Sicherstellung als intensiven Inhalt des bedingten Rechts[5]) bezeichnet. Man braucht

4) Es bedarf nach den Ausführungen des § 9. wohl kaum der Erwähnung, dass in dieser Gleichstellung der Wirkungen des bedingten Vertrages mit denen des unbedingten in grösserem oder geringerem Umfang überhaupt keine wirkende Kraft der Bedingung, und also auch keine rückwirkende erkannt werden kann. Wenn man nun aber generell fragen sollte, in welchem Umfang denn nun eine solche Gleichstellung des bedingten und unbedingten Vertrages anzunehmen sei, so bedaure ich, darauf keine generelle Antwort geben zu können. In Bezug auf die Fälligkeit und deren Folgen aber wird man als Regel wohl die Verschiedenheit beider behaupten dürfen, wie man umgekehrt — wenigstens bei onerosen — wohl eine Gleichstellung in Bezug auf die Haftpflicht für Verschuldungen annehmen kann. Im Uebrigen wird nur die Interpretation des einzelnen Falles entscheidend sein können.

4a) Auch Anerkennungsklagen sind in Bezug auf bedingte Rechte denkbar und zulässig.

5) Windscheid § 89. Anm. 13 a. 4te Aufl. 1875. erklärt sich gegen den Ausdruck: bedingtes Recht, Eigenthum u. s. w. Allein, wenn auch dies Recht, Eigenthum u. s. w. zunächst noch nicht existent ist, so ist doch insoweit eine Grund-

in der That nur an die Fälle der bedingten Schenkung, des Versicherungsvertrags, der Wette und zahlreiche andre Fälle zu denken, um zu dem Satze zu gelangen, dass der Cautionsanspruch nicht dem bedingten Recht als solchem anklebt, sondern nur bei gewissen bedingten Rechten vorkommt, deren Auswahl also auch nicht aus dem Wesen der Bedingung, sondern nur aus der allgemeinen Theorie der Cautionspflicht erklärt werden kann. (Vgl. Exner in Grünhut's Zeitschrift I. S. 232.)

Einstweilen, während des Schwebens der ungewissen Bedingung sind also diejenigen Rechte und Pflichten, deren bedingte Entstehung beim Vertragsabschluss in Aussicht genommen war, nur mögliche, keine wirklichen [6]. Und der Nicht-Eintritt der Bedingung kann demnach nur die Folge haben, dass nun die Gebundenheit, das ursprüngliche Rechtsverhältniss, inhaltslos (und das in Aussicht genommene, bis dahin mögliche Rechtsverhältniss nun ganz gewiss nie zur Wirklichkeit) wird. Die l. 21. D. 46, 3 sagt daher in solchem Fall vom Schuldner mit Recht: nec debitor — nämlich wirklicher, nicht nur möglicher — fuisse videbitur [7].

Wenn aber die Bedingung eintritt und nun der Gesammtthatbestand sich erfüllt, so werden nun auch die nur möglichen Forderungsrechte zu wirklichen, vorausgesetzt natürlich, dass die allgemeinen Bedingungen der Entstehung eines Forderungsrechts jetzt vorhanden sind, namentlich [8] also Existenz der geschuldeten

lage dafür gelegt, dass es mit dem Eintreten des zur Bedingung erhobenen, an sich gleichgültigen Umstandes sofort existent wird. Und dies Sachverhältniss bezeichnet eben das „bedingte Recht" im Gegensatz zum „zukünftigen" kurz und correct. Eine nähere Begründung würde hier jedoch zu weit führen.

6) Man streitet darüber (v. Scheurl S. 130. Wendt, die Lehre vom bed. R. S. 33. 34. vgl. Hölder, Krit. V.J.Schr. 16 S. 243.), ob der Kauf einer bedingten Forderung eine emtio spei sei oder nicht. M. E. kann beides gewollt sein. Gegen Wendt, der durchweg die Auffassung als emtio spei leugnet, ist z. B. auf l. 73. § 1. D. 35, 2. — quanti ea spes obligationis venire possit — zu verweisen.

7) Der Vertrag, der inzwischen einige wirkliche und andre mögliche Wirkungen erzeugt hatte, wird nun wirkungslos (nulla emtio. l. 8. pr. D. 18, 6. l. 37. D. 18, 1. l. 19. D. 18, 4.). Ob man dies aber als einen Fall der Nichtigkeit bezeichnen soll, ist hier nicht zu erörtern.

8) Vgl. auch l. 72. D. 46, 1. l. 14. § 1. D. 46, 2. Gegen Wendt, Die Lehre

Sache. l. 8. pr. D. 18, 6. — stipulationes . . . . perimuntur, si pendente condicione res extincta fuerit. l. 13. § 6. D. 46, 4. Die Consequenz hiervon ist, dass der Verkäufer — da er sein Geld nur gegen Hingabe der Sache fordern kann — die Gefahr des Untergangs trägt, wenn nicht etwa in gewissem Umfang dieser Satz: Sache gegen Geld aufgehoben, d. h. die Gefahr auf den Käufer abgewälzt ist. (l. 8. pr. l. 10. pr. D. 18, 6. l. 10. § 5. D. 23, 3.) Wie aber, wenn die Sache zwar existent, aber verschlechtert ist im Augenblick des Eintritts der Bedingung? Offenbar hängt die Antwort davon ab, ob man nun auch die verschlechterte Sache als das ausbedungene Aequivalent des Kaufpreises ansehn will, bezw. ob man dies in allen, auch den Fällen ganz erheblicher Verschlechterung will? Paulus in l. 8. pr. cit. scheint die Sache als nicht ganz unbedenklich angesehn zu haben; jedenfalls aber hängt die Beantwortung in keiner Weise von irgend einer Wirkung des bedingenden Umstandes, sondern nur von den Anschauungen über Wesen und Inhalt des Kaufgeschäfts ab. (Vgl. Hartmann, Krit. V.J.Schr. 13. S. 526. gegen v. Scheurl S. 204.)

Andrerseits erscheint es von diesem Standpunct aus nur als eine wohlbegründete Consequenz, nicht aber als „Singularität" (Brinz S. 1489. 1639. 1640.), dass die Bedingungen des Geschuldetwerdens nur im Moment der Erfüllung des Thatbestandes vorhanden zu sein brauchen, so dass also eine stipulatio rei suae vollkommen wirksam ist, wenn die Sache nur im Moment des Eintritts der Bedingung nicht dem Stipulator gehört.

Dagegen ist auch klar, dass sich das Bemerkte nur auf die Bedingungen des Geschuldetwerdens, nicht aber auf die des bedingten Vertrags bezieht. Denn dieser vollendet sich im Moment seines Abschlusses, so dass Handlungsfähigkeit und andre persönliche Eigenschaften selbstverständlich in jenem Moment vorhanden sein müssen. Ebenso leuchtet es ein, dass bedingte Verträge derjenigen Personen, welche für sich nichts erwerben

S. 54. 55. vgl. Hölder, Kr. V.J.Schr. Band 16. S. 244. — Diese Umstände vernichten das bedingte, d. h. das mögliche Recht und hindern die Entstehung des wirklichen.

konnten, genau eben so wie unbedingte Verträge als Verträge ihrer Gewalthaber angesehn und letzteren also auch die mit Eintritt der Bedingung erst entstehenden Forderungsrechte unter allen Umständen, trotz Emancipation u. s. w. erworben wurden; und wenn in l. 40. D. 45, 3. eine Ausnahme zu Gunsten des Haussohns, si . . in emancipationis suae tempus contulerit, gemacht ist, so hängt das offenbar gar nicht mit der Lehre von der Bedingung zusammen, sondern ist nur eine Ausnahme von dem Satze, dass der Haussohn nichts für sich erwerben kann. (Vgl. Eisele im Archiv für civ. Praxis. Band 50. S. 290.) Der bedingte Vertrag ist eben die Grundlage, welcher einmal den bedingenden Umstand setzt, zugleich aber auch die in Aussicht genommenen rechtlichen Wirkungen insoweit begründet, dass dieselben durch den Eintritt des bedingenden Umstandes sofort zur Existenz gebracht werden[9]). Hiedurch entscheidet sich auch die Frage nach dem Datum des bedingten Rechtsverhältnisses. Ich wähle absichtlich dieses generelle Wort, um die verschiedenen, m. E. sorgsam zu scheidenden Fragen zunächst zusammenzufassen. Denn fragt man nach dem Datum des bedingten Vertrags, so weiss ich nicht, wie dasselbe überhaupt zweifelhaft sein kann. Der Vertrag ist im Moment seines Abschlusses vollkommen fertig und abgeschlossen. Soweit es also auf Alter des Vertrags (l. 97. D. 46, 3.), oder auf die — z. B. bei eintretenden Veränderungen in der gesetzlichen Form der Verträge wichtig werdende — Frage nach dem Moment des Vertragsabschlusses ankommt, kann m. E. nur ein Zeitpunct überhaupt in Betracht kommen. Wenn dagegen der Zeitpunct des Entstehens einer wirklichen Forderung in Betracht gezogen werden sollte, würde m. E. auch hier nur ein Zeitpunct,

9) Wenn Manche (wie v. Scheurl S. 155. 229. u. A.) den Zustand vor Erfüllung der Bedingung als embryonenartig, als Keim von Rechtsverhältnissen oder (wie Köppen, Jahrb. XI. S. 163 flg.) die bedingten Rechte als beginnende bezeichnen, so ist dies eher verwirrend als klärend. Ein Embryo, ein Keim entwickelt sich bei normalen Verhältnissen gewiss zum Menschen, zur Blume. Die eigentliche Zeugung ist vollendet. Hier aber ist die Bedingung ein miterzeugender Factor, und ob dieser eintritt, ungewiss. Ebensowenig kann ein Nicht-Recht ein beginnendes Recht genannt werden. Vgl. Windscheid § 89. Anm. 11. a.

der Moment des Eintritts der Bedingung genannt werden können — ebenso wie auch eine Forderung auf die Miethe erst nach Gewährung des vermietheten Hauses zur Entstehung kommt. Schwierig aber wird die Sache, wenn das Rechtsverhältniss als solches im Ganzen datirt werden soll. Dass ein Rechtsverhältniss von vornherein wirklich vorhanden ist, wird nach dem Ausgeführten wohl keinem Zweifel mehr unterliegen: denn die von vornherein vorhandene Gebundenheit, obligatio ist ja eben doch ein Rechtsverhältniss. Allein der Inhalt des jetzigen und der des mit Erfüllung der Bedingung entstehenden Rechtsverhältnisses ist eben ein total verschiedener, und man könnte daher wohl fragen, ob denn überhaupt eine Datirung des Rechtsverhältnisses im Ganzen nothwendig ist. Wenn dies aber, und mit Recht, bejaht wird, so stehe ich nicht an, dasselbe vom Moment des Vertrags an zu datiren, weil von diesem Moment an ein Rechtsverhältniss bleibt, und nur sein Inhalt wechselt [10]), wie auch nur ein Wille erklärt und blos sein Inhalt nachher näher bestimmt wird. (Vgl. oben § 2. S. 17 flg.) Auch würde ja das eben schon angezogene Miethsvertrags-Verhältniss trotz des spätern Entstehens der Miethzinsforderungen gewiss ganz allgemein schon vom Moment des Vertragsabschlusses an datirt werden [11]). Und nur bei dieser Auffassung erklärt sich vollkommen,

---

10) Ungenügend Wendt S. 23. vgl. ihn selbst. S. 125. „Die Erfüllung der Bedingung schafft dann ein anderes, ein neues Rechtsverhältniss." — Gegen Hartmann a. a. O. S. 523., der die Bedingung nur als ein Hemmniss der Wirksamkeit der Willenserklärung auffasst, siehe oben § 2. Anm. 11.

11) Der Uebergang auf die Erben bedarf für das heutige Recht kaum noch der Erwähnung. Wie aber haben ihn die Römer sich begründet und mit dem Satz, obligationem ex persona heredum incipere non posse, in Einklang gebracht, da ihnen doch der Gedanke, dass sofort eine Gebundenheit, obligatio vorhanden ist, trotz l. 14. pr. D. 46, 2. l. 43. § 1. D. 23, 3. und andrer Stellen nicht voll zur Klarheit gekommen zu sein scheint? Einmal scheint die Auffassung des bedingten Forderungsrechts als spes das Vehikel gewesen (§ 4. J. 3, 15. eam spem in heredem transmittimus), und zugleich auch der beliebte Weg der Fiction benutzt zu sein, quasi jam contracta emtione in praeteritum. l. 8. pr. D. 18, 6. und dazu Hartmann S. 527. (Die Bedeutung der Worte „contracta emtione" erhellt aus l. 8. § 1. eod.) Vgl. l. 11. § 1. D. 20, 4. Uebrigens beruht offenbar auch diese, nicht von den Contrahenten, sondern von der römischen Jurisprudenz bewirkte Gleichstellung verschiedener Fälle (Fiction) nicht auf einer besondern Eigenschaft oder rückwir-

warum diejenigen Personen, welche Subjecte des zunächst als Gebundenheit begründeten Rechtsverhältnisses waren, nun ohne Weiteres auch Subjecte des mit Eintritt der Bedingung ganz anders gestalteten Rechtsverhältnisses bleiben (l. 40. D. 45, 3. l. 78. D. 45, 3.), während immer eine gewisse Unklarheit bleibt, so lange man mit Wendt durch Erfüllung der Bedingung ein neues Rechtsverhältniss entstehn lässt.

Es erübrigt hier nunmehr nur noch die Frage, wie sich Zahlung, Acceptilation, Novation und andre aufhebende Verträge zu der bedingten Schuld während Schwebens der Bedingung verhalten — eine Frage übrigens, welche m. E. mehr Staub aufgewirbelt hat, als dies bei einem, auch die practische Seite der Dinge berücksichtigenden Gang der Untersuchung erforderlich zu sein scheint. (Wendt S. 50 flg. und Andre.)

Selbstverständlich konnten diejenigen Obligationen, deren Bedingung sich gewiss erfüllte, gar keine Schwierigkeit machen, wenn — wie regelmässig — in Wahrheit nicht die Entstehung der Schuld, sondern nur deren Fälligkeit abhängig gemacht war. Wenn aber wirklich die Obligation selbst erst mit Eintritt der Bedingung entstehn sollte, so ist natürlich auch so viel klar — obgleich es gewöhnlich nur für ungewisse Bedingungen gelehrt wird, während es für gewiss eintretende (Befristungen) ebensogut gelten muss —, dass, so lange keine Obligation besteht, auch keine aufgehoben werden kann. Dagegen steht auch dem nichts entgegen, dass die Zahlung oder die vertragsmässige Aufhebung schon während schwebender Bedingung für den Fall oder für den Zeitpunct des Eintritts der Bedingung bewirkt wird. Dann wird die wirkliche Entstehung der Obligation gewissermafsen grade im Augenblick der Geburt erstickt. Allein jedenfalls hat diese (bedingte) Zahlung oder Aufhebung auch sofort ihre unmittelbaren Wirkungen — und das ist die bislang mehr als

kenden Kraft der Bedingung, sondern auf bestimmten Anforderungen des practischen Lebens. Trotzdem führt auch Römer, die bedingte Novation. S. 78 flg., obwohl er alle andern Beweisstellen Preis giebt, grade die genannten beiden und die gleich zu besprechende l. 16. D. 46, 3. als unwiderlegliche Beweise der Rückwirkung an.

billig vernachlässigte practische Seite der Frage. Die bedingte Schuld wurde schon berücksichtigt als eine gewiss oder möglicher Weise zur Entstehung gelangende, bei der das debitum iri sicher oder doch zweifelhaft war — vom Moment der Zahlung oder Aufhebung an ist es aber gewiss, non debitum iri. Von jetzt an liegt also kein Grund zur Berücksichtigung beim Concurs, bei Erbtheilungen u. s. w. vor, und Bürgschaft, Pfandrecht, und andre Sicherungen der bedingten Schuld fallen natürlich sofort zusammen, weil gezahlt oder Befriedigung geschafft (satisfactum) ist [12]).

Das Gesagte gilt nun auch von der römischen acceptilatio und novatio, und grade die, auf die erstere sich beziehende, viel interpretirte l. 16. D. 46, 3 [13]) scheint mir durch diese eben entwickelten, einfachen Gedanken leicht erklärt zu werden. So lange die Bedingung schwebt, ist nicht klar, ob die — sofort eingetretene — Freiheit des Schuldners auf der acceptilatio oder aber darauf beruhte, dass überhaupt nie eine Obligation existent war. Tritt aber die Bedingung ein, so wird die wirkliche Entstehung der Schuld freilich erst jetzt verhindert; die — früher mögliche — Entstehung der Schuld wurde aber schon im Moment der acceptilatio unmöglich gemacht und dadurch die Freiheit des Schuldners zweifellos. Wie arglos übrigens Pomponius die Worte: „jam olim liberatus" geschrieben, geht daraus hervor, dass er den folgenden Fall mit den Worten einführt: et hoc . . . accidere Aristo dicebat, obwohl Aristo nun sagt: existente condicione liberari eum" (Vgl. Wendt S. 52.) [14]).

---

12) Es ist auch daran zu erinnern, dass man im Fall des Unterganges des bedingt Geschuldeten geradezu von Aufhebung der Obligation spricht, so z. B. auch in l. 8. pr. D. 18, 5. und l. 10. § 5. D. 23, 3.

13) Vgl. z. B. Windscheid, Wirkung der erfüllten Bedingung. S. 15. v. Scheurl S. 151 flg. 205. Eisele, Archiv. Bd. 50. S. 302 flg. Wendt S. 51—56. Römer S. 76 flg. — Auch Eisele findet darin Rückwirkung, erklärt sie aber aus einer vorliegenden condicio juris. — In der in dieser Allgemeinheit unrichtigen l. 16. D. 46, 4 (sed ita id factum apparebit etc.) denkt Pomponius offenbar nur an die Fälligkeit der Schuld, an die präsente Leistungspflicht.

14) Nicht ohne Interesse ist auch die von Wendt S. 54. missverstandene l. 43. § 1. D. 23, 3. Dotis constituendae causa ist dem Ehemann von einem Dritten eine Obligation acceptoferirt. Ihr Inhalt ist dann Dos, und bei der Scheidung hat die

Was aber die Novation einer bedingten Schuld anlangt, so sind hiebei die unter N°. 3. noch näher zu beleuchtenden zwei Seiten der römischen Novationsstipulation — die aufhebende und begründende — sorgfältig zu scheiden. Dass zunächst eine solche Novationsstipulation nur und erst dann aufhebend wirken konnte, wenn die Bedingung der Schuld sich erfüllte, scheint ganz zweifellos; und in diesem Sinn heisst es in l. 14. § 1. D. 46, 2. tunc novabit, cum extiterit condicio. Andrerseits aber wüsste ich auch nicht, wie man der unbedingten Novationsstipulation, wenn deren Absicht ausgesprochener Mafsen dahin ging, an Stelle der bedingten eine unbedingte, nach 8 Tagen zahlbare Schuld treten zu lassen, nach 8 Tagen die sofortige Klagbarkeit hätte absprechen können. Die begründende Wirkung trat dann eben vor der aufhebenden ein. Dabei bleibt es natürlich eine ganz andre Frage, ob im Zweifel anzunehmen sei, dass die Contrahenten — auch wenn sie die Bedingung nicht ausdrücklich wiederholten — doch stillschweigend auch die Novationsstipulation wieder nur unter derselben Bedingung eingingen. Und wenn man diese Frage bald generell bejaht (Römer S. 33 flg.) oder verneint, so sollte man, wie mir scheint, doch mehr unterscheiden, ob die antecedens obligatio auch aus einer Stipulation oder aus einem andern Entstehungsgrund hervorgegangen war. Für den letztern Fall möchte ich die obige Frage unbedingt bejahen, für den ersten aber eher verneinen. Uebrigens hat diese ganze Streitigkeit heute gar kein practisches Interesse mehr. (Vgl. unten N°. 3. Anders Wendt S. 57. 58.)

Frau oder wem sonst die Dos dann zusteht. dotis exactionem gegen den Mann, ohne dass erst ipsa (obligatio) jam restituenda sit. Wie aber, wenn die Schuld betagt oder bedingt war und nun die Sache bei der Scheidung noch schwebt? Beim dies ist die alte Obligation im Moment der Acceptilation aufgehoben, darum wird sie jetzt zu Gunsten der Frau oder des sonst zur Dos Berechtigten gegen den Mann „restaurirt"; bei der Bedingung ist gewiss, dass die Schuld im Moment der Erfüllung der Bedingung an der Entstehung gehindert wird und also der frühere Gläubiger ein Forderungsrecht jedenfalls nie haben wird. Darum muss auch hier der Mann dem zur Dos Berechtigten gegenüber zur Wiedereingehung einer gleichen bedingten Obligation wie der acceptoferirten angehalten werden. „obligationem sub eadem condicione restitui debere". Wendt versteht darunter die Restitution d. i. die Rückgabe der noch existenten Forderung. — Ueber l. 13. § 6. D. 46, 4. vgl. Hölder, Krit. V.J.Schr. Bd. 16. S. 244. gegen Wendt S. 55.

Ich glaube nunmehr als erwiesen hinstellen zu dürfen, dass der auf Entstehung einer Obligation gerichtete bedingte Vertrag sofort ein Rechtsverhältniss erzeugt, dessen Inhalt in allen Fällen in einer Gebundenheit der Contrahenten und ihrer Verpflichtung, das Eintreten der Bedingung nicht unerlaubter Weise zu hindern, besteht, ausserdem aber — wenn der Eintritt der Bedingung von vornherein gewiss ist — auch noch in anderweiten sofort begründeten Verpflichtungen und Rechten bestehn kann; dass aber diejenigen rechtlichen Wirkungen, welche als bedingte in Aussicht genommen waren, erst dann entstehen, wenn der Eintritt der Bedingung den Gesammtthatbestand, der jene Wirkungen erzeugt, erfüllt hat, und dass also jenes ursprüngliche Rechtsverhältniss nunmehr einen andern, den definitiven Inhalt empfängt, während es beim Nichteintritt der Bedingung inhaltslos, und der Vertrag wirkungslos wird. Das Eigenthümliche dieser Erscheinungen kann demnach dahin zusammengefasst werden, dass zwar nicht das Rechtsverhältniss, wohl aber dessen wesentlich in Aussicht genommener Inhalt successiv entsteht, und dass das Entstehn dieses Inhalts und damit die rechtliche Bedeutung des ganzen Rechtsverhältnisses bis zum Eintritt der Bedingung ungewiss ist[15])[16]).

Alle diese Erörterungen gelten indessen nur von dem, von der herrschenden Theorie fast allein beachteten, Falle, dass die Entstehung der Forderung selbst abhängig gemacht ist, und ich würde gleichfalls in das von mir getadelte falsche Generalisiren verfallen, wenn ich diese Resultate nun auch ohne Weiteres auf

2. diejenigen Fälle übertragen wollte, in denen nur ein-

15) Das successive Entstehn des Inhalts allein ist nichts Besondres. Denn zahlreiche Rechtsverhältnisse, vielleicht die meisten, haben einen wechselnden, successiv entstehenden Inhalt. Man denke an Kauf und Miethe und den Inhalt der betreffenden Klagen je nach Lage der Dinge! (Vgl auch Brinz in Grünhut's Zeitschrift Band 1. S. 33 flg.)

16) Wie ich hoffe, werden die streitenden Parteien: namentlich v. Scheurl, Köppen (bes. Anm. 73. 249. Das Fruchtrecht Anm. 48. 59.), Wendt (Lehre vom bedingten Rechtsgeschäft S. 125.) in dieser Formulirung eine Versöhnung ihrer aus einander gehenden Ansichten zu finden vermögen.

zelne Puncte im Inhalt der zweifelsohne sofort existenten Obligation abhängig gemacht sind. Freilich ist ja auch in dem bisher besprochenen Falle ein Rechtsverhältniss sofort existent und nur der Inhalt bedingt — allein dieser bedingte Inhalt ist eben das Essentiale des ganzen Rechtsverhältnisses, dessen erster Inhalt nur ein provisorischer ist, so dass dasselbe denn bei Vereitelung der Bedingung geradezu inhaltslos, d. h. rechtlich nicht-existent, wird. In den jetzt zu besprechenden Fällen aber handelt es sich nur um solche Puncte, welche die Existenz der Obligation nicht in Frage stellen[16a].

Ich habe als solche Puncte bereits in § 3. N°. 3. Fälligkeit und Zahlungsort genannt, und dieselben sind besonders auch deshalb interessant, weil bei ihnen jeder Gedanke auch nur an die Möglichkeit der Rückwirkung ausgeschlossen zu sein scheint, und man vor manchen falschen Generalisirungen schon dann bewahrt geblieben wäre, wenn man sich etwas mehr auf die Betrachtung der Vorkommnisse des täglichen Lebens hätte einlassen wollen.

Die Fälligkeit behandelt man regelmässig nur in Verbindung mit der Zeitbestimmung, aber sehr mit Unrecht. Schon der in § 3. N°. 3. erwähnte Fall beweis't die Möglichkeit, die Fälligkeit auch von einem ungewissen künftigen Ereigniss abhängig zu machen, und nur nebenbei nenne ich hier noch den andern, nicht eben seltenen, Fall, in dem die Rückzahlung eines Darlehns in gewissen Amortisationsraten erfolgen, die Darlehnsforderung auf den ganzen Rest aber fällig werden soll, wenn Zinsen und Amortisationsraten nicht rechtzeitig gezahlt werden[17]. Denn grade hier wird es keinem Zweifel unterliegen, dass die Darlehnsforderung sofort entsteht und nur ihre Fälligkeit in besondrer Weise hinausgeschoben und normirt ist. Es bedarf nun wohl kaum der

---

16a) Unter den hier in Betracht kommenden Fällen sind namentlich die gegenseitigen Verträge zu berücksichtigen, in denen die Forderungen eines oder beider Contrahenten bedingt sind, im Uebrigen aber das Rechtsverhältniss sofort wirksam ist; wie bei Versicherungsverträgen, Wette, Spiel u. s. w. Vgl. auch § 2. Anm. 16.

17) Ich kann hier den Ausdruck des Bedauerns nicht unterdrücken, dass unsre Lehrbücher diese und andre moderne Eigenthümlichkeiten des Darlehnsvertrages nicht einmal zu erwähnen pflegen.

Bemerkung, dass hier die Wirkung des Setzens der Bedingung die Obligation im Ganzen gar nicht, sondern nur diesen einzelnen Punct der Fälligkeit berührt. Ebenso verhält es sich mit dem abhängig gemachten Zahlungsort. Verwickelter aber liegt die Abhängigmachung des Gegenstandes der Obligation. Wenn der Gegenstand durch den Eintritt oder Nichteintritt eines ungewissen künftigen Ereignisses bestimmt werden soll (vgl. § 3. N°. 2.), so ist freilich von vornherein gewiss, dass geschuldet werden wird, aber jeder der Gegenstände ist einstweilen nur ein möglicher Weise geschuldet werdender; auch hier also entsteht Leistungspflicht dieses einzelnen bestimmten Gegenstandes und auch Haftpflicht für die Zeit vom Moment des Vertrags an erst mit Erfüllung der Bedingung[18]); und ebenso tritt auch mit dieser erst Fälligkeit der Schuld ein. Anders aber, wenn der Schuldner etwa die Auswahl zu treffen hat. Denn hier kann die Schuld als solche sofort fällig und klagbar sein, klagbar auf x oder y, während freilich eine wirkliche Schuld in Bezug auf einen der Gegenstände und eine Haftpflicht für denselben auch hier erst mit Erfüllung der Bedingung entstehn kann, obgleich auch hier das debitum iri sofort gewiss ist. Ausserdem unterscheiden sich beide Fälle auch wesentlich dadurch, dass der casuelle Untergang des einen oder andern Gegenstandes sehr verschieden wirkt. Im ersten Fall kann grade auch der untergegangene als wirklich geschuldeter bestimmt werden: der Untergang hat also alsdann keine Concentration zur Folge (unrichtig Windscheid § 255. Text nach Anm. 12.), denn der andre Gegenstand ist, wenn die Bedingung eben den untergegangenen bestimmt, nie geschuldet, und der Schuldner trotz der Existenz dieses andern dennoch frei. Der Schuldner aber hat, wenn ein Gegenstand untergeht, nicht das Recht, diesen noch zu wählen; er wird, wenn er selbst die Wahl hat, nur durch den Untergang beider frei. Man sollte daher diese beiden Fälle schärfer, als

18) Der Umfang dieser Haftpflicht (ob nur für grobe Schuld u. s. w.) bestimmt sich natürlich nach der Natur des Vertrages; und ich verstehe nicht, warum Windscheid § 255. Anm. 14. generell bei alternativen Obligationen nur für dolus Haftung eintreten lassen will.

bislang geschieht, unterscheiden und sich gegenüberstellen, und dies um so mehr, als auch die andern „Concentrationsgründe“ in beiden Fällen sich ganz verschieden gestalten. Denn während im ersten Falle Process und Leistung des einen Objects gar nicht concentrirend wirken können, und die Concentrirung durch Vertrag in Wahrheit nichts anderes als Veränderung der alternativen, in Bezug auf den Gegenstand bedingten Schuld in eine unbedingte, einfache ist[19]), wird im andern Fall ein solcher Vertrag der Regel nach bloss als definitive Ausübung des dem Schuldner zustehenden Wahlrechts aufzufassen sein.

Noch anders wieder ist, wie auch in § 3. S. 30 flg. bes. S. 32. bereits ausgeführt wurde, die Sachlage, wenn der Gläubiger die Wahl hat, weil dann jeder der Gegenstände sofort wirklich geschuldet und nur der Untergang dieser Verpflichtung abhängig gemacht ist. Die Consequenz dieser Auffassung führt dann natürlich unter Anderem auch dahin, die Haft- und Entschädigungspflicht sofort unbedingt entstehn zu lassen und nur die Wiederaufhebung derselben abhängig zu machen.

Endlich ist hier noch zu wiederholen (oben § 3. und Windscheid § 254. Anm. 8.), dass bei der alternativen Obligation — wenn es ungewiss ist, ob die Entscheidung über den Gegenstand überhaupt gegeben werden wird — auch der wesentliche Inhalt der Obligation in Frage gestellt sein kann und ihre Erörterung insofern auch unter den unter N°. 1. besprochenen Fällen erforderlich gewesen sein würde, wenn jene Besprechung als erschöpfende gedacht gewesen wäre[20]).

19) Es leuchtet ein (vgl. auch N°. 3.), dass diese Vereinbarung, wenn sie in eine Stipulation gekleidet war, die bestehende alternative Schuld novirte.

20) Eine richtige Theorie der alternativen Obligationen wird hienach mindestens 4, rechtlich durchaus verschiedene Gestaltungen derselben zu unterscheiden haben: je nachdem 1. die Existenz der Obligation selbst dadurch in das Ungewisse gesetzt ist, oder 2. irgend ein ungewisses Ereigniss die Wahl zwischen mehreren Gegenständen treffen soll, oder 3. der Schuldner, oder 4. der Gläubiger die Wahl hat. Inwieweit diese vier Fälle übereinstimmend, oder verschieden zu behandeln sind, bedürfte dann weiterer specialisirter Behandlung. — Uebrigens wäre auch nicht zu vergessen, dass eine Alternativität der Obligation auch noch in andern Beziehungen möglich ist. Vgl. Anm. 21. und oben § 3. Anm. 2. und ausserdem die sog. Prämiengeschäfte. Thöl, Handelsrecht. § 91 flg.

Von der alternativen Obligation ist bekanntlich diejenige zu unterscheiden, in welcher der Schuldner von vornherein das Recht hat, einen anderen Gegenstand, als den versprochenen und deshalb allein in obligatione befindlichen zu leisten. Dieser Fall aber ist hier zu erwähnen, weil auch diese facultas unter irgend einer Bedingung in Bezug auf einen von mehreren Gegenständen gegeben sein kann. Auch hier ist der Inhalt des Rechtsverhältnisses nach einer gewissen Seite hin abhängig, bedingt — die Erwähnung des Falls genügt aber, weil die rechtlichen Wirkungen dieser Abhängigmachung ohne Weiteres erhellen.

Es bleiben jetzt nur noch die Fälle zu berücksichtigen, in denen es von einer Bedingung abhängig gemacht ist, wer Gläubiger oder Schuldner sein soll, oder mit andern Worten: die Fälle der subjectiv-alternativen Obligation.

Auch hiebei ist zunächst der ähnliche, aber doch ganz verschiedne Fall, in welchem X oder Y solutionis causa adjectus sein soll, je nachdem der Umstand A eintritt oder nicht eintritt, auszuscheiden; denn wenn auch hier das Recht der Zahlung an X oder Y erst mit Eintritt der Bedingung entsteht, sind doch die eigentlichen Subjecte der Obligation von vornherein fest bestimmt. Das aber ist grade bei der subjectiv-alternativen Obligation nicht der Fall. Für die richtige Auffassung ist auf die Ausführung in § 9. S. 115 flg. und die dort citirte l. 25. § 1. D. 7, 1. Bezug zu nehmen. Danach existirt die Forderung oder Schuld sofort, zunächst freilich als subjectlose; sobald das Subject aber bestimmt ist, gilt dieses nun als von vornherein vorhanden. Selbstverständlich ist dabei, dass, wenn nicht ausnahmsweise für die subjectlose Berechtigung oder Verpflichtung ein Dispositionsberechtigter ernannt ist, die Fälligkeit der Forderung erst mit der Entscheidung der Bedingung eintritt [21]), wenngleich natürlich der Inhalt der dann entstehenden Forderung so bemessen sein kann, als ob dieselbe schon von vornherein fällig gewesen wäre.

21) Der Unterschied der subjectiv-alternativen von der Correalobligation wird hienach und nach dem in § 3. Anm. 6. Gesagten keiner weitern Erläuterung bedürfen. — Uebrigens kann man auch die alternativen Obligationen vielfach sowohl als una obligatio als auch als plures obligationes bezeichnen.

Als eben so selbstverständlich aber glaube ich es nach dem mehrfach Gesagten bezeichnen zu können, dass in allen diesen Fällen keine rückwirkende Kraft der Bedingung, sondern nur eine vorwärts gerichtete Wirkung des Gesammtthatbestandes vorliegt.

Freilich wären nun noch viele Fälle zu nennen, in denen einzelne Puncte einer Obligation von Bedingungen abhängig gemacht sind. Doch wird das Ausgeführte genügen, um den Beweis zu liefern, wie mannigfaltig dies gewöhnlich nicht beachtete Gebiet bedingter Bestimmungen ist und wie werthvolle Resultate für die richtige Theorie z. B. auch der alternativen Obligationen daraus entspringen.

Wenn ich mich nunmehr

3. zu den Bedingungen wende, welche den auf Abänderung oder Aufhebung obligatorischer Verhältnisse gerichteten Verträgen hinzugefügt sind, so ist zunächst eine, wenn auch nur summarische Auseinandersetzung mit der diese Lehren in erheblichem Grade beherrschenden Theorie der bedingten Novation, und somit auch der Novation überhaupt geboten. Doch werde ich mich auf die Novation unter denselben Personen beschränken, da die Novationen mit Hinzutritt neuer Personen nur im Zusammenhang mit der Cession und Schuldübernahme gedeihlich erörtert werden können.

Bekanntlich bezeichnete die ältere Theorie, als deren Vertreter ich noch Höpfner, Commentar § 986., Thibaut, System § 593. (1834.), Schweppe, Lehrbuch § 632. und Mühlenbruch, Pand. § 474. nenne, jede Veränderung eines bestehenden Obligationsverhältnisses als Novation, und zwar als eine privative, wenn die bisherige Obligation ganz zerstört wurde, dagegen als cumulative bezw. abändernde (so Mühlenbruch), wenn die alte Obligation nur einzelne Zusätze und Modificationen erhielt. Dabei herrschte indessen keine volle Uebereinstimmung darüber, ob die Novation nur durch Stipulation oder, wie Mühlenbruch u. A. behaupteten, auch durch Constitut, Vergleich und andre Verträge bewirkt werden konnte.

Diese ganze Theorie musste in Folge des eingehenden Studiums der reinen römischen Stipulationslehre (Liebe u. A.) bedenklich erschüttert werden. Denn jene Scheidung in privative und cumulative Novation entbehrte jeder römischrechtlichen Begründung, und die Nothwendigkeit einer stipulatio zur Novation war gleichfalls den Quellen gegenüber kaum zu bestreiten.

Indem man aber jene ältere Theorie als unrömisch erkannte und nun das reine römische Recht zur Anwendung bringen wollte, war natürlich die Frage nicht zu umgehn, ob denn das römische Institut der Novation nach Wegfall der Stipulation überhaupt noch als anwendbares Recht anzusehn sei. Die Meisten behaupten die Anwendbarkeit ganz generell, weil der heutige formlose Vertrag an die Stelle der Stipulation getreten sei (Windscheid § 354. Anm. 1. Römer, die bedingte Novation S. 342. Anm. 4. und dort Citirte), einige Andre, wie Keller, Pand. § 277., beschränken sie auf die sog. Formalcontracte des heutigen Rechts, namentlich Wechsel, noch Andre endlich, wie Gneist, Formelle Verträge S. 229. Förster, Preuss. Privatrecht § 97. Anm. 1. und die dort Citirten, leugnen sie schlechthin, und diesen letzteren schliesse auch ich mich aus folgenden Gründen an.

Es darf wohl als gewiss hingestellt werden, dass das Characteristische des Novationsbegriffs nicht in der begründenden Wirkung der Novationsstipulation liegt. Denn der Inhalt dieser letztern bietet nichts, was nicht auch in einer accessorischen Stipulation enthalten sein könnte. Das Besondre der Novationsstipulation liegt vielmehr allein darin, dass sie zugleich ein civilrechtlich anerkannter modus tollendi ist.

Bekanntlich ist nun die Frage, wie die Stipulation zu dieser aufhebenden Kraft kommt, in neuerer Zeit lebhaft erörtert worden. Denn während die herrschende Ansicht den neben der stipulatio vorhandnen animus novandi als das eigentlich Aufhebende betrachtet, glauben Andre (v. Salpius, Salkowski) in der formellen Beschaffenheit der zweiten Stipulation die wirkende Kraft finden zu müssen.

Um klar zu sehn, wird man sich zu vergegenwärtigen haben, dass die ältere Obligation sowohl auf einer Stipulation als auch auf irgend einem andern Vertrag beruhen konnte, und dass im letztern Falle stets, im ersteren aber nur, si quid in posteriore stipulatione novi sit (Gaj. 3, 177.), eine Novation möglich war. Und grade dieses letztere Moment scheint mir der Schlüssel zu dem Räthsel der Novation zu sein.

Wie die stipulatio älter ist als die Real- und Consensualcontracte, so ist auch ohne Zweifel die Novation einer vorhergehenden Stipulationsschuld der ursprünglichste Novationsfall, und es verdient in dieser Richtung wohl beachtet zu werden, dass Gajus an der Stelle, wo er ex professo von der Novation unter denselben Personen handelt (3, 176 sqq.), nur diesen älteren Fall berücksichtigt [22]).

Schon in früher Zeit musste nun wohl gelegentlich das Bedürfniss hervortreten, durch eine neuere Stipulation Abweichendes von einer frühern festzustellen, und damit die Frage auftauchen, wie es nun mit der älteren gehalten werden sollte; eine Frage übrigens, welche einmal gestellt auch schon die Antwort in sich schloss.

Wie bei Gesetzen, musste also auch bei Stipulationen der Satz zur Geltung gelangen, dass von zwei abweichenden Stipulationen die neuere gelten sollte [23]); und gegenüber der neuerdings sehr beliebt gewordnen Behauptung, dass bei der Novation beide Stipulationen identisch sein müssten, besteht hienach das Wesen der Novationsstipulation grade darin, dass sie nicht identisch mit der vorhergehenden ist. Selbstverständlich muss freilich die letztere auf die durch die frühere Stipulation begründete Obligation Bezug haben, denn sonst könnten sie eben, grade so wenig als zwei Gesetze, überhaupt in irgend welche Beziehung zu einander treten. Diese Forderung aber entspringt nicht aus einer besondern Eigenthümlichkeit der Novation, sondern lediglich daraus, dass die Novationsstipulation eben ein Abänderungsvertrag ist.

---

22) Wo Gajus von dem Eintritt einer dritten Person spricht, wendet er allerdings allgemeinere Ausdrücke an; doch wird dadurch die obige Bemerkung keineswegs abgeschwächt.

23) Cfr. auch l. 10. pr. 41, 2. potius . . hoc procedere videtur, quod novissime factum est. — Bei Testamenten liegt die Sache insofern anders, als hier schon die blosse Existenz eines zweiten Testaments, ganz abgesehn vom Inhalt, das ältere aufhob.

Von diesem Standpuncte aus erscheint auch die v. Salpius'-sche Auffassung, als ob die tilgende Kraft der Novationsstipulation einer besondern Fassung derselben entspringe, in viel günstigerem Lichte. Denn diese Consumtionswirkung war nur so lange unbegreiflich, als man von einer Identität der beiden Stipulationen ausging (Witte, Kr. V.J.Schr. 8, 322.); während es sehr wohl begreiflich und wahrscheinlich ist[24]), dass die römischen Juristen je nach Fassung und Inhalt der neuen Stipulation bald novirende, bald nicht-novirende Wirkung generell statuirten; und wiederum spricht hiefür besonders das Referat des Gajus (3. § 178.), wonach es ein Schulenstreit war, ob sponsoris adjectio aut detractio Novation bewirke oder nicht, und wobei es diversae scholae auctoribus placuit, nihil ad novationem proficere sponsoris adjectionem aut detractionem, so dass also die Einen jede abweichende Bestimmung der neuen Stipulation, die Andern aber nur eine incompatibele für novatorisch wirksam angesehn zu haben scheinen.

Hienach wird dem animus novandi ursprünglich keine neben der Stipulationsformel hervortretende selbständige Bedeutung zuzuschreiben sein. Seine Stellung musste sich jedoch durchaus verändern, als auch Real- und Consensualcontracte anerkannt und novationsfähig wurden. Denn hier war ja zwischen der alten und neuen Schuld oft kein andrer Unterschied, als dass die letztere eine Stipulationsschuld war, welche an und für sich auch ebensowohl neben der alten bestehn konnte. Hier also bedurfte es eines besondern Aufhebungswillens, animus novandi, dessen direct wirkende Kraft sich daraus erklärt, dass er sich an eine Stipulation anlehnte[25]).

24) Vgl. Jhering, Geist II. 1. § 47.

25) Es wird mir gestattet sein, mit wenigen Worten hier eine Frage zu berühren, welche mir bislang gar zu wenig eingehend behandelt zu werden scheint und enger mit der Formalnatur der Novationsstipulation zusammenhängt, als man wohl annimmt. Ich meine die eigenthümliche Bestimmung in l. 8. § 5. i. f. 46, 2. l. 91. 46, 3. und l. 13. § 10. 46, 4., dass ein Schuldner gegen seinen Willen durch Stipulation eines Dritten befreit werden kann, welche offenbar mit den allgemeinen Grundsätzen über die Verträge zu Gunsten Dritter durchaus nicht im Einklang steht.

Hängt diese Besonderheit — welche m. E. übrigens im heutigen Recht gar

Darin aber stimmten diese neueren Fälle der Novation mit den ursprünglichen völlig überein, dass auch hier das Wesen der Novationsstipulation darin bestand, dass sie eine andre Obligation direct aufhob, während sonst ein formloser Aufhebungswille regelmässig nur indirect als pactum de non petendo wirkte.

Wenn nun auch schon aus dem Ausgeführten unschwer erhellen dürfte, wie mannigfaltig Zweck und Bedeutung einer Novationsstipulation sein konnte, so scheint es mir doch nicht verlorene Mühe, gegenüber den vielen einseitigen Versuchen, die Novation bald als datio in solutum (besonders Witte, Krit. V.J.Schr. 8. S. 334. 9. S. 485 flg. aber auch S. 491.)[26]), bald als Verwandlung einer Schuld in eine abstracte Obligation u. s. w. aufzufassen, die wahre Bedeutung der Novation im römischen Recht an einzelnen Beispielen und unter Hinweisung auf andre verwandte Rechtsinstitute klar zu stellen, wobei ich nur noch voraufschicke, dass auch ich die Behauptung von v. Salpius

nicht mehr existenzberechtigt sein kann (Windscheid § 357. Anm. 4.) — nicht damit zusammen, dass die aufhebende Kraft der Novationsstipulation auch im classischen Recht ganz allein auf ihrer solennen Form, nicht aber auf dem nicht speciell verkörperten animus novandi beruht? — Und wie verhält sich hiezu der Satz, dass der Schuldner auch durch Zahlung eines Dritten gegen seinen Willen liberirt wird? Der durch die Annahme bewirkte Zustand der Befriedigtheit erklärt den auffallenden Satz nicht, da daraus nur eine exceptio entspringt. (Windscheid § 342. Anm. 46.) Liegt nun auch hier eine Reminiscenz an ältere Solennitäten oder nur ein bis auf das Aeusserste getriebenes Consequenzmachen aus dem Satz, dass einer für den Andern zahlen kann, zu Grunde? Auch hier aber sollte doch die allgemeine Theorie der Verträge zu Gunsten Dritter energischer ihre Rechte geltend machen. Sonst führt die Consequenz gar zu dem Satz (vgl. Windscheid § 342. Anm. 23. 24.), dass eine Schuld gegen den Willen des Gläubigers und Schuldners aufgehoben werden könnte! Auch scheinen die Bestimmungen über die pacta de non petendo darauf hinzudeuten, dass die Römer eine einheitliche Theorie über aufhebende Verträge zu Gunsten Dritter gar nicht kannten. Indessen war dies im alten Rom auch kaum möglich wegen der Verschiedenartigkeit der aufhebenden Geschäfte. Seltsam aber muss es scheinen, dass auch im heutigen Recht dieser Theil der Lehre von den Verträgen zu Gunsten Dritter noch immer so stiefmütterlich behandelt ist, da eigentlich (vgl. v. Vangerow § 608. Windscheid § 316. u. A.) nur Unger (Jahrbücher für Dogm. Band 10. S. 17 flg.) auch auf die liberatorischen Verträge zu Gunsten Dritter eingeht.

26) Die von Witte a. a. O. 8. S. 333. 334. angezogenen Stellen beweisen nichts, denn auch vom constitutum heisst es (l. 10. D. 13, 5.): loco ejus, cui jam solutum est, haberi debet is, cui constituitur.

(Novation § 52. 53.), dass im späteren Rechte die sog. abstracten Stipulationen gänzlich weggefallen seien, für unbewiesen und unbeweisbar ansehe.

Ich greife nun zuerst den Fall heraus, dass ein Kaufcontract mit angehängten Stipulationsclauseln abgeschlossen war und nachher, jedoch vor seiner Erfüllung, durch einen andern, wieder mit Stipulationsclauseln versehenen, abgeändert, bezw. ersetzt wurde. — Es wird nicht zweifelhaft sein, dass hier eine Novation erfolgte, während es ebenso klar ist, dass der alte Vertrag nur indirect aufgehoben wurde, wenn der zweite Kaufvertrag ohne Stipulation abgeschlossen war, und dass eine, freilich auch directe aber doch ohne Novation vor sich gehende Aufhebung erfolgte, wenn beide Verträge nur Consensualverträge waren. (l. 2. D. 18, 5. l. 7. § 6. D. 2, 14.)

Ich nenne ferner den Fall der bedingten Novation einer unbedingten Schuld. Die Novationsstipulation soll bekanntlich nach der recipirten Ansicht erst dann noviren, si committitur, so dass die Novation grade erst dann erfolgt, wenn die zweite Stipulation gleichen Inhalts mit der ersten geworden ist — eine Consequenz, welche den Sulpicius vielleicht grade mit veranlasst hat, die bedingte Novationsstipulation sofort wirken zu lassen. Gaj. 3, 179. Wenn aber der Römer unter allen Umständen Bedingtes an die Stelle von Unbedingtem setzen wollte, konnte dieser Wille zunächst nicht novatorisch, sondern nur als pactum de non petendo Geltung erlangen. Gaj. l. c.

Hiemit scheint mir endlich auch die berüchtigte l. 8. C. de nov. 8, 42. in Zusammenhang zu stehn. Während bei den mittelalterlichen Juristen die Frage eine grosse Rolle spielte (vgl. v. Salpius S. 262 flg.), ob nicht neben der eigentlichen ausdrücklichen Novation, eine wenigstens per exceptionem wirkende novatio tacita statthaft sei, und während die Spätern bis in dieses Jahrhundert hinein unter allen Umständen bei Incompatibilität der spätern und des frühern Vertrags eine novatio tacita annahmen [27],

27) Ich citire nur: Menochius, de praes. III. 134. No. 39 sqq. Voet. ad 46, 2. No. 3. Vinnius, Inst. 3, 20. Mevius, Dec. Pars II. 338. (6.) Vgl. auch noch Toullier, Le droit civil VII. No. 278. 279. S. 337. der 2ten Aufl. Allg. Preuss. Landr. I. 16. § 455.

erwähnt die heutige Doctrin diese Streitfragen kaum noch und stellt Alles auf die eine Frage, ob die Novation ausdrücklich erklärt sein muss oder nicht. Und doch dürfte es nicht zu bezweifeln sein, dass Justinian in der genannten Constitution das pactum de non petendo keinenfalls an Formen binden wollte, und dass also überall, wo der Parteiwille, wie namentlich bei Incompatibilität des neuen Vertrags, in der That auf Aufhebung der alten Schuld gerichtet war, dieser letzteren nun eine exceptio pacti gegenüberstand, indirect also der Zweck doch erreicht war. Jene ältern Anschauungen entbehrten mithin, wenn sie auch oft unrichtig formulirt waren, keineswegs des richtigen practischen Blickes. Uns aber liegt es jetzt ob, unser geläutertes Verständniss des römischen Rechts und seiner Abweichungen vom heutigen Vertragsrecht zu einem abschliessenden Urtheil über die heutige Bedeutung der Novation zu verwerthen.

Mir scheint hiebei Folgendes entscheidend.

Erstens. Wie schon im Römischen Recht der Novationsbegriff nicht durch die begründende Seite der Novationsstipulation constituirt wurde, so ist dies auch heute nicht denkbar. Die Bezugnahme auf ein bestehendes Schuldverhältniss und die Constituirung eines neuen auf Grund des alten ist genau in derselben Weise möglich, mag nun zugleich die alte Obligation aufgehoben werden oder nicht. Freilich kann grade auch die Aufhebung einer alten Schuld zur Bedingung des neuen Vertrags gemacht werden; dann aber ist dies eine Bedingung wie hundert andre, deren eigentliche Bedeutung im einzelnen festzustellen ist, aber schwerlich durch allgemeine Categorien, wie die von Windscheid § 355. aufgestellten, erheblich geklärt werden kann. Doch würde m. E. auch hier wahrhafte Förderung erst dann erzielt werden, wenn man die causa auch hier ganz aus dem Spiel liesse und statt ihrer bald von Motiv, bald von Thatbestand, Vertragsinhalt (v. Salpius S. 216.) oder Vertrag reden wollte. Denn die causa ist in den Bedeutungen, welche ihr immerfort beigelegt werden (vgl. statt Aller z. B. Arndts § 234. Anm. 1.), nicht einmal ein römischer Begriff, und darum als Kunstausdruck des heutigen deutschen Rechts ganz gewiss nicht zu gebrauchen[29]). (Vgl. auch oben die §§ 7. 8.)

Zweitens. Wenn im römischen Recht der Novationsbegriff von denen der andern, Obligationen aufhebenden Rechtsgeschäfte getrennt gehalten werden musste, so lag dies darin, dass die Novation bewirkende Stipulation sowohl nach Form als Wirkung von jenen andern Geschäften unterschieden war, auch wenn sie einen vollständig gleichen Inhalt hatte. Da aber heute der formlose Aufhebungsvertrag der generelle Begriff ist, in welchen alle besondern Geschäfte des römischen Rechts: acceptilatio, pactum de non petendo und sog. mutuus dissensus zusammenfliessen, und da dieser wiederum sich auch von dem

---

29) Ebensowenig scheint mir freilich gewonnen, wenn man einfach causa in Bestimmungsgrund verdeutscht. Am wichtigsten bleibt es wohl, dass man klarer und bestimmter das Versprechen irgend einer Leistung und den Vertrag, dessen ganzen oder theilweisen Inhalt dasselbe bildet, unterscheidet. Windscheid § 318. will nach der Ueberschrift vom Grund des Vertrags handeln, handelt in der Folge aber hauptsächlich von dem „Bestimmungsgrund" — nach No. 1. gleich Motiv — des einzelnen Versprechens. (Anm. 2 flg.) Dass nun ein Vertrag stets unabhängig von seinem Motiv ist, sofern es nicht zum Inhalt des Vertrages erhoben ist und also nicht erst losgelös't zu werden braucht: dürfte wohl unzweifelhaft sein, ebenso wie, dass auch der ganze Vertragsinhalt in einem einzigen einseitigen Versprechen bestehen kann, wie z. B. in allen denjenigen Fällen, in denen Jemand einem Andern auf Grund eines mit einem Dritten abgeschlossenen Vertrags etwas versprechen muss, oder auch in den Fällen einer vertragsweisen Erhöhung des Zinsfusses für irgend ein creditirtes Capital u. s. w.

Vom Bestimmungsgrund des einzelnen Versprechens aber sollte man besser gar nicht handeln, sondern lediglich vom Inhalt der einzelnen im Vertrag übernommenen Verpflichtungen. Dabei wäre denn hervorzuheben, dass ein Vertrag auch sehr wohl darauf gerichtet sein kann, eine einzelne Verpflichtung aus einem bestehenden Rechtsverhältnisse heraus zu greifen und zum Gegenstand eines besondern Versprechens zu machen. Und zweifellos kann dabei in verschiedenster Weise eine mehr oder minder grosse Abhängigkeit oder Unabhängigkeit von jenem Gesammt-Rechtsverhältniss ausdrücklich oder stillschweigend gewollt sein. Niemals aber liegt darin eine Loslösung vom Motiv des neuen Vertrags, sondern vom bestehenden Gesammt-Rechtsverhältniss: causa in diesem Sinn. — Zu einem ausführlicheren Eingehen auf die Sache ist hier freilich nicht der rechte Ort. Diese Bemerkungen aber glaubte ich einfügen zu dürfen, wenngleich ich in meiner jetzigen Stellung nicht hoffen darf, ihre tiefere Begründung in einem vor mehreren Jahren als drittes Heft meiner „Studien über die heutige Geltung des römischen Rechts" begonnenen Aufsatz „über die Bedeutung der causa für das heutige Vertragsrecht" geben zu können.

Novationsvertrage in der Form in keiner Weise unterscheiden würde, so ist nicht abzusehn, welche besondre Existenzberechtigung der Novationsbegriff noch hat. Denn er kann sie zunächst nicht finden in einzelnen Besonderheiten der römischen novatio, wie z. B. der Befreiung des Schuldner gegen seinen Willen, da nach dieser Richtung hin heute doch gewiss nicht anderes gelten könnte, als beim Erlassvertrage, oder dem römischen mutuus dissensus. (Vgl. Anm. 25.)

Er kann sie ferner nicht darin finden, dass die alte Schuld nur dann aufgehoben wird, wenn eine neue rechtsbeständig begründet wird, da der Aufhebungsvertrag alle möglichen Bedingungen und also auch diese aufzunehmen vermag, und kein Grund ersichtlich ist, diese Art des bedingten Aufhebungsvertrags grade besonders zu behandeln, während doch im römischen Recht derartig bedingte pacta de non petendo oder mutui dissensus auch nicht besonders behandelt wurden.

Der Novationsbegriff kann endlich auch nicht durch die Bemerkung, dass die Novation ein einheitlicher Act — Aufhebung durch Begründung — (Windscheid § 353. Anm. 3. u. A.) sei, als ein heute existenzberechtigter erwiesen werden, weil diese Gleichzeitigkeit der Aufhebung und Begründung rechtlich ohne Bedeutung ist, wie sie ja auch beim mutuus dissensus (l. 2. D. 18, 5.) allgemein als solche, d. h. als bedeutungslos behandelt wird.

Drittens. Dass hienach die Controverse über die genannte l. 8. C. 8, 42. keine practische Bedeutung mehr hat, bedarf kaum der Erwähnung. Doch hätte dies auch früher schon allein aus der heutigen Stellung des pactum de non petendo heraus deducirt werden müssen. Ebenso erhellt aus dem Gesagten

viertens, dass der Novationsbegriff auch nicht für die Fälle aufrecht erhalten werden kann, in denen über bestehende Schuldverhältnisse Wechsel ausgestellt werden. Denn wenn mit dieser Operation überhaupt eine Aufhebung der alten Schuld verbunden sein sollte — was m. E. regelmässig nicht der Fall sein wird — so beruht dies eben lediglich auf einem gleichzeitig abgeschlossenen Aufhebungsvertrage, der von andern Verträgen seiner Art in keiner wesentlichen Beziehung unterschieden ist und daher auch keiner besondern Darstellung als Novationsvertrag bedarf.

Ich glaube nunmehr dahin resumiren zu können, dass die beiden Seiten der römischen Novationsstipulation im heutigen Recht nicht mehr als in einem Institut verbunden dargestellt werden können, vielmehr an verschiedene Stellen des Systems zu vertheilen sind: die begründende unter diejenigen Verträge, welche mit Rücksicht auf ein bestehendes Rechtsverhältniss eingegangen werden, als Anerkennungsverträge, Zahlungsversprechen u. s. w., die aufhebende aber theils unter die, eine Obligation verändernden, und theils unter die, eine Obligation aufhebenden Verträge. Und von diesen beiden letztern und speciell den Wirkungen der ihnen hinzugefügten Bedingungen ist nun hier allein zu handeln.

Abhängig gemacht von dem bedingenden Umstande ist in diesen Fällen offenbar die Abänderung bezw. die Aufhebung. Beide sollen nur in dem einen Fall eintreten, wenn die Bedingung eintritt. Auch hier ist also die letztere als ein zur Erzeugung der rechtlichen Wirkung nothwendiges, constitutives Element zu characterisiren. Und die Consequenz ist unausweichlich denn auch hier die, dass jene rechtliche Wirkung erst im Augenblick des Bedingungseintritts, als dem Moment der Erfüllung des gesammten Thatbestandes zur Entstehung gelangt. Abgesehen aber von diesem überall zutreffenden Fundamentalsatze sind die grössten Verschiedenheiten der einzelnen Fälle zu constatiren.

Von besonderm Interesse ist es zunächst, dass hier vielfach mit wünschenswerthester Klarheit zu Tage tritt, dass der bedingte Vertrag sofort existent und wirksam ist. Wenn ich z. B. meinem Schuldner für den Fall, dass ich einen jetzt schwebenden Process gewinne, seine Schuld erlasse, so wird, glaube ich, unbestreitbar sein, dass nun, wenn nicht die Parteien ausdrücklich das Gegentheil bestimmen, bis zur Entscheidung des Processes die Fälligkeit und Klagbarkeit jener Schuld hinausgeschoben und in das Ungewisse gestellt ist[30]).

30) Wenn der Parteienwille die Fälligkeit nicht hinausschieben wollte, würde der Vertrag dahin aufzufassen sein, dass die Schuld aufgehoben sein soll, wenn die

Auch hieraus also erhellt, wie unrichtig oder mindestens unklar es ist, wenn Windscheid § 89. generell sagt, dass während Schwebens der Bedingung die Kraft der Willenserklärung (welcher? der bedingten oder der Bedingung setzenden?) noch gehemmt sei.

Jene sofortige Wirkung tritt freilich nicht immer ein. Zweifelhaft mag es z. B. schon im obigen Fall sein, ob auch die Zinsenzahlung, falls die Schuld eine verzinsliche war, sofort sistirt sein und eventuell bei Vereitelung der Bedingung nachgeholt werden soll, oder ob man dieselbe bis zum Bedingungseintritt jedenfalls fortlaufen lassen wollte. Ziemlich zweifellos wird dagegen dies Fortlaufen der Zinspflicht wohl schon in dem Fall sein, wenn A seinem Darlehnsschuldner B den Zinsfuss für den Fall, dass A die Erbschaft eines jetzt noch Lebenden erhält, von 5 % auf 2 % ermässigt. Denn dort würde der Gläubiger in den vom Processbeginn an ihm zu zahlenden Früchten oder Zinsen schon von vornherein ein Aequivalent haben, so dass also der Moment des Bedingungseintritts für die Frage der Zinsen ziemlich irrelevant ist, während hier auch der Fruchtgenuss des Gläubigers erst mit dem Augenblick der Erfüllung der Bedingung eintritt[31]). Doch sind dies nur einzelne Fälle, welche freilich in Verbindung mit der Interpretation des in ihnen hervortretenden Parteiwillens schon zur Erbringung des Nachweises, wie verschiedenartig hier die einzelnen Fälle und wie gefährlich daher Generalisirungen sind, genügen dürften[31]).

Erwähnenswerth ist ferner die Frage der Haftung. Allerdings wird dieselbe zweifellos gar nicht alterirt, wenn das ganze Verhältniss (Anm. 31.) zunächst gar nicht berührt wird. Aber wenn ich Jemandem die Lieferung eines an mich verkauften Pferdes für den Fall, dass ich von X ein andres geschenkt erhalte,

---

Bedingung vor der Fälligkeit eintritt, dass aber im Fall spätern Eintritts der Bedingung das Gezahlte zurückgegeben werden soll. Also ein untrennbar verbundner Aufhebungs- und Begründungsvertrag!

31) Andre Fälle, in denen bis zum Eintritt der Bedingung nichts geändert sein soll: Aufhebung eines Mieth- oder Pachtvertrags für irgend einen Fall oder einen Zeitpunct, während der Pächter oder Miether im Besitz bleibt; Entlassung eines Dienstmädchens. wenn sie eine andre stellt; Erhöhung oder Ermässigung des Zinsfusses, wenn die Reichsbank erhöht oder ermässigt u. s. w.

erlasse: wie steht es dann mit der Haftung? Unzweifelhaft wird der Schuldner bei etwaiger Verschuldung im Fall des Eintritts der Bedingung frei, entgegengesetzten Falls aber entschädigungspflichtig sein. Wie aber ist dies rechtlich zu construiren? Entsteht die Entschädigungspflicht zunächst unbedingt, um dann beim Eintritt der Bedingung wieder aufgehoben zu werden? oder aber entsteht sie auch hier, analog wie beim Begründungsvertrag (oben unter 1.) erst im Moment des Nichteintritts der Bedingung, dann aber mit dem Inhalte, dass sie die ganze Zeit während Schwebens der Bedingung mit umfasst? Ich muss gestehen, dass mir die zweite Auffassung sachlich zutreffender zu sein scheint. Dann aber liegt hierin ein neuer Beweis für die sofortige Wirksamkeit des bedingten Vertrags, da er den Thatbestand, der bisher Haft- und Entschädigungspflicht allein erzeugte, dieser Zeugungskraft beraubt[32].

Wenn ich endlich auch hier noch der Rückwirkung gedenke, so wüsste ich nicht einmal eine Stelle zu entdecken, an der man sie allenfalls anbringen könnte. Denn selbst wenn wirklich eine verzinsliche Schuld ausdrücklich vom Tage des bedingten Vertrags an aufgehoben wird: so bewirkt das, wie wir gesehen, zunächst ein Hinausschieben der Fälligkeit der Hauptschuld und der Zinsen und eventuell eine Aufhebung aller dieser Schuldposten oder ein Fälligwerden derselben. Jede Schuldaufhebung aber bezieht sich auf rückwärts entstandene Forderungen!

Ich habe in den bisherigen Ausführungen gewiss eintretende und ungewisse Bedingungen nicht unterschieden, weil die Verschiedenheit der Wirkungen hier in der That nicht von der Gewissheit oder Ungewissheit des Eintretens der Bedingungen, sondern von dem Gesammt-Rechtsverhältniss und der Beschaffenheit des zur Bedingung gesetzten Umstandes im Ganzen abhängt. Ebenso habe ich es unterlassen, auf die Fragen nach dem Datum des bedingten Aufhebungs- oder Veränderungsvertrags u. s. w. einzugehn, weil dieselben sich unmittelbar aus dem unter N°. 1. Gesagten beantworten. Denn wie dort die fällige Forderung,

32) Es wird keines Nachweises bedürfen, dass die Entstehung der Haftpflicht anders geartet ist als die von Zinsforderungen.

wird auch hier die Veränderung, die Aufhebung erst mit dem Eintritt der Bedingung existent — während auch hier, wie dort, in allen Fällen sofort eine Gebundenheit, in einzelnen auch noch mehr: dort Haftpflicht, Leistungspflicht bei gewiss eintretenden Bedingungen, hier Sistirung der Fälligkeit und Klagbarkeit erzeugt wird. Nur darin liegt hier die Sache einfacher, dass wir nicht genöthigt sind, nach dem Datum für das Gesammt-Rechtsverhältniss zu suchen, da ein solches ja nicht gegründet, sondern nur ein bestehendes verändert oder aufgehoben werden soll. Und wann diese Veränderung oder Aufhebung eintritt, ist eine viel leichtere und eben schon beantwortete Frage.

Mit den Schuldaufhebungsverträgen pflegen die jetzt noch zu behandelnden

4. Rückgängigmachungs- (Resolutiv-) Verträge gewöhnlich zusammengestellt zu werden. Ihre Behandlung wird aber sehr kurz sein können, da diese Verträge entweder — wenn nämlich der rückgängig zu machende Vertrag bereits ganz erfüllt war — nur schuldbegründend wirken, oder aber — wenn aus dem alten Vertrag noch einzelne unerfüllte Forderungen restiren — eine Mischung von Schuldbegründung und Schuldaufhebung enthalten[33]). Je nach Lage der Sache sind also die anzuwendenden Rechtsnormen aus den Erörterungen sub N°. 1. und 3. ganz oder theilweise zu entnehmen. Ein Eingehn auf einzelne Fälle wird aber um so weniger noch erforderlich sein, als im § 3. S. 35 flg. bereits ausführlich von diesen Resolutivverträgen gehandelt ist.

In diesen Erörterungen unter N°. 3. und 4. stecken nun auch alle diejenigen Sätze, welche gewöhnlich unter den Namen: dies ad quem, Resolutivbedingung, gewisser und ungewisser Endtermin vorgetragen zu werden pflegen, weil die gemeine Lehre die aufhebende oder rückgängigmachende Wirkung dieser bedingten Ver-

33) Etwas anders wieder sind diejenigen Rechtsverhältnisse gestaltet, in denen einem oder beiden Contrahenten unter einer Bedingung das Recht gegeben ist, den Vertrag oder das Verhältniss aufzuheben oder rückgängig zu machen. vgl. z. B. Thöl, Handelsrecht § 91 flg. — Hiemit haben nahe Verwandtschaft die Fälle des Verwaltungsrechts, in denen — z. B. bei Concessionen — die Behörde Bedingungen festsetzt, bei deren Nichterfüllung eine Zurücknahme der Concession gerechtfertigt ist. Vgl. z. B. Gewerbeordnung vom 21. Juni 1869. § 18. 147.

träge statt in diese irrthümlich in die Bedingung verlegt — eine Rechtsansicht, deren Grundlosigkeit ich in § 3. S. 35 flg. zur Genüge gezeigt zu haben hoffe. Endlich ist auch

5. der bedingten Cession wenigstens in aller Kürze noch Erwähnung zu thun, wenn auch auf die grosse Mannigfaltigkeit des möglicher Weise Gewollten hier im Einzelnen nicht näher eingegangen werden kann. Zunächst sind hiebei ähnliche Verschiedenheiten denkbar, wie sie in § 11. noch bei der bedingten Tradition näher darzulegen sein werden. Ausserdem aber sind hier manche andre Eigenthümlichkeiten, die eben aus der Natur dieses Forderungsübergangs entspringen, zu bemerken. Vor Allem kann das mit der Cession selbst und unmittelbar gegebene Recht ganz verschieden bestimmt sein, je nachdem der Cedent einstweilen freie Verfügung in Betreff des Einziehens der Forderung selbst und der Zinsen behalten oder aber der Schuldner durch sofortige Denuntiation in die Lage gesetzt werden soll, bis zur Entscheidung der Bedingung keinem von beiden, sondern etwa einem Dritten Capital oder Zinsen oder Beides zu zahlen. Im letzteren Fall würde sich insbesondre wieder das bedingte Geschäft als sofort wirksam erweisen.

Aehnliche Erscheinungen, nur in umgekehrter Gestalt, bieten sich bei der bedingten Schuldübernahme, denn auch hier kann das Recht des Gläubigers dem bisherigen Schuldner gegenüber bis zur Entscheidung der Bedingung einstweilen sistirt sein oder intact bleiben sollen. Und in allen Fällen kann sowohl beabsichtigt als auch nicht beabsichtigt sein, dass der neue Gläubiger bezw. der neue Schuldner beim Eintritt der Bedingung so behandelt werden soll, als ob er bereits im Moment der Cession bezw. Schuldübernahme eingetreten sei. Was aber im Zweifel als gewollt anzusehn ist, dürfte auf Grund des bisher gesammelten Materials jedenfalls noch nicht, vielleicht aber überhaupt nicht generell zu sagen sein. —

Hiemit glaube ich die bedingten Willenserklärungen auf dem Gebiete des Obligationenrechts nach den vornehmlich hier sich bietenden Verschiedenheiten zur Genüge erläutert zu haben, und wende mich nunmehr den andern Rechtsgebieten und zwar zunächst der bedingten Tradition zu.

§. 11. 3. Bedingte Willenserklärungen aus dem Sachen- und Erbrecht.

1. Die bedingte Eigenthumstradition.

Unter dieser verstehe ich nur die gewöhnlich sogenannte suspensiv-bedingte Tradition, da es m. E. (vgl. § 3. S. 45 flg.) eine resolutiv bedingte Tradition gar nicht giebt, sondern höchstens Resolutivverträge mit dinglicher Wirkung.

Man ist nun — vgl. § 9. — zur Zeit wohl darin einig, dass bei der Tradition der Eigenthumsübergang von einem künftigen Ereigniss in der Weise abhängig gemacht werden kann, dass derselbe erst im Moment des Eintretens der Bedingung erfolgen soll. Und der Streit dreht sich nur darum, einmal, ob eine solche Tradition die einzig mögliche, und zweitens: ob sie wenigstens im Zweifel als gewollt anzunehmen sei. Was aber die rechtliche Auffassung und Bezeichnung dieses Verhältnisses anlangt, so bezeichnet man dasselbe, wenn der bedingende Umstand gewiss eintritt, allgemein als dies, während im Fall der Ungewissheit der Bedingung Fitting, v. Vangerow u. A. von einem gleichzeitigen Setzen von dies und condicio, Köppen von einem dies incertus und Unger und Brinz von einer gemischten Bedingung sprechen.

Ich habe nun bereits in § 9. darauf hingewiesen, wie hiemit eigentlich nichts erklärt ist, da alle diese Worte nur das Eine sagen, dass der hier in Frage befindliche — gewisse oder ungewisse — bedingende Umstand andre Wirkungen erzeuge, als andre bedingende Umstände. Irrthümlich aber ist namentlich die erste Ansicht, wonach derselbe Umstand zunächst als condicio gewisse Wirkungen erzeugt oder doch erzeugen würde, wenn dieselben nicht gleich durch denselben Umstand als dies wieder paralysirt würden. Denn offenbar ist doch nur die Setzung eines bedingenden Umstandes mit bestimmten, einer einheitlichen Quelle entsprungnen Wirkungen gedacht und gewollt! Doch auch die andern Bezeichnungen führen zu falschen Vorstellungen. Denn der bedingende Umstand bewirkt hier, grade so wie überall, dasselbe eine Resultat: die Erfüllung des Gesammtthatbestandes, und dieser hat nun wegen des verschiedenen Inhalts der bedingten Verträge, welcher sich freilich grade auch mit Rücksicht auf die Beschaffenheit (Gewissheit — Ungewissheit u. s. w.) des bedingenden Umstandes verschieden gestaltet, auch sehr verschiedene Wirkungen, nicht aber der bedingende Umstand!

Die Frage ist also die: ist die bedingte Tradition nur in der obengenannten Qualification oder auch in andrer Weise möglich?

Zunächst wird nach dem, was in den vorhergehenden Ausführungen hoffentlich erwiesen worden ist, wohl ohne Weiteres einleuchten, dass dieser Inhalt der bedingten Tradition als der einfachste und gewissermafsen selbstverständliche angesehn werden muss. Ja, fast scheint es, als sei ein Eigenthumsübergang gar nicht eher möglich, als bis der gesammte Thatbestand erfüllt ist. Trotzdem würde es irrig sein, damit die zu beantwortende Frage als gelös't ansehn zu wollen. Denn auch darauf ist eine Antwort zu geben, ob denn der Eigenthumsübergang nicht mit rechtlicher Wirkung an den Eintritt der Bedingung in der Weise angeknüpft werden kann, dass er allerdings erst mit dem Bedingungseintritt, dann aber mit dem Inhalt und mit den Wirkungen existent wird, als ob er bereits früher eingetreten wäre?

Die vorhandnen Schwierigkeiten wird man wohl aus der Fragstellung schon herausfühlen. Denn während bei den Obligationen eine derartige Bestimmung des Inhalts durch Gleichstellung mit einer schon früher existent gewordenen Obligation keine Schwierigkeiten bieten konnte (§ 10.), weil eben der Inhalt der Obligation beliebig wandelbar ist, so entsteht doch hier sofort die Frage, ob denn Inhalt und Wirkungen des Eigenthums nicht objectiv gegebene, nicht zu verändernde seien? Indessen ist hier wohl zu unterscheiden. Denn ganz gewiss wird es völlig unbedenklich sein, bei der Tradition die Bestimmung zu treffen, dass der Erwerber bezüglich der Früchte der Zwischenzeit oder der commoda oder incommoda rei oder der etwa durch Sachbeschädigung u. s. w. entstehenden Klagen beim Eintreten der Bedingung grade so behandelt werden solle, als ob er von vornherein Eigenthümer gewesen sei. Denn darin liegt eben keine Veränderung des Eigenthumsinhalts, sondern eine besondre bedingte Tradition der Früchte, eine bedingte Cession der Miethsforderungen und der Klagen u. s. w. Und der neue Eigenthümer erwirbt dies Alles im Augenblick des Eintritts der Bedingung, auf Grund des bedingten Traditionsvertrags, und ohne jede besondre wirkende, geschweige denn rückwirkende Kraft der Bedingung.

Wie aber, wenn die Absicht wirklich dahin ging, dass der Erwerber in jeder Hinsicht vom Eintritt der Bedingung an als Eigenthümer angesehn werden, dass also die Wirkungen des Eigenthums nun cessiren und auf ein Nicht-Eigenthum übertragen werden sollten? oder etwa dahin, dass inzwischen, bis zur Entscheidung der Bedingung ein „schwebendes Eigenthum" vorhanden sein und der von Anfang an vorhandne Eigenthümer erst durch Eintritt oder Nicht-Eintritt der Bedingung bestimmt werden sollte?

Der erste Fall wird schwerlich je eintreten, es müsste denn ein Fanatiker der Rückwirkung eine Tradition speziell so formuliren. Denn Geschäftsleute werden gewiss eine genauere Darlegung des Gewollten vorziehen. Wenn aber wirklich ein solches Geschäft vorkommen sollte, so wäre auch dadurch insoweit noch nichts Besonderes gesetzt, als die gewollten Wirkungen als Erzeugnisse besondrer zu ihrer Erzeugung befähigter Willenserklärungen aufgefasst werden können, so wie dies eben in Bezug auf Früchte, Miethzinsen und Klagen gezeigt ist. Darüber hinaus aber wird der Wille nur insoweit noch realisirt werden können, als das objective Recht dasselbe anordnet wie er. So lange nicht etwa schwebendes Eigenthum gewollt ist, ist zweifellos der Tradent bis zur Erfüllung der Bedingung noch Eigenthümer, und wenn der bedingte Erwerber in der Zwischenzeit schon Dispositionen über die Sache trifft, werden diese m. E. nur nach den allgemeinen Bestimmungen über Dispositionen von Nicht-Eigenthümern, welche nachher Eigenthum erwerben, behandelt werden können u. s. w.[1]).

---

1) Nach l. 11. § 9. l. 20. D. 24. 1. soll in einer weiter gehenden Weise die

Ganz anders aber gestaltet sich die Sache, wenn wirklich „schwebendes Eigenthum“ gewollt ist. Um hier nun das Richtige zu treffen, wird an das in § 9. S. 113 flg. Ausgeführte anzuknüpfen sein. Demnach würde der engste Anschluss an die Fälle der l. 25. § 1. D. 7, 1. und der übrigen dort citirten Stellen zunächst in demjenigen Fall gegeben sein, wenn der Tradent sein Eigenthum sofort definitiv aufgiebt, die Person des Erwerbers aber von einer Bedingung abhängig macht. Auch hier würde die Tradition sofort ein Eigenthum beenden und an dessen Stelle ein neues, für eine noch unbestimmte Person von vornherein bestimmtes, bis zur Entscheidung der Bedingung aber subjectloses Eigenthum begründen, während beim Eintritt der Bedingung der nun erfüllte Thatbestand des Eigenthumüberganges für eine der Personen ein von vornherein als ihm zuständig gewesen anzusehendes Eigenthum begründet. Und auch hier würde in der Statuirung dieser Annahme nichts rechtlich Unzulässiges liegen, da sie nicht — wie in dem Fall, in welchem der Tradent zunächst Eigenthümer bleibt — mit dem bestehenden Eigenthum eines Andern in Conflict geräth, vielmehr in dem subjectlosen Zwischeneigenthum von vornherein ein auf diese Annahme berechneter Uebergangszustand geschaffen ist.

Wie aber, wenn der Tradent sein Eigenthum nicht unbedingt, sondern nur für einen gewissen Fall aufgeben will, die Absicht jedoch entschieden dahin geht, dass zunächst Niemand über die — etwa einem Dritten zur Verwaltung übergebene — Sache mit rechtlicher Wirkung soll disponiren können?

Ich stehe nicht an, auch in diesem Fall das Gewollte als rechtlich realisirbar anzusehn. Der Empfänger besitzt und verwaltet dann zunächst weder für den Tradenten, noch für den eventuellen Erwerber, sondern für ein noch unbestimmtes Subject, dem zugehörig zu sein die Sache aber jetzt schon bestimmt

beschenkte Ehefrau im Fall des Todes ihres Mannes so behandelt werden, als ob sie schon früher Eigenthümerin geworden sei. Das beruht aber nicht unmittelbar auf Parteiwillen, sondern darauf, dass dem Parteiwillen, der in rechtlich unzulässiger Weise auf sofortigen Eigenthumsübergang gerichtet war, von der Jurisprudenz möglichst geholfen werden sollte. Vgl. § 9. Anm. 12.

ist. In Wirklichkeit würde es sich also auch hier nur um ein zunächst subjectloses, subjectiv-alternatives Eigenthum handeln.

Wenn ich jedoch auch die eben besprochenen Fälle nach gemeinem Recht als mögliche anerkennen muss, so kann ich mir doch nicht verhehlen, dass ihre Combination eine etwas künstliche und ausser dem Gewöhnlichen liegende ist: ich würde daher stets nach ganz unzweideutigen Anzeichen suchen, um eine derartige rechtliche Behandlung als gewollt anzunehmen. Im Resultat stimme ich also mit allen denen (Windscheid, Fitting, Wendt u. s. w.), welche die zuerst genannte bedingte Tradition mit einfachem Inhalt als im Zweifel gewollt ansehen, so ziemlich überein, wenngleich ich diesen Ausdruck lieber vermeide, da ein positiv-rechtlicher Anhalt für einen solchen dispositiven Rechtssatz fehlt [2]).

Ich habe eben bereits auf die verschiedenen rechtlichen Wirkungen dieser bedingten Traditionen hingedeutet, und es ist nunmehr noch näher auf dieselben einzugehn.

Zunächst stimmen alle diese Traditionen darin überein, dass dadurch ebenso wie bei dem Schuld-begründenden oder Schuld-aufhebenden Vertrage in allen Fällen sofort eine Gebundenheit der Parteien existent wird, denn auch die Tradition ist eine — bezw. wird begleitet von einer — Willenseinigung d. i. Vertrag. Auch ist die Tradition, d. h. Uebergabe der Sache in der Absicht, Eigenthum zu geben und zu nehmen, sofort eben so vollendet, wie der obligatorische oder Schuld-aufhebende Vertrag, so dass also ihr Datum nicht wohl zweifelhaft sein kann, und — wenn ein neues Gesetz die Tradition aus der Reihe der Eigenthumserwerbsarten in Bezug auf Immobilien streicht — die vor

2) Die oben bezeichneten Möglichkeiten sollen freilich nicht ausschliesslich als denkbar hingestellt werden. Jedenfalls aber scheint mir Köppen's Theorie (Jahrbücher. Bd. XI. S. 180 flg.), wonach beim gegenwärtig bedingten Eigenthumserwerb der Tradent zwar noch Eigenthümer und der Erwerber noch nicht Eigenthümer ist, nach der Erfüllung der Bedingung aber dieser rückwärts Eigenthümer wird und die Dispositionen des Tradenten ab initio zusammenfallen, weil für diesen der Eigenthumsverlust, für jenen der Eigenthumserwerb bereits begonnen war und jetzt nur vollendet, perfect wird — durchaus undenkbar. Der correcte Ausdruck ist in allen Fällen nur der eine: bedingtes Eigenthum. Vgl. § 10. Anm. 5.

dem Inkrafttreten des Gesetzes vorgenommenen bedingten Traditionen nicht davon berührt werden [3]).

In einzelnen Fällen wirkt aber die bedingte Tradition sofort noch ein Mehreres, nämlich sofortigen Eigenthumsverlust, während dieser in den gewöhnlichen Fällen erst dann eintritt, wenn der zum Eigenthumsübergang erforderliche gesammte Thatbestand — Tradition und Bedingung — durch Eintritt der letztern erfüllt ist.

In Folge dessen zeigt sich jedoch in diesen gewöhnlichen Fällen eine, bei jenen unbekannte Schwierigkeit. Der Tradent, dessen Eigenthum sofort erloschen ist, besitzt keine rechtliche Macht mehr über die Sache; wie aber, wenn der Tradent, der inzwischen noch Eigenthümer bleibt, nun vor Eintritt der Bedingung veräussert, verpfändet, Servituten auferlegt? Für das heutige gemeine Recht bezweifelt Niemand, dass diese Dispositionen im Moment des Eintritts der Bedingung hinfällig werden, über die Construction dieses Satzes aber divergiren die Ansichten. Insbesondre lehrt Windscheid eine dinglich wirkende Willensgebundenheit des Tradenten, in Folge deren er nur für die Zeit bis zum Eintritt der Bedingung zu disponiren die rechtliche Macht hat, während Fitting und Jhering eine objective Gebundenheit der Sache behaupten und Köppen (a. a. O. und das Fruchtrecht Anm. 59. gegen Jhering) den Sachverhalt daraus erklärt, dass der Accipient sofort ein dingliches Recht habe, welches den Keim des Eigenthums in sich trage.

M. E. muss man unterscheiden, je nachdem die Bedingung gewiss eintritt oder ungewiss ist. Im ersten Fall wird durch die Tradition allein ein Rechtszustand erzeugt, dessen characteristisches Merkmal darin besteht, dass der Accipient jedenfalls in einiger Zeit Eigenthum erwirbt und dass die Verfügungen des Tradenten zweifelsohne nur für diese Zwischen-

3) Anders freilich nach § 49. der Preuss. Grundbuch-Ordnung vom 5. Mai 1871. „Wer vor dem Zeitpunct, in welchem dieses Gesetz in Kraft tritt, das Eigenthum eines Grundstücks ohne Eintragung erworben hat, erhält auf Antrag seine Eintragung als Eigenthümer“ . . .

zeit Bedeutung haben. Die Verfügungskraft des Tradenten ist also insofern, d. h. durch die zweifellos erfolgende Wiederaufhebung der von ihm begründeten Rechte, jedenfalls gebunden, abhängig, beschränkt und zwar lediglich in Folge der Tradition.

Ganz anders bei der ungewissen Bedingung. Denn, wenn man hier gleichfalls eine Gebundenheit als erzeugt annehmen will, so ist diese doch nur eine bedingte oder auch: ihr Inhalt ist einstweilen noch nicht gegeben; und Existenz bezw. Inhalt erhält sie erst durch den Eintritt der Bedingung als des hiezu absolut erforderlichen constitutiv wirkenden Coefficienten [4]). Oder mit andern Worten: die Gebundenheit entsteht erst zugleich mit dem Eigenthum und ist deshalb als präparatorischer Rechtsbehelf unbrauchbar. Hier ist also jedenfalls eine andre Erklärung zu geben; zugleich aber erhellt daraus auch für die gewiss eintretende Bedingung die geringe Relevanz, ja Ueberflüssigkeit der Theorie der Gebundenheit — mag man diese nun als persönliche oder sachliche bezeichnen.

Die vollständig genügende Erklärung für beide Fälle — welche ganz analog auch auf die Fälle der Disposition über künftige Sachen verwerthbar ist — liegt nun aber m. E. schon in dem Satze selbst, dass der Parteiwille unbestrittener Maſsen die Macht hat, bei der Tradition einer Sache mit dinglicher Wirkung die Bestimmung zu treffen, dass durch das Eintreten irgend eines Umstandes in Verbindung mit jener Tradition sofort Eigenthum für den Empfänger erzeugt, jede beschwerende Verfügung des Tradenten aber wieder aufgehoben werden soll; ja dass bedingte Traditionen, wenn nicht ein Andres gewollt ist, schon kraft objectiven Rechts stets in dieser Weise interpretirt werden [5]). Blosse Consequenz hievon ist nun, dass der Tradent jetzt

4) Es zeigt sich hier also genau derselbe Gegensatz zwischen gewiss eintretenden und ungewissen Bedingungen, wie er in § 10. S. 125. bezüglich der Haftpflicht für Vernachlässigungen nachgewiesen wurde.

5) Eine ganz ähnliche Erscheinung — Untergang von Rechten, weil ein früher bestelltes Recht zur Ausübung gebracht wird — findet sich bekanntlich im Pfandrecht (Windscheid § 237. Anm. 16. § 249. Anm. 11.). Auch hier kann der Eigenthümer, der eine Hypothek bestellt hat, einem Dritten kein Recht mehr einräumen, das nicht unter gewissen Bedingungen — unabhängig vom Willen bei-

gewissermaſsen beschränkt, gebunden erscheint und die Sache ihr Schicksal nach einer gewissen Seite hin, gegen jeden wirksam, in sich trägt. Ob aber dieses zur Zeit noch nicht existente Eigenthum, welches jedoch beim Eintritt eines bedingenden Umstandes sofort existent werden kann, als ein solches, welches schon so weit begründet ist oder dessen Thatbestand schon so weit realisirt ist, dass es nur noch des Eintritts der Bedingung zu seinem Existentwerden bedarf, oder auch als ein von der Tradition an schon vorhandenes dingliches Recht des Accipienten, ein Rechtsverhältniss desselben zur Sache oder auch als Gebundenheit gewissen oder ungewissen Inhalts bezeichnen soll, halte ich für ziemlich gleichgültig, so lange der Ausdruck nur nicht falsch verstanden und zu Consequenzmachereien verwerthet wird. Ich meinestheils würde am Liebsten — nach Analogie des in § 10. Ausgeführten — auch hier von einem Rechtsverhältniss des Accipienten zum Tradenten und zur Sache sprechen, dessen Inhalt bei gewiss eintretender Bedingung dahin geht, dass der Erwerber jedenfalls in diesem Augenblick Eigenthümer wird, während es bei ungewisser Bedingung bis zu deren Entscheidung ungewiss ist, ob jenes Rechtsverhältniss sich in Eigenthum verwandelt oder inhaltslos wird. Dieser allgemeine Ausdruck Rechtsverhältniss ist auch deshalb vorzuziehn, weil er die Mehrseitigkeit der vorhandenen Beziehungen andeutet und insbesondre auch auf den Uebergang der Rechte des Accipienten auf dessen Erben hinweis't. —

Die hier gegebenen Ausführungen gründen sich einmal auf die von der heutigen Theorie allgemein anerkannten Sätze über Tradition und andrerseits auf die hier festgestellten Grundlagen der Lehre von den Bedingungen. Eine Vergleichung dieser Resultate mit den Sätzen des römischen Rechts würde indessen nicht sehr fruchtbar sein, da die über die bedingte Tradition

der — wieder aufgehoben werden kann. Auch hier also ist der Eigenthümer — und jeder Singular- oder Universal-Successor desselben — beschränkt, gebunden, abhängig; und zwar vernichtet hier die Ausübung des Pfandrechts jedes später begründete Eigenthum, Pfandrecht u. s. w., beim Eintritt der Bedingung aber ist es die Entstehung des aus einem früher abgeschlossenen Vertrag entspringenden Rechts, welche vernichtend auf später bestellte Rechte wirkt.

handelnden Stellen bekanntlich sehr spärlich sind und sich noch dazu zum Theil in den wesentlichsten Puncten widersprechen, eine Ergänzung derselben aber aus analoger Verwendung der über bedingte Legate handelnden Stellen nicht unbedingt zulässig erscheint.

Bezüglich der practischen Bedeutung der vorstehenden Deductionen soll jedoch nicht verschwiegen werden, dass dieselbe in Folge des sich immer mehr ausbreitenden Systems der, keine Bedingung duldenden Auflassung einerseits und des vermuthlich auch noch zu grösserer Herrschaft gelangenden Princips des intensiveren Schutzes des gutgläubigen Besitzers andrerseits keine erhebliche mehr genannt werden kann und vielleicht bald ganz verschwindet. Auch ist dies nicht zu beklagen, da die bisherige unbegrenzte dingliche Wirkung dieser Bedingungen ganz gewiss für den Verkehr nur vom Uebel ist[6]).

2. Hinsichtlich der bedingten, Servituten begründenden Verträge wird vielfach, besonders von v. Vangerow (I. S. 149) behauptet, dass — weil hier im Gegensatz zum Pfandrecht keine Rückwirkung eintrete — auch das Datum der Servitut erst auf den Moment der Erfüllung der Bedingung gesetzt werden könne. Die Consequenz hievon würde dann sein, dass das nach bedingter Bestellung der Servitut begründete Pfandrecht unter allen Umständen, mag nun der Pfandvertrag bedingt oder unbedingt abgeschlossen sein, jener Servitut vorgehn müsste.

Die offenbare Irrigkeit dieser Consequenz zeigt aber schon zur Genüge die Irrigkeit jener mit Hülfe einer beliebig construirten Rückwirkung gewonnenen Aufstellung. Und nur um die Gefährlichkeit dieser Art des Operirens recht an das Licht zu stellen, gestatte ich mir noch folgende Bemerkungen.

6) Es versteht sich, dass, wenn es überhaupt dinglich wirkende bedingte Resolutiv-Verträge in dem gewöhnlich angenommenen Umfange gäbe (cfr. § 3. S. 45 flg.), für diese das Ausgeführte gleichfalls gelten müsste, so dass also im Augenblick der Erfüllung der Bedingung der Tradent wieder Eigenthümer und jedes vom Zwischeneigenthümer begründete Recht wieder aufgehoben würde. — Was die Früchte der Zwischenzeit anlangt, so ist schon in § 9. Anm. 5. darauf hingewiesen, dass sie und die an ihnen bestehenden Rechtsverhältnisse für die Fragen der Bedingung ganz irrelevant sind.

Wer bedingt Servituten begründet, will — und zwar im Einverständniss mit dem Mitcontrahenten — einmal, dass dieselben bei Eintritt des bedingenden Umstandes zur Entstehung gelangen, zugleich aber auch — wenigstens in der Regel — dass der Mitcontrahent nun nicht mehr befugt sein soll, diese Servitut durch spätere Verfügungen zu verkümmern. Dieser Vertrag hat, ebenso wie beim Eigenthum, dingliche Wirkung, und die Folge ist, dass alle später bestellten dinglichen Rechte diesem nachstehen. Entscheidend für die Datirung ist eben der Begründungsvertrag und das durch ihn sofort erzeugte Rechtsverhältniss, das bei ungewissen Bedingungen zunächst zwar nur einen sehr beschränkten Inhalt hat, aber doch als solches schon besteht. Eine Rückwirkung findet dabei hier so wenig als sonst Platz.

Auf die übrigen Einzelheiten der, Servituten begründenden bezw. aufhebenden Verträge glaube ich hier nicht mehr eingehn zu sollen, da die grössten Verschiedenheiten denkbar sind in Bezug auf Ausübung oder Fruchtgenuss in der Zwischenzeit, auf sofortige Sistirung oder einstweilige Weiterausübung bei aufhebenden Verträgen u. s. w., alle diese Besonderheiten aber nicht aus der besondern Natur der Bedingung, sondern aus dem speciellen Inhalt des betreffenden bedingten Vertrages zu bestimmen sind und hiezu in den vorhergehenden Ausführungen über obligatorische Verträge und Traditionen bereits Anhaltspuncte genug gegeben sind[7]).

Was aber die wenigen im römischen Recht über diese Fälle gegebenen Entscheidungen anlangt, so sind diese für das heutige Recht nur mit Vorsicht zu benutzen, weil die besondre Natur der einzelnen römischen Bestellungs- und Aufhebungsgeschäfte gewisse, jetzt nicht mehr zutreffende Besonderheiten, wie nament-

7) Nur ein Interpretations-Beispiel! Eigenthümer und Niessbraucher vereinbaren die Aufhebung des Niessbrauchs in der Weise, dass der Eigenthümer sofort die Sache zurück erhält, unter irgend einer künftigen, ungewissen Bedingung oder Voraussetzung. Dann kann namentlich entweder sofortige Aufhebung und Verpflichtung zur Wiederbestellung desselben beim Nicht-Eintritt der Bedingung oder aber demnächstige Aufhebung bei Eintritt der Bedingung und sofortiges Aufhören der Ausübung des Niessbrauchs gewollt sein. Das Nähere aber ist aus den Umständen des concreten Falles zu entnehmen.

lich die vielfach nur indirecte Wirkung des Aufhebungswillens, hervorrufen mussten.

3. Auch in Betreff des Pfandrechts wird es nur weniger Worte bedürfen. Denn: dass ein bedingt bestelltes Pfandrecht vom Tage des Pfandvertrags und des dadurch geschaffenen Rechtsverhältnisses datirt und späteren unbedingt bestellten Pfandrechten vorgeht, sofern nicht dem Verpfänder das Recht gegeben ist, trotz dieser bedingten Pfandbestellung andre Hypotheken — etwa bis zu einer bestimmten Höhe — einzuräumen, ist allgemein anerkannt, und dürfte auch nach dem unter N° 1. und 2. Ausgeführten keinen weitern Beweis erfordern. In wie weit aber auch die Forderung schon existent sein muss, für welche das Pfandrecht bestellt wird [8]), gehört natürlich nicht in die Lehre von den Bedingungen (vgl. darüber die 4te Aufl. von Windscheid § 242.).

Im Uebrigen soll hier nur hervorgehoben werden, dass natürlich auch beim Pfandrecht nicht nur seine Entstehung, sondern auch sein Inhalt — wie das hier auch von Windscheid § 242. Anm. 1. 4te Aufl. anerkannt wird — in mehr oder weniger wesentlichen Puncten, ferner seine Ausübung u. s. w. von Bedingungen abhängig gemacht sein kann, und dass auch der Pfandaufhebungs-Vertrag — nicht eben glücklich gewöhnlich als Erlass bezeichnet — namentlich insofern verschiedenen Inhalts sein kann, als er die Ausübung des Pfandrechts entweder sofort suspendirt oder aber weiter zulässt, ganz ähnlich, wie dies auch bei Schuld-Aufhebungsverträgen möglich ist (vgl. § 10. S. 149. 150.) [8a]).

Auf dem Gebiete der dinglichen Rechte liessen sich nun noch manche interessante bedingte Rechtsverhältnisse aus dem Lehnrecht anführen (vgl. auch Wendt, das bedingte Forderungsrecht. S. 28—38.). Ich verzichte jedoch darauf, weil ich im Vorstehenden die auch für lehnrechtliche Verhältnisse zutreffenden Gesichtspuncte bereits zur Genüge specialisirt zu haben glaube, und beschränke mich hier darauf, noch einige Bemerkungen

8) Ueber l. 11. § 1. D. 20. 4. vgl. oben § 10. Anm. 11.

8a) Eine sofortige sistirende Wirkung kann auch bei bedingter Einräumung der Priorität für eine Hypothek sowohl gewollt, als auch nicht-gewollt sein.

4. über bedingte letztwillige Verfügungen hinzuzufügen.

Zunächst gilt auch hier der allgemeine Satz, dass die bedingte letztwillige Verfügung ihren Urheber grade so bindet wie die unbedingte, d. h. überall, mit Ausnahme des Erbvertrags[9]), gar nicht bindet. Mit dem Tode des Testators aber entsteht bei bedingter Erbeinsetzung für die ganze Erbschaft oder den betreffenden Theil derselben ein, den in § 9. S. 113 flg. erörterten Fällen ganz ähnlicher und deshalb hier nicht weiter zu berücksichtigender Rechtszustand, während beim bedingten Legat nunmehr eine Gebundenheit des Erben bezw. des Belasteten und somit ein Rechtsverhältniss zwischen dem Onerirten und Honorirten entsteht, welches — je nach dem Inhalt des Legates — bald dem durch bedingte Tradition und bald dem durch bedingten obligatorischen Vertrag erzeugten durchaus ähnlich ist — geradeso, wie auch beim unbedingten Legat ein Rechtsverhältniss zwischen dem Honorirten und Onerirten erst mit dem Tode des Testators entsteht.

Dabei sollen freilich die Verschiedenheiten zwischen diesen „Rechtsverhältnissen" und den in Parallele gestellten keineswegs übersehen werden.

Nach Römischem Recht gehn Legate pendente condicione nicht auf die Erben über — während die unter Lebenden bedingt begründeten Rechte auf die Erben übergehn. Indessen ist hier doch zu unterscheiden (vgl. auch § 3. S. 33. 34. flg.). Betagte Legate sind bekanntlich sofort vom Tode an vererblich, und dasselbe muss m. E. von nothwendigen Bedingungen und allen denjenigen gelten, durch welche nicht die Existenz, sondern nur das So- oder Anders-sein der Legate abhängig gemacht ist. Soweit jedoch bedingte Legate in der That unvererblich sind, ist hierin lediglich eine positive römisch-rechtliche Satzung

---

9) Ein Eingehen auf die bedingten Erbverträge würde ein — hier unzulässiges — Eindringen in die bestrittene Theorie der Erbverträge erfordern. vgl. Unger, Erbr. § 26. Anm. 14. Gerber § 257. Anm. 1. Hartmann, Zur Lehre von den Erbverträgen. — Ein Moment aber — sofortiges Abgeschlossen-, Fertig-sein des Erbvertrags — leuchtet sofort ein. Vgl. § 10 zu Anfang.

zu finden, welche der höchstpersönlichen Natur der Legate, nicht aber einer Besonderheit der Bedingung entsprungen ist. Und das eigentliche Wesen des bedingten Legats wird in keiner Weise berührt, wenn, wie im Preussischen Landrecht (Förster IV § 276. I.) auch bedingte Vermächtnisse allgemein vererblich sind. Mit einem Nichtvorhandensein der Rückwirkung aber kann diese Unvererblichkeit schon deshalb nicht zusammenhängen, weil auch die Erblichkeit bedingter Rechtsverhältnisse bei Obligationen u. s. w. nicht mit der Existenz der Rückwirkung in Verbindung steht (§ 10. Anm. 11. 16.).

Eine andre Eigenthümlichkeit bedingter Legate im Römischen Recht ist die, dass sie dem Gewalthaber erworben werden, wenn der Bedachte bei Eintritt der Bedingung unter fremder Gewalt steht, dem Bedachten selbst aber, wenn er dann frei ist. Indessen gilt auch dies wohl nur bei Legaten, deren ganze Existenz abhängig gemacht ist. Sodann ist daraus nur zu folgern, dass ein in gewisser Weise alternativ bestimmtes Vermächtniss[10]) vorliegt, wie denn auch beide zur Forderung der Cautionsbestellung sofort berechtigt sind, wenngleich nur derjenige später das Pfandrecht oder die Bürgschaft geltend machen kann, der das Legat wirklich erwirbt. l. 28. D. 20, 1. l. 1. § 20. l. 3. D. 36, 3. (Wendt S. 71.)

Als fernere Eigenthümlichkeit führt endlich Windscheid § 89. Anm. 10. an, dass bedingte Obligationen Gegenstand anderweiter Rechtsgeschäfte sein könnten, nicht aber bedingte Legatforderungen. Was indessen die Beweisstellen anlangt, so ist das delegari in l. 41. D. 35, 1. doch wohl mit v. Scheurl (Krit. Ueberschau 5. S. 36. Nebenbestimmungen S. 154. Fitting in der Zeitschr. für Rechtsgeschichte. Bd. XI. S. 432. 433.) im Sinn von legari aufzufassen, während in l. 13. § 8. D. 46, 4. die Fortexistenz des Legats trotz der acceptilatio des fidejussor nur auf der vermuthlichen Parteiabsicht und auf der besondern Stellung des Bürgen bei Legaten beruht (Wendt, die Lehre. S. 73.). Denn, wenn wir auf die Natur der Sache sehn, so begreife ich

10) Hieraus folgt denn auch, dass der Gewalthaber nicht berechtigt ist, durch acceptilatio, Novation oder Erlass über die bedingte Legatsforderung zu verfügen.

nicht, wie die in § 10. S. 132 flg. entwickelten Grundsätze über Zahlung, Acceptilation, Aufhebung u. s. w. bedingter Obligationen auf bedingte Legatsforderungen nicht sollen anwendbar sein können. Man lehrt doch allgemein, dass für bedingte Legate Bürgen und Hypotheken bestellt werden können — sollen dieselben etwa auch nach der Aufhebung u. s. w. des bedingten Legates fort haften?

Der bedingte Legatar — so glaube ich jetzt resumiren zu können — nimmt also allerdings in einzelnen Puncten (vgl. auch l. 27. pr. D. 40, 9. l. 42. pr. D. 44, 7. Wendt S. 68.) eine vom bedingten Promissar verschiedene Rechtsstellung ein. Im Ganzen und Grossen aber ist doch beider Stellung identisch. Denn auch zwischen dem Belasteten und Bedachten entsteht sofort beim Tode des Testators ein gewisses, auf die Erben des Belasteten übergehendes, den Bedachten zum Cautionsanspruch berechtigendes Band oder Rechtsverhältniss. Der Inhalt desselben ist aber auch hier wiederum verschieden, je nachdem die Existenz des Legats abhängig gemacht ist oder nicht, und je nach der Natur des vermachten Rechts. Ist die Existenz des Legats nicht in die Schwebe gestellt, ist dasselbe vererblich — sonst unvererblich; und ist das vermachte Recht Eigenthum oder dingliches Recht, entsteht auch hier für den Legatar sofort mit dem Tode ein Rechtsverhältniss zur Sache, analog dem oben S. 160 flg. dargestellten.

Im Uebrigen aber sind auch hier, je nach der Absicht des Testators, sehr viele Verschiedenheiten denkbar, von denen zwei noch berührt werden sollen, weil sie nach der herrschenden Theorie gar nicht möglich scheinen.

Die Haftung für Verschuldung ist bekanntlich nach der gemeinen Ansicht für die Zwischenzeit nur aus der Rückwirkung oder einem Schwebezustand zu erklären, und weil beide beim Legat nach Fitting, Brinz, Scheurl und den meisten Andern nicht eintreten, müsste also beim Legat die Haftung des Belasteten sich nur auf die Zeit nach Erfüllung der Bedingung beziehen können. Nichts aber erscheint mir selbstverständlicher, als dass die Haftung des Belasteten, wenn sie (in Folge Eintritts der Bedingung) überhaupt entsteht, die Zwischenzeit auch hier regelmässig mit umfasst. (§ 10. S. 124 flg.) Wenn dies aber zugegeben wird, kann man consequenter Weise diese Erscheinung auch bei den Obligationen nicht mehr aus der Rückwirkung erklären — oder aber, man muss auch bei Legaten wieder Rückwirkung behaupten!

Aehnlich liegt es bezüglich der Früchte der Zwischenzeit. Dass diese dem Legatar zugedacht sein können, ist wohl zweifellos; wer also daraus — im Gegensatz zu der m. E. richtigen Auffassung § 9. S. 107 flg. — einen Schluss auf den Eintritt der Rückwirkung machen zu müssen glaubt, muss dann auch bei Legaten Rückwirkung lehren.

In Betreff der übrigen denkbaren Verschiedenheiten glaube ich einfach auf das in diesem und dem vorigen Paragraphen bereits Ausgeführte verweisen zu dürfen. —

Indem ich hiemit diese Erörterungen über Wirkungen der Bedingungen und der bedingten Willenserklärungen beschliesse, füge ich noch den Wunsch hinzu, dass ihnen eine doppelte Wirkung zu erzeugen beschieden sein möge:

1. die Einsicht, dass die bedingten Verfügungen einen so reichen und bislang erst zum geringsten Theil berücksichtigten Inhalt haben können, dass es zunächst weit mehr darauf ankommt, zahlreiche einzelne Fälle zu analysiren, als voreilige Regeln für das im Zweifel Gewollte aufzustellen, und

2. die Ueberzeugung, dass es bei den gewillkürten Bedingungen sowenig als bei den gesetzlichen (§ 9. a E.) der Annahme einer Rückwirkung oder Rückziehung bedarf, um gewisse Wirkungen, als Datum des Geschäfts, Haftung für Verschuldung während schwebender Bedingung, Bezug der Früchte der Zwischenzeit u. s. w. zu erklären, ja, dass eine solche Annahme und jede Anwendung dieser vieldeutigen Worte schädlich wirken muss, weil diese bildliche Bezeichnung nur zu leicht den wahren Zusammenhang verdeckt und dem bedingenden Umstande dadurch Wirkungen zugeschrieben werden, welche doch in Wirklichkeit nur vom Gesammtthatbestande — Bedingung und Willenserklärung — ausgehn.

Sollten aber diese Resultate, deren Gewinnung ich bislang zunächst aus der Natur der bedingten Geschäfte, jedoch unter Berücksichtigung des Römischen Rechts zu gewinnen versucht habe, in der That als begründet erfunden werden, so würden sich dadurch sofort auch die scheinbar sehr erheblichen Differenzen unter den einzelnen neueren Codificationen auf das Leichteste lösen. Denn, da im Bisherigen der Nachweis erbracht ist, dass die von der herrschenden Ansicht an die Rückwirkung angeknüpften Wirkungen auch ohne dieselbe eintreten und dass die Bestimmungen über das als im Zweifel gewollt Anzusehende schon dann unanwendbar werden, wenn die generelle Natur eines einzelnen bedingten Geschäfts etwas Andres als Gewolltes wahrscheinlich macht: so erhellt, dass sämmtliche in den §§ 10. und 11. niedergelegten Ausführungen — soweit nicht etwa andre Rechtssätze über Eigenthumserwerb, dingliche Rechte, Obligationen und letztwillige Verfügungen eingreifen — ebensowohl für das Gebiet des Code civil, als das des Preussischen Landrechts passen, obwohl ersterer in Art. 1179. (ebenso wie die ihm folgenden Gesetzgebungen bei Windscheid, Wirkung der erfüllten Bedingung S. 2.) das Princip der rückwirkenden Kraft der Bedingung scharf präcisirt ausspricht und letzteres sie völlig ignorirt [11]).

Für eine neue Codification aber wird es als unbedingt geboten hingestellt werden dürfen, dass sie sich allgemein gehaltener Vorschriften über Wirkungen der Bedingungen möglichst enthält — mehr noch als das sächsische Civilgesetzbuch § 108 flg. 871 flg. und der bairische Entwurf Art. 34 flg. thun — und auf die einzelnen bedingten Geschäfte genauer eingeht.

Eingehendere Vorschläge würden hier zu weit führen. Ausserdem wird der nächste Paragraph auch nach dieser Seite hin die für das neue Gesetzbuch festzuhaltenden Grundgedanken noch einmal zu betonen haben.

---

11) Vgl. Förster, Preuss. Pr.R. § 36. Anm. 54. und daselbst auch über andre neuere Codificationen und Entwürfe.

V. Schlussbemerkungen.

§ 12. Resultate für Wissenschaft und Gesetzgebung.

Nur wenigen Monographieen — glänzenden Ausnahmen in den endlosen Reihen der juristischen Literatur — ist es beschieden, in weiteren Kreisen ein dauerndes, selbständiges Leben zu führen, während der ganze Rest nach einigen Jahren oder Jahrzehnten wieder der Vergessenheit anheimfällt, nachdem die Lehrbücher und Vorlesungen die Gedanken von bleibendem Werth herausgezogen und mit dem vorhandenen Ideenschatz amalgamirt haben. Jene Bücher machen ihren Weg unter allen Umständen. Bei den letztern aber ist es nur eine schuldige Rücksicht des Autors, wenn er den Lesern selbst das Verhältniss seiner eigenen Gedanken zu den bisherigen Anschauungen in übersichtlicher Kürze klar legt und so Jedem die Entscheidung über das bleibend Werthvolle seines Products erleichtert.

Von diesem Gedanken ausgehend habe ich oben in den §§ 6. und 10. bereits meine Ansichten über den modus, die alternativen Obligationen und die Novation in kurze Extracte zusammengedrängt, und werde jetzt auch das Wesentliche über die hier behandelten Theile der Lehre von den Bedingungen noch einmal kurz zusammenfassen, und zwar, um die Uebersicht zu erleichtern, unter Wahrung der, in dem immer mehr herrschend werdenden Windscheid'schen Lehrbuch festgehaltenen Reihenfolge, wobei ich jedoch die Frage, ob diese Disposition des Systems in der That die beste ist, ganz auf sich beruhen lassen muss, wie ich auch andrerseits auf die lehrbuchmässige Fassung verzichte.

Zu Windscheid § 67. (vgl. oben §§ 2. 9.)

Die einzelnen Momente der Thatbestände, auf Grund deren rechtliche Wirkungen, insbesondre Entstehung, Untergang und Veränderung von Rechten, eintreten, sind die juristischen Thatsachen, welche auch, weil von ihrem Eintreten jene rechtlichen Wirkungen abhängig sind, als Bedingungen oder Voraussetzungen derselben bezeichnet werden.

1. Der Thatbestand. Ein Thatbestand kann u. s. w. wie bei Windscheid bis zum Ende des ersten Absatzes mit dem Zusatz: In den letzteren Fällen spricht man von einem successiv sich realisirenden Thatbestand.

Die juristischen Thatsachen können u. s. w. wie bei Windscheid bis zum Ende des Absatzes.

2. Die rechtlichen Wirkungen. Da jeder Thatbestand, wie jedes andre erzeugende Moment, nur für die Zukunft Wirkungen haben kann, so können die Wirkungen, welche von der Realisirung des gesammten Thatbestandes abhängig sind, erst dann eintreten, wenn jener Thatbestand ganz erfüllt ist. Hiedurch ist aber natürlich nicht ausgeschlossen, dass die einzelnen bereits realisirten Elemente des Thatbestandes auch schon vor dem Eintreten der letzten dazu gehörigen Thatsache ihre eigene selbständige Wirkung haben können.

So oft das Eintreten des noch nicht realisirten Theiles des Thatbestandes ungewiss ist, ist es auch ungewiss, ob die bezüglichen rechtlichen Wirkungen eintreten werden oder nicht. Bildlich sagt man, dass Entstehung, Endigung, Rückgängigwerden von Rechten in der Schwebe ist. (Anm. über die Unrichtigkeit der Annahme einer objectiven Ungewissheit der gegenwärtigen Existenz von Rechten!)

Die an einen bestimmten Thatbestand geknüpften rechtlichen Wirkungen können vom Recht entweder speciell oder durch Bezugnahme auf die Wirkungen eines andern Thatbestandes bezeichnet sein. Im letztern Fall wird also ein Thatbestand mit einem andern, verschiedenen in Bezug auf die Wirkungen gleichgestellt. Man spricht dann — nicht eben zutreffend — von Fiction. Unter diesen Fällen der Gleichstellung ist besonders erwähnenswerth derjenige, in dem es heisst: dass ein Thatbestand diejenigen Wirkungen haben soll, welche dann eingetreten sein würden, wenn eines oder einige seiner Elemente schon früher eingetreten wären. Man spricht in diesem Fall gewöhnlich — aber mit Unrecht — von Rückwirkung. (Anm. über die Bedeutungen dieses Worts.)

3. Ein Umstand kann zugleich rechtliche Wirkung und wieder Bedingung einer andern rechtlichen Wirkung sein.

Zu § 68.

3, alle andern Thatsachen; in diesem letzteren Falle spricht man von einer gesetzlichen Entstehung rechtlicher Wirkungen; jene Thatsachen aber nennt man gesetzliche Bedingungen oder Voraussetzungen jener Wirkungen.

— — — —

3; der Ablauf der Zeit, bezw. das Eintreten eines Zeitpuncts. Insoweit ist also die Zeit eine gesetzliche Bedingung vieler rechtlicher Wirkungen. Die Zeit kann aber u. s. w.

Zu Windscheid § 86. (vgl. oben § 2. 3.)

Der erste Absatz, wie bei Windscheid, nur dass statt „gewollte rechtliche Wirkung" zu setzen ist: „in Aussicht genommene rechtliche Wirkung". Dann weiter:

Die bedingte Willenserklärung ist in Bezug auf ihre Existenz sofort fertig und abgeschlossen. Denn es ist sofort ein Wille vorhanden; nur der Inhalt des Willens soll in gewissem Umfange von etwas Anderem bestimmt werden, und in diesem Umfange ist denn der Inhalt des Willens, und insofern auch der Wille selbst abhängig gemacht. Das eigentliche Wesen der Bedingung besteht aber darin, dass dadurch der bedingende Umstand zu einem constituirenden Factor, zu einer juristischen Thatsache erhoben wird. (§ 67.) Nicht mehr die Willenserklärung allein, sondern nur noch ihre Verbindung mit einer andern Thatsache soll gewisse Wirkungen erzeugen. Willenserklärung und bedingender Umstand zusammen bilden den Gesammt-Thatbestand.

Die rechtlichen Wirkungen, welche abhängig gemacht werden können, sind ebenso mannigfach, als überhaupt rechtliche Wirkungen durch Willenserklärungen erzeugt werden können, . . . insoweit nicht in einzelnen Fällen die Hinzufügung aller oder einzelner Bedingungen untersagt ist. (§ 95.) Im Einzelnen sind zu nennen: Entstehung, Fälligkeit, Ausübung, Endigung, Rückgängigmachung von Rechten; Einzelnheiten im Inhalt; Subjecte der Rechte und Verpflichtungen, Gegenstand der Forderungen; bei zweiseitigen Geschäften die Rechte des einen Contrahenten (Versicherungen) u. s. w. Besonders wichtig ist der Gegensatz zwischen den Fällen, in denen die Existenz eines Rechts, und den andern, in denen nur das So- oder Anderssein des Rechts abhängig gemacht ist.

Die auf Endigung und Wiederaufhebung rechtlicher Wirkungen und Rechte gerichteten bedingten Willenserklärungen können gleich mit den auf deren Entstehung gerichteten, verbunden werden. Rechtlich ist dies irrelevant. Die übliche Unterscheidung von Suspensiv- und Resolutivbedingung ist ungenügend und führt zu falschen Consequenzen.

Wenn bedingte Resolutivverträge, welche gleichzeitig mit dem rechtsbegründenden Geschäft abgeschlossen sind, wirklich gewisse Besonderheiten (dingliche Wirkung) haben, sind diese bei den Resolutivverträgen, nicht aber in der allgemeinen Lehre von den Bedingungen zu erörtern.

Im römischen Recht entstehn aus den Vorschriften über die Klagbarkeit der Verträge manche Besonderheiten, indem alle formlosen bedingten Rückgabe- oder Rückgängigmachungsverträge nur indirect auf Grund des sine causa habere realisirt werden konnten, vgl. oben § 8.

Windscheid's Lehre von der Voraussetzung (§§ 97—100.) ist nicht haltbar. Die von ihm aufgezählten Fälle fallen nach heutigem Recht unter den Begriff der Bedingung, vgl. oben § 7.

Zu Windscheid § 87. (vgl. oben §§ 4. 5.)

Dritter Absatz, nach Anm. 5.

Das Wesen der Bedingung wird jedoch nicht dadurch berührt, ob der bedingende Umstand als vergangener, gegenwärtiger oder zukünftiger — mit oder ohne Irrthum — gedacht ist. Denn wenn auch bei der in der Vergangenheit oder Gegenwart schon realisirten Bedingung das Sein oder Nichtsein der rechtlichen Wirkung sofort objectiv gewiss ist, so bildet jener bedingende Umstand doch immerhin eine der den Anspruch erzeugenden juristischen Thatsachen, ein Element des Klaggrundes, welches denn auch seine practische Bedeutsamkeit dadurch zeigt, dass dem Kläger der Beweis derselben obliegt.

Wenn der bedingende Umstand der Zukunft angehört, zeigen sich allerdings wichtige Eigenthümlichkeiten; aber das Wesen des Bedingungsbegriffs wird dadurch nicht berührt. Auch die Zeitbestimmung ist eine Art der Bedingung und zwar bald eine gewiss eintretende, bald eine ungewisse. (§ 68.) Näheres in §§ 93. 94.

Vierter Absatz, dritte Zeile vom Ende: die Bedingung ist dann nur scheinbar eine gewillkürte, in Wahrheit eine gesetzliche. Von uneigentlicher Bedingung aber sollte man nicht reden.

Auch eine erzwingbare Handlung, ja eine vertragsmässig geschuldete Gegenleistung kann zur Bedingung, namentlich zur Bedingung eines Resolutivgeschäfts gemacht werden. (Vgl. die Fälle des sog. modus!)

Zu Windscheid § 88—91. Wirkungen der Bedingung bezw. der bedingten Willenserklärung.

§ 88. Im Allgemeinen.

Die Wirkung der Bedingung, d. h. der abhängig machenden Willenserklärung besteht darin, dass sie das Eintreten gewisser rechtlicher Wirkungen von ihrer Erfüllung abhängig macht. Die Wirkung des Eintritts des bedingenden Umstands besteht darin, dass der gesammte Thatbestand sich nunmehr erfüllt und alle seine Wirkungen ausübt.

Die Wirkung des Nichteintritts des bedingenden Umstandes besteht in der Begründung der Gewissheit, dass der Gesammtthatbestand sich nun nie erfüllt und also nie seine Wirkungen ausüben kann.

Neben der Bedingung aber existirt die bedingte Willenserklärung, und die Hauptfrage ist, welche Wirkungen ihr denn zukommen; vor Allem in denjenigen Fällen, in denen das Eintreten des bedingenden Umstandes noch in der Zukunft liegt.

Von Bedeutung ist hiebei namentlich der Umstand, ob das Eintreten gewiss oder ungewiss ist.

Wir haben hier Fälle des successiv sich realisirenden Thatbestandes (§ 67.), und es fragt sich auch hier:

1) welche Bedeutung und welche Wirkungen hat die bedingte Willenserklärung als solche d. h. also sofort? und
2) welche Wirkungen hat die bedingte Willenserklärung in Verbindung mit der eingetretenen Bedingung bezw. nach dem Nichteintritt derselben?

Zu § 89. Wirkungen der bedingten Willenserklärung als solcher.

Dass die abhängig gemachten rechtlichen Wirkungen erst gewollt sind und erst eintreten können, wenn die Bedingung eingetreten ist, folgt von selbst aus § 86.

Im Uebrigen aber ist die Verschiedenheit der möglicher Weise sofort eintretenden Wirkungen je nach der Natur und dem Inhalt der bedingten Willenserklärung bezw. des bedingten Vertrags sehr gross. Nur folgende Anhaltspuncte können hier gegeben werden.

1. Als Datum der bedingten Willenserklärung kann nach § 86. nur der Zeitpunct angenommen werden, in welchem sie abgegeben ist. (Vgl. oben § 10. Anm 9 flg.)

2. Die Parteien sind an bedingte Willenserklärungen in derselben Weise gebunden wie an unbedingte Erklärungen von im Uebrigen gleichem Inhalt: so an Verträge (auch Erbverträge) immer, an letztwillige Verfügungen zunächst gar nicht, während allerdings vom Tode des Erblassers an der Belastete auch gebunden ist. Inwiefern bei einzelnen, nur bedingt vorkommenden Geschäften, z. B. der Auslobung, eine Gebundenheit existirt, ist aus der Natur dieses Geschäfts zu bestimmen. Diese Gebundenheit geht immer auf die Erben über.

3. Die Frage, ob durch bedingte Willenserklärungen schon Rechtsverhältnisse begründet werden, ist — allgemein gestellt — an sich falsch. Denn sie kann überhaupt gar nicht bei den auf Aenderung, Endigung u. s. w. von Rechtsverhältnissen, sondern nur bei den auf Erzeugung von Rechtsverhältnissen gerichteten Verträgen aufgeworfen werden.

Was aber diese letzteren, Obligationen oder dingliche Rechte begründenden oder Eigenthum übertragenden Geschäfte anlangt, so werden natürlich dann jedenfalls Rechtsverhältnisse sofort existent, wenn die Bedingung nur das So- oder Anderssein betrifft. Indessen auch in den andern Fällen kann mit Fug sofort von bestehenden Rechtsverhältnissen gesprochen werden, wenngleich deren wesentlichster Inhalt noch nicht gegeben ist. (Vgl. oben § 10. S. 135. § 11. S. 160. 161.) Dadurch entscheidet sich denn auch die Frage nach dem Datum der Rechtsverhältnisse. (Vgl.

oben § 10. S. 130 flg.) Auch der Uebergang auf die Erben, welcher, soweit die Rechte überhaupt vererblich sind, regelmässig eintritt, erklärt sich hieraus. Eine Ausnahme bildet im Römischen Recht das bedingte Legat. (Dazu vgl. oben § 11. S. 165 flg.)

4. Ob die auf Aenderung oder Aufhebung bestehender Rechtsverhältnisse gerichteten bedingten Willenserklärungen sofort eine sistirende, suspendirende Wirkung haben, hängt von der Lage des einzelnen Falles ab. (Vgl. oben § 10. Anm. 30 flg. § 11. Anm. 7. 8 a.)

5. Eine Haftpflicht für Verschuldungen wird durch die bedingte Willenserklärung allein regelmässig nur in Fällen gewiss eintretender Bedingungen erzeugt. Bei ungewissen entsteht die Haftpflicht dagegen erst mit Eintritt der Bedingung. Unrichtig ist es, diese Haftpflicht aus der Gebundenheit sub 2. abzuleiten. (Vgl. oben § 10. S. 124—126.)

6. In gleichem Umfang entsteht auch die sog. dingliche Gebundenheit nicht schon durch die bedingte Willenserklärung allein, sondern erst bei Eintritt der Bedingung, d. h. bei Erfüllung des Gesammt-Thatbestandes. (Vgl. oben § 11. Anm. 4. 5.) Näheres darüber in § 91. a. E.

7. Bei den auf Entstehung von Rechten gerichteten bedingten Willenserklärungen zeigen sich noch einige Besonderheiten:

a. Obwohl der bei Eintritt der Bedingung berechtigt Werdende zunächst noch nicht berechtigt ist, wird er doch in vielen Beziehungen als eventueller Berechtigter, bezw. Gläubiger schon vorher berücksichtigt und einfach andern Gläubigern gleich gestellt.

b. Das bedingte Recht kann als solches schon Gegenstand von Rechtsgeschäften sein; und zwar auch das bedingte Legat. (Gegen Windscheid § 89. Anm. 10. vgl. oben § 11. S. 166 flg.)

c. Irrig ist die Behauptung Wendt's, dass jeder bedingt Berechtigte ein Recht auf Cautionsbestellung habe (vgl. oben § 10. Anm. 5.).

8. Ausser den ebengenannten kann die bedingte Willenserklärung, der bedingte Vertrag noch viele andre sofortige Wirkungen haben. Dies ist z. B. stets der Fall, wenn nur einzelne

Modalitäten des Rechtsverhältnisses, oder nur die Rechte einer Partei (wie bei Versicherungen u. s. w.) von Bedingungen abhängig gemacht sind. Im Detail ist dies aber nur bei den einzelnen bedingten Rechtsgeschäften darzustellen.

Zu § 90. Wirkungen der bedingten Willenserklärung bei Nichteintritt der Bedingung.

Es ist nunmehr gewiss, dass die von der Bedingung abhängig gemachten rechtlichen Wirkungen nie eintreten können. Nach dem im vorigen Paragraphen Ausgeführten wird aber dadurch keineswegs immer die ganze Wirksamkeit der bedingten Willenserklärung aufgehoben. Dies ist allerdings regelmässig der Fall, wenn die Entstehung, die Aenderung, die Aufhebung oder die Rückgängigmachung von Rechtsverhältnissen abhängig gemacht war — denn gewöhnlich wird dann die Absicht eben dahin gehen, dass bei Deficienz der Bedingung die Entstehung, Aenderung u. s. w. nicht nur nicht eintreten, sondern auch die etwa schon existent gewordenen Wirkungen (z. B. § 89. N°. 4.) wieder beseitigt und Alles wieder in den alten Zustand zurückgeführt werden soll.

Ganz anders aber, wenn nur das So- oder Anderssein von Rechtsverhältnissen abhängig gemacht ist. Dann tritt eben nur die betreffende abhängig gemachte Modalität nicht ein.

Zu § 91. Wirkungen der bedingten Willenserklärung in Verbindung mit dem Eintritt der Bedingung.

Der Gesammt-Thatbestand ist jetzt erfüllt, und alle in Aussicht genommenen, bis dahin nur möglichen Rechtswirkungen werden jetzt wirklich und existent. Alle diese Wirkungen aber sind nicht Wirkungen des bedingenden Umstandes, sondern der bedingten Willenserklärung in Verbindung mit dem Eintritt der Bedingung. Jedoch ist das erste das Hauptmoment im Thatbestand, denn aus ihm allein bestimmt sich im Einzelnen Natur, Umfang und Bedeutung der eintretenden Rechtswirkung.

Ganz irrig ist also schon die Frage, ob die eintretende Bedingung ipso jure oder ope exceptionis, dinglich oder nur obligatorisch wirke. Denn die Natur des einzelnen bedingten Rechtsgeschäfts entscheidet hierüber ganz allein.

Ebenso irrig ist die Frage nach der rückwirkenden Kraft der Bedingung. Denn da diese, d. h. der bedingende Umstand an und für sich überhaupt die betreffenden Wirkungen nicht erzeugt, kann man ihm auch keine rückwirkende Kraft zuschreiben. —

Die eintretenden Wirkungen können in sehr verschiedener Weise bestimmt werden. So ist es z. B. auch möglich und unbedenklich, zu vereinbaren, dass im Augenblick des Bedingungseintritts für eine der Parteien ein Recht auf die Früchte der Zwischenzeit oder eine Haftpflicht für Vernachlässigungen der Zwischenzeit zu Entstehung gelangen und dass gewisse andere Wirkungen in demselben Umfang eintreten sollen, den sie gehabt haben würden, wenn die Bedingung schon zur Zeit der Abgabe der Willenserklärung existent geworden wäre. Hierin liegt aber keinerlei Rückwirkung. (§ 67.) Vgl. oben § 10. 11.

Welche Wirkungen im Zweifel als gewollt anzunehmen sind, ist nicht generell sondern nur nach dem Gesammtinhalt des einzelnen bedingten Geschäfts zu bestimmen. Nur eins ist hier noch zu bemerken: Bei den auf Eigenthumsübergang oder Bestellung dinglicher Rechte gerichteten bedingten Rechtsgeschäften tritt das Eigenthum oder das dingliche Recht regelmässig, d. h. soweit nicht der Parteiwille auf Anderes gerichtet ist, in Folge Eintritts der Bedingung frei von den nach Abschluss des Rechtsgeschäfts constituirten dinglichen Rechten ein: das existent werdende Recht vernichtet alle in der Schwebezeit bestellten collidirenden Rechte. —

In §§ 93. und 94. würden sodann auch die über Zeitbestimmungen und „Voraussetzungen" etwa erforderlichen speciellen Bemerkungen einzuschalten sein, während die §§ 96—100. ausfallen müssten. —

Hiemit glaube ich die wesentlichsten Differenzpuncte zwischen der hier vertretenen und der herrschenden Auffassung übersichtlich hervorgehoben zu haben. Es erübrigt nur noch, einige der wichtigeren Consequenzen für die Gesetzgebung zu ziehen, jedoch unter strenger Beschränkung auf die Bestimmungen des sog. allgemeinen Theiles. Freilich würden diese Gedanken von unmittelbarer Bedeutung nur dann sein können, wenn dem

Gesetzbuch überhaupt ein solcher allgemeiner Theil vorausgeschickt wird. Indessen bleibt im andern Fall doch ihre mittelbare Relevanz — wenn sie überhaupt eine Bedeutung haben —, und darum möchte ich sie nicht unterdrücken.

Das sächsische Gesetzbuch und der bairische Entwurf sollen hiebei als gegensätzlicher Anhaltspunct dienen. Ersteres giebt in § 108—115. einige wenige, letzteres in Art. 34—62. ausführliche allgemeine Bestimmungen über Bedingungen und Zeitbestimmungen. Beide aber sind, wenn das hier Ausgeführte richtig ist, wesentlicher Correcturen bedürftig.

Baiern 34. erklärt in seiner Definition nur „zukünftige, ungewisse Ereignisse" für Bedingungen, während sich Sachsen 108. 113. solcher Einschränkungen enthält, aber den Zusatz macht, dass der Einfluss solcher Nebenbestimmungen (welche nothwendige, vergangene, gegenwärtige Ereignisse zur Bedingung setzen) nach der Absicht der Urheber des Rechtsgeschäfts und den bei den einzelnen Arten der Rechtsgeschäfte gegebenen besondern Bestimmungen zu beurtheilen sei.

M. E. dürfte nun die Entbehrlichkeit dieses § 113. sofort erhellen, da genau dasselbe von allen Bedingungen gilt. Die bairische Definition aber kann nach den Ausführungen der §§ 2. und 10. nicht wohl aufrecht erhalten werden, wenngleich sie im Uebrigen: — die einem Rechtsgeschäfte beigefügte Nebenbestimmung, wodurch die Wirksamkeit oder Unwirksamkeit desselben von einem .... Ereignisse ... ganz oder theilweise abhängig gemacht ist — nicht unzutreffend formulirt ist. Wozu indessen überhaupt eine solche Definition? Ich würde sie mit Arndts, Krit. V.J.Schr. V. S. 2. ganz weglassen.

Der Unterschied zwischen Suspensiv- und Resolutivbedingung findet sich, wenn auch in verschiedener Formulirung, sowohl bei Sachsen § 108. als Baiern 36. 37. Auch diese Bestimmungen müssen nach den Ausführungen des § 3. fallen. Der Schlusssatz von Baiern 37. würde eventuell bei der Lehre von den Auflösungsgeschäften (oder auch den Nebengeschäften vom Kauf u. s. w.) Platz finden müssen.

Baiern 35. giebt ferner Bestimmungen über willkürliche, zufällige, gemischte und die vom Wollen des Verpflichteten abhängigen Bedingungen. Sie wird aber — was hier nicht zu übersehn ist — nur dann wünschenswerth sein, wenn solche Bedingungen an mehreren Stellen des Gesetzbuchs unter diesen Namen erwähnt werden.

Wenn aber möglich, scheint es zweckmässig, über Begriff und Arten der Bedingung im allgemeinen Theile nichts festzusetzen. Letztere werden aber dort zu unterscheiden sein, wo ausnahmsweise bei einem Rechtsgeschäfte nur einzelne, nicht alle Bedingungen ausgeschlossen sind. (Vgl. hiezu Dernburg, Pr. Pr.R. § 86. Anm. 11. 12.)

Sehr ausführlich handelt Baiern über die Wirkungen des bedingten Rechtsgeschäfts. Art. 38—46. Indessen ist viel Unrichtiges darin. Unzutreffend ist zunächst in Art. 38, 1., dass die Wirksamkeit des Rechtsgeschäfts überhaupt unentschieden sei, so lange die Bedingung schwebe. Denn nur die abhängig gemachten Wirkungen treten nicht sofort ein; während das Geschäft im Uebrigen in zahlreichen Beziehungen wirksam sein kann. Unzutreffend ist ferner, dass das bedingte Rechtsgeschäft sofort bindend sei (letztwillige Verfügungen!), und ungenau (vgl. Art. 48.) auch die generelle Bestimmung, dass der bedingt Verpflichtete die Erfüllung der Bedingung nicht hindern dürfe. Auch der Anspruch auf Sicherheitsleistung hat z. B. bei Spiel und Wetten u. s. w. wohl kaum gegeben werden sollen.

Der erste Satz in Art. 39.: „Mit dem Eintritte der aufschiebenden Bedingung kommt das bedingte Rechtsgeschäft zur vollen Wirksamkeit“ enthält allerdings — abgesehn von dem unrichtigen Zusatz: aufschiebenden — Richtiges, dürfte aber sehr entbehrlich sein, wogegen der Absatz 2. die Rückwirkungstheorie in einer gefährlichen, weil viel zu generellen Fassung vorträgt. (Erbverträge, Legate!)

Der dritte Satz: „die Fälligkeit der bedingten Schuld tritt immer erst mit dem Eintritte der Bedingung ein“ würde endlich passender in das Obligationenrecht, ebenso wie Art. 40. in das

Sachenrecht verwiesen. Doch würde Absatz 1. desselben anders zu formuliren sein.

Ebenso gehören auch Art. 41. und 45, 1. über die Früchte nach § 9. Anm. 5. nicht in die generelle Theorie der Rechtsgeschäfte. Geradezu unbrauchbar sind dagegen wieder Art. 42—46., weil sie auf der Unterscheidung zwischen aufschiebender und auflösender Bedingung beruhen.

Von allen Bestimmungen über Begriff, Arten und Wirkungen der Bedingung und des bedingten Rechtsgeschäfts bleibt also eigentlich nichts, was in einem deutschen Civilgesetzbuch reproducirt zu werden verdiente. Ebenso anfechtbar sind die Bestimmungen über Zeitbestimmungen (Art. 59—62.)[1]), weil fast in jedem Artikel übersehen ist, dass die Verhältnisse viel mannigfaltiger sind, als die bisherige Doctrin annimmt (vgl. oben § 5.), wobei ich noch davon ganz absehe, dass nach richtiger Auffassung die über Zeitbestimmungen etwa nothwendigen Vorschriften mit unter die allgemein für Bedingungen gegebenen fallen. Der bairische Entwurf wird also in allen diesen Richtungen nur wesentlich nach der negativen Seite hin zu beachten sein.

Sehr kurze — aber auch fast völlig nichtssagende — Bestimmungen enthält dagegen Sachsen §§ 108. 112. 114. 115. Man könnte diese §§ m. E. sämmtlich ohne irgend welchen Nachtheil streichen.

Die Prüfung des sächsischen Gesetzbuchs führt also ebenso wie die des bairischen Entwurfs zu rein negativen Resultaten. Indessen halte ich es auch von andern Gesichtspuncten aus für durchaus undurchführbar, durchgreifende Bestimmungen über Begriffe, Arten und Wirkungen der Bedingungen und der bedingten Rechtsgeschäfte aufzustellen. Das Haupthinderniss liegt in der Verschiedenartigkeit der abhängig zu machenden rechtlichen Wirkungen, in Folge welcher es für den Gesetzgeber rathsam erscheinen muss, bei jeder einzelnen Geschäftsgattung das Erfor-

1) Die Art. 47—58. handeln von Erfüllung der Bedingung, Unerlaubtheit derselben u. s. w. und können hier übergangen werden.

derliche festzusetzen, weil er hier die Tragweite seiner Worte übersehn kann, die Abstractionen aber der Wissenschaft zu überlassen. Ein anderes Motiv, das den Gesetzgeber vor dem gefährlichen Generalisiren grade in dieser Materie bewahren sollte, ist die unbestreitbare Thatsache, dass die einzelnen denkbaren Fälle bislang noch viel zu wenig geprüft, zergliedert und zusammengestellt sind, dass also die Wissenschaft noch nicht genug consolidirt ist, um ihre generellen Resultate als sichere aufzunehmen. Bieten doch diese Blätter in vielen Puncten den meines Wissens ersten Versuch, das grosse Gebiet der bedingten Rechtsgeschäfte in seinem ganzen Umfange zur Anschauung zu bringen!

Endlich besteht auch m. E. gar kein Bedürfniss, solche allgemeinen Sätze wie: „das bedingte Rechtsgeschäft ist ebenso bindend als das unbedingte von im Uebrigen gleichem Inhalt; bedingte Rechte und Verpflichtungen sind, soweit nicht Ausnahmebestimmungen gelten, vererblich, übertragbar und fähig, Gegenstand von Rechtsgeschäften zu sein; bedingt gewollte Rechtswirkungen treten nur bei Eintritt der Bedingung ein u. s. w." im allgemeinen Theil hervorzuheben; die Erblichkeit wird im Erbrecht, die Uebertragbarkeit bei der Cession, die Möglichkeit des Erlasses oder der Zahlung bei diesen Rechtsgeschäften zu fixiren sein, soweit dies überhaupt nöthig ist.

Das hier gewonnene Resultat ist also allerdings ein rein negatives für den allgemeinen Theil: über Begriff, Arten und Wirkungen der Bedingung bezw. des bedingten Rechtsgeschäfts würde in diesem Theile nichts zu sagen sein (vgl. auch Arndts a. a. O. S. 6.).

Was aber die speziellen Theile geben müssten, kann hier natürlich nicht einmal angedeutet werden. Auch werden sich die Consequenzen meiner Ausführungen — soweit diese überhaupt richtig sind — überall schon von selbst geltend machen. Unter allen Umständen aber würde schon dann ein Erhebliches gewonnen sein, wenn die Grundgedanken dieser Schrift über den Begriff der Bedingung und seinen Umfang, sowie den Inhalt und die Wirkungen der bedingten Rechtsgeschäfte nur die eine Wirkung haben sollten, dass die Augen für den unerschöpflichen Reichthum des alltäglichen Rechtslebens geöffnet und die gefährlichen generellen Sätze nicht eher, als bis das zur Gewinnung derselben nöthige Material in reichlicherer Menge beschafft ist, aufgestellt würden. Und grade bei dem neuen Civilgesetzbuch müsste eine solche weise Scheu vor allzu schnellem Generalisiren vor Allem schöne Früchte tragen!

Druck von Ed. Frommann in Jena.

FSC
www.fsc.org
MIX
Papier | Fördert gute Waldnutzung
FSC® C083411

Kolibri 360 GmbH
Ferdinand-Jühlke-Straße 7
99095 Erfurt, Deutschland
produktsicherheit@kolibri360.de